सिन्धु सभ्यता

भारत का लोक इतिहास–2

भारत का लोक इतिहास–2

सिन्धु सभ्यता

इरफ़ान हबीब

अनुवाद

अवधेश कुमार सिंह

राजकमल प्रकाशन

ISBN : 978-81-267-2805-3

मूल्य : ₹ 495

पहला संस्करण : 2016
तीसरा संस्करण : 2022

प्रकाशक : राजकमल प्रकाशन प्रा.लि.
1-बी, नेताजी सुभाष मार्ग, दरियागंज
नई दिल्ली-110 002

शाखाएँ : अशोक राजपथ, साइंस कॉलेज के सामने, पटना-800 006
पहली मंजिल, दरबारी बिल्डिंग, महात्मा गांधी मार्ग, प्रयागराज-211 001
36 ए, शेक्सपियर सरणी, कोलकाता-700 017

वेबसाइट : www.rajkamalprakashan.com
ई-मेल : info@rajkamalprakashan.com

मुद्रक : बी.के. ऑफसेट
नवीन शाहदरा, दिल्ली-110 032

SINDHU SABHYATA
by Irfan Habib
Translated by Awadhesh Kumar Singh

प्रस्तावना

प्रागैतिहासिक काल पर प्रकाशित पुस्तक के बाद भारतीय लोक इतिहास शृंखला का यह दूसरा विनिबंध है। यहाँ सिन्धु घाटी सभ्यता सम्बन्धी विषय को प्रमुखता से प्रस्तुत करने के साथ ही, तत्कालीन और उसके बाद ईसा पूर्व 1500 वर्ष तक की संस्कृति तथा भारत की वर्तमान प्रमुख भाषाओं की निर्माण प्रक्रिया का भी वर्णन है।

शैली और संरचनात्मक रूप-रेखा में सिन्धु घाटी की सभ्यता, प्रागैतिहासिक काल के समरूप है। शायद इस काल में संक्षिप्तता के प्रति वचनबद्धता में कुछ कमी आई थी जिसके कारण कुछ विषयों पर अधिक विवरणात्मक व्याख्या को स्थान मिला, और इसलिए तीनों अध्यायों में तकनीकी और विवादित विषयों पर लिखी गई व्याख्यात्मक टिप्पणियाँ कुछ लम्बी हो गई हैं।

प्रागैतिहासिक काल पर लिखी पुस्तक की ही भाँति यहाँ पर भी पाठकों को याद दिलाना जरूरी है कि इस विनिबंध में भी भारत का मतलब विभाजन पूर्व भारत से है, यद्यपि कुछ सीमित सन्दर्भों में इसका अर्थ वर्तमान भारतीय गणतंत्र से भी है। जब हम इतिहास का वर्णन करते हैं तो देशों की वर्तमान सीमाएँ बाधा उत्पन्न करती हैं। इस विनिबंध में हिन्दूकुश पर्वत के दक्षिण अफ़ग़ानिस्तान तक के क्षेत्र को शामिल किया गया है। तद्नुसार हेलमैंड सभ्यता के लिए एक अलग अध्याय ही लिखा गया है। सिन्धु घाटी की सभ्यता को सही परिप्रेक्ष्य में प्रस्तुत करने के लिए इसे लिखना अनिवार्य था।

इस विनिबंध में वर्णित काल को प्रोटोहिस्ट्री कहा जाता है, क्योंकि हम धीरे-धीरे अब उस काल के समीप आ रहे हैं, जब कम-से-कम इतिहास को अंशत: साहित्यिक ग्रन्थों के द्वारा पुनर्निर्मित किया जा सकता है। इस विनिबंध में कुछ विषयों पर विमर्श करते समय इस प्रकार के ग्रन्थों से प्राप्त या कभी-कभी प्राचीन भाषाओं का संकेत करनेवाले पुनर्निर्मित विशेष शब्दों का भी प्रयोग हुआ है, हालाँकि उनकी संख्या नगण्य है। इसी प्रकार कुछ ही ऐसे शब्दों को उद्धृत किया गया है जिसके लिए पाठकों को मानक लिप्यांतर और वर्णान्तर से अलग थोड़ी कठिनाई होगी। चूँकि इस प्रकार की व्याख्या के बगैर, आई.पी.ए. पर ऐतिहासिक भाषाविज्ञान ड्राइंग द्वारा प्रयुक्त स्वर भेद चिह्न (डाइआक्रिटीकल मार्क) और साथ ही अतिरिक्त करेक्टर को समझा नहीं जा सकता। मैंने मूल ध्वनियों के समीपस्थ अंग्रेजी के शब्दों का

प्रयोग किया है। इसलिए मैंने 'ऋग्वेदा' के स्थान पर 'ऋग्वेद' और 'अशोका' के स्थान पर 'अशोक' का प्रयोग किया है। यही पद्धति आगामी दूसरे विनिबंध में प्रयोग होना अनिवार्य नहीं है क्योंकि यह लेखक के निर्णय पर निर्भर है।

मैं प्रागैतिहासिक काल (प्री हिस्ट्री) पर लिखी पुस्तक के बारे में सामान्य रूप से सकारात्मक विचार प्रस्तुत करनेवालों, और सामग्री की प्रस्तुति को उन्नत करने सम्बन्धी अनेक सुझाव देनेवालों का आभारी हूँ। एक सहानुभूतिपूर्ण समीक्षक ने सन्दर्भ की समस्या को उठाया है। मेरे विचार से व्यापक पाठक-वर्ग के लिए तैयार की गई इस प्रकार की पुस्तकों को सन्दर्भों के फुटनोट्स या विभिन्न उद्धरणों द्वारा बोझिल न बनाने के प्रयास की सराहना होनी चाहिए। मेरे द्वारा जिन पुस्तकों, रिपोर्टों, पेपर्स आदि से सन्दर्भ लिए गए हैं उनकी अति व्यापक ग्रन्थसूची भी प्रस्तुत करना सम्भव नहीं है। पुस्तक में प्रस्तुत टिप्पणियों का प्रमुख आशय, पाठक को उस सामग्री तक पथ प्रदर्शित करना है जहाँ सम्बन्धित विषय की सामग्री प्रचुर मात्रा में उपलब्ध है। सन्दर्भ ग्रन्थों का चुनाव अर्थपूर्ण बनाने के क्रम में अनेक अग्रणी पुरानी पुस्तकों को भी छोड़ दिया गया है। मैं इस प्रकार के ग्रन्थों का उल्लेख न करने के लिए गम्भीरतापूर्वक पश्चाताप करता हूँ परन्तु मुझे इसका कोई हल नहीं दिखा।

प्रसिद्ध पुरातत्ववेत्ता प्रोफेसर सूरजभान द्वारा इस विनिबंध को बहुत कम समय में ही गम्भीरतापूर्वक देखने के लिए हम आभारी हैं। नक्शा नम्बर 2.2ए और 2.2बी के अतिरिक्त सभी नक्शे हमारे पुत्र फ़ैज़ हबीब द्वारा तैयार किए हैं। अम्बर हबीब ने अपनी छुट्टी का पूरा एक दिन लगाकर मेरे साथ इस सामग्री को देखा। मिस्टर गुलाम मुज़तबा ने इस पुस्तक के लिए फोटोग्राफ और चित्र उपलब्ध कराए। मिस्टर मुईनुद्दीन ख़ान ने इस सामग्री को तैयार करने में कई घंटे लगाए और सामग्री में बार-बार किए गए बदलावों को धैर्यपूर्वक जोड़ने, घटाने के लिए वह धन्यवाद के पात्र हैं। अलीगढ़ हिस्टोरियन सोसाइटी की ओर से प्रोफेसर शिरीन मूसवीं ने इस योजना के समस्त सांगठनिक कार्यों को भली प्रकार पूरा किया।

नवम्बर, 2002

नोट—इस संस्करण के लिए पुस्तक की सामग्री को पुनःसंवर्धित किया गया है, कुछ नई सूचनाएँ जोड़ी गई हैं और ग्रन्थ सूची को अद्यतन किया गया है।

नवम्बर, 2011 **—इरफ़ान हबीब**

सारणी, नक्शे और चित्र

विषय सूची

अध्याय–1

सिन्धु घाटी और सीमावर्ती क्षेत्रों में आरम्भिक कांस्य युग की संस्कृति

1.1. 'शहरी क्रान्ति' की ओर

करीब अस्सी वर्ष पूर्व (1920 के दशक के प्रारम्भ में) सिन्ध में मोहनजोदड़ो और पंजाब में हड़प्पा की खोज से यह स्थापित हो गया कि ये दोनों शहर भारत और विश्व के सबसे प्राचीन शहर थे। प्रागैतिहासिक काल सम्बन्धी पुस्तक में हमने जिन बस्तियों के बारे में पढ़ा है वह या तो अस्थायी शरणार्थी बस्तियाँ थीं या संक्रमण काल के गाँव या कैम्प थे। इन कस्बों या शहरों का स्थापित होना और लोगों के रहन–सहन का ढंग बड़े परिवर्तन का द्योतक है। इसलिए यह समझना महत्त्वपूर्ण है कि ऐसा क्यों हुआ।

सामान्य रूप से गाँव और शहरों के बीच उनके आकार के आधार पर फर्क किया जाता है। एक गाँव की तुलना में एक कस्बे या शहर में अधिक लोग निवास करते हैं। शहर और गाँव के बीच फर्क वहाँ के निवासियों के व्यवसाय के आधार पर भी होता है। ग्रामीण, मुख्य रूप से कृषि और पशुपालन करते हैं और शहरी लोग मुख्यतः गैर–कृषि कार्य करते हैं। वे शहर के अन्य निवासियों को मजदूर और अनेक सेवाएँ प्रदान करते हैं। यह अनिवार्य रूप से एक गाँव की तुलना में शहर का आकार बड़ा होने की आवश्यकता को प्रदर्शित करता है। यदि कृषि पर निर्भर एक गाँव के निवासियों की संख्या में वृद्धि होती है तो उनको अपने जानवरों को चराने और कृषि कार्य के लिए काफी दूर जाना होगा, और इसलिए अपनी सुविधा के लिए उनको अपने चरागाहों और खेतों के समीप नया गाँव बसाने की बाध्यता होगी। इसलिए कृषि या ग्रामीण व्यवसाय पर आधारित एक गाँव एक खास आकार से बड़ा नहीं हो सकता।

परन्तु शिल्पकारों और कारीगरों को एक बड़े शहर या कस्बे में रहने पर कोई कठिनाई नहीं होगी क्योंकि यह अपने घरों में ही शिल्पकारी कर सकते हैं। वास्तव

में बड़ी आबादीवाले शहर में उनको अधिक ग्राहक मिलते हैं तथा बाजारों और दुकानों से उनकी आवश्यकता की आपूर्ति भली प्रकार होती है। पुरातत्वविदों ने प्रारम्भिक रूप में जिन शहरों को मान्यता प्रदान की, वह क्षेत्रफल में विशाल थे और अपने लिए खाद्य पदार्थ न पैदा करनेवाले लोगों की बड़ी संख्या वहाँ निवास करती थी।

वे शिल्पकारी और कारीगरी करते, या अन्य लोगों के लिए सेवा कार्य करते थे, जबकि भोजन सामग्री के लिए वे ग्रामीण उत्पादकों पर निर्भर थे।

जब किसान अपनी आवश्यकता से अधिक उत्पादन करने लगें तभी ऐसी स्थिति सम्भव है। किसानों में ऐसी योग्यता अचानक नहीं उत्पन्न हुई बल्कि ऐसी प्रक्रिया उत्तर-पाषाणकालीन क्रान्ति (नियोलिथिक रिवोल्यूशन) के दौरान ही प्रारम्भ हो गई थी। (देखें, 'प्रागैतिहास', अध्याय 3.1) विकास के दूसरे चरण में कृषि उत्पादन में वृद्धि होना आवश्यक था। उदाहरणस्वरूप (1) कृषि फसलों की संख्या में वृद्धि होने से खाद्य पदार्थ और 'औद्योगिक' फसलों के उत्पादन में वृद्धि सम्भव हुई। (2) बैलों को बधिया करने की प्रक्रिया (बायो इंजीनियरिंग में पहला कदम) ने बैलों को जुए की मदद से जोतने और माल ढोने लायक बनाया। इस प्रकार कम मानव श्रम से अधिक कृषि क्षेत्र की जुताई-बोआई और बैलगाड़ियों के द्वारा अतिरिक्त कृषि उत्पादन को शहरों तक ले जाना सम्भव हो गया। दूसरी तरफ तकुआ और करघा, कुम्हार का चाक, ताँबे को गलाना, कमानवाला बर्मा, बैलगाड़ी के पहिए और पक्की ईंट की अनेक खोजों के कारण गैर-कृषि उत्पादन के शिल्पकारों और कारीगरों की संख्या में कई गुना वृद्धि हुई।

इन खोजों के कारण शिल्पकारी के कौशल और विशेषज्ञता पर जोर बढ़ गया परिणामस्वरूप विकसित श्रम विभाजन हुआ और एक व्यक्ति एक ही प्रकार के शिल्प पर अपना कार्य केन्द्रित करने लगा। शिल्पकार अपनी आजीविका के लिए अपना उत्पादन ग्रामीणों, पुरोहितों या शहर के सम्पन्न व्यापारियों को बेच देते।

शासकों के लिए सुरक्षा की दृष्टि से शहरों या कस्बों में अपना नगर रक्षा केन्द्र या शहरों के पास किला बनाना सुविधाजनक था क्योंकि यहाँ से उनको हथियार, कपड़े, बर्तन, विलासिता की वस्तुएँ आदि उपलब्ध हो जाती थीं। शहरवासियों को भी अनुशासित रखना आवश्यक था और इसलिए राज्य तंत्र अस्तित्व में आया। इसके साथ ही शहर के जीवन के लिए, गाँवों से टैक्स के रूप में वसूल किया गया अनाज और कच्चे माल की भी रक्षा करने के लिए राज्य तंत्र की आवश्यकता थी। पत्थरों के हथियारों का प्रयोग करनेवाले ग्रामीणों के मुकाबले काँसे की धातु से निर्मित औजारों ने शहर के शासकों को अधिक शक्तिशाली बना दिया। शासकों द्वारा किसानों को अनाज के रूप में टैक्स देने के लिए बाध्य किया

जाता। शासक इस अनाज को अपने अधिकारियों, परिचायकों और नौकरों में वितरित करते। शासक और उनके आश्रित, शहरी व्यापारियों, मजदूरों और शिल्पकारों से सामान खरीदते और उनकी सेवाएँ लेते और बदले में अनाज देते। इस प्रकार गाँव के अतिरिक्त उत्पादन का कुछ भाग शहरी व्यापारियों, मजदूरों, शिल्पकारों तक पहुँचता था।

शहरों के उद्‌भव के इस चित्र को पुन:निर्मित करने में हमने उसके निर्माण के आर्थिक और राजनीतिक आधार पर जोर दिया है। परन्तु हमें विचारधारा और अंधविश्वास के कारकों को नहीं भूलना चाहिए। शहर धार्मिक उपासना पद्धति और तीर्थाटन का भी स्थान हो सकते थे। विभिन्न भगवानों को समर्पित मन्दिर, प्रतिद्वन्द्वी शासकों के स्थान हो सकते हैं। धार्मिक विश्वास अक्सर जनता को राजभक्त बना देता था, एक धर्मगुरु राजा हो सकता था या (मिश्र के) भगवान रूपी राजा (गॉडकिंग) की तरह घनिष्ठ रूप से पुरोहिताई कर्म से जुड़ा होता था। अपने व्यवसाय की प्रकृति के अनुसार पुरोहित, देवताओं, राजाधिकार और कर्मकांड का प्रतिनिधित्व करता था और संकेत चिह्नों और प्रतीकों के द्वारा समस्याओं को हल करता था। निर्माता की पहचान या स्वामित्व दर्शाने के लिए भगवान की मूर्ति पर विशेष चिह्न भी बनाया जाता था। सम्भवत: इन्हीं चिह्नों के द्वारा लिखने की कुछ प्राचीन पद्धतियों का विकास हुआ (देखें नोट 2.1) नियमित टैक्स संग्रह करने और उसका नियमित हिसाब-किताब रखने की व्यवस्था के बगैर राज्य तंत्र द्वारा बड़े पैमाने पर गाँवों से टैक्स एकत्र करने और शहरों में उसको खर्च करने के बारे में अनुमान लगाना भी कठिन है। इसके विपरीत एक दृढ़ अवधारणा मौजूद है कि पुरोहितों की सत्ता, व्यवसाय और राज्य सत्ता ने लेखन का विकास किया। इस प्रकार कस्बों और शहरों के उद्‌भव के साथ सामाजिक और सांस्कृतिक जटिलता का आगमन हुआ। सभ्यता (सिविलाइजेशन) शब्द (लैटिन भाषा के शब्द सिविटास अर्थात सिटी से है) का प्रयोग शहरी जीवन के केन्द्रीय पहलू, संस्कृति और समाज को अभिव्यक्त करता है।

ऊपर वर्णित प्रक्रिया को वी. गोर्डन चाइल्ड ने शहरी क्रान्ति (अरबन रिवोल्यूशन) कहा। उत्तर पाषाणकालीन क्रान्ति (नियोलिथिक रिवोल्यूशन) की भाँति ही यह भी एक क्रान्ति थी, हालाँकि इस प्रक्रिया को सम्पन्न होने में कुछ सौ वर्ष लगे परन्तु इसके परिवर्तन की विशालता के कारण यह वास्तव में एक क्रान्ति थी। मोटे तौर पर उपरोक्त विवरण दक्षिण-पश्चिम एशिया के विशाल क्षेत्र में घटित हुआ। यह क्षेत्र इराक से लेकर सिन्धुघाटी तक ईसा पूर्व 3500 से 2500 तक हजारों वर्षों में विस्तारित हुआ। पूर्वी क्षेत्र की तुलना में इराक और दक्षिण पश्चिम ईरान क्षेत्र में परिवर्तन पहले हुआ। (नक्शा 1.1 देखें)

जब इराक में शहरी क्रान्ति (अरबन रिवोल्यूशन) हो रही थी, उसी समय

नक्शा 1.1 : दक्षिण पश्चिम एशिया : ताम्र युग की संस्कृतियाँ

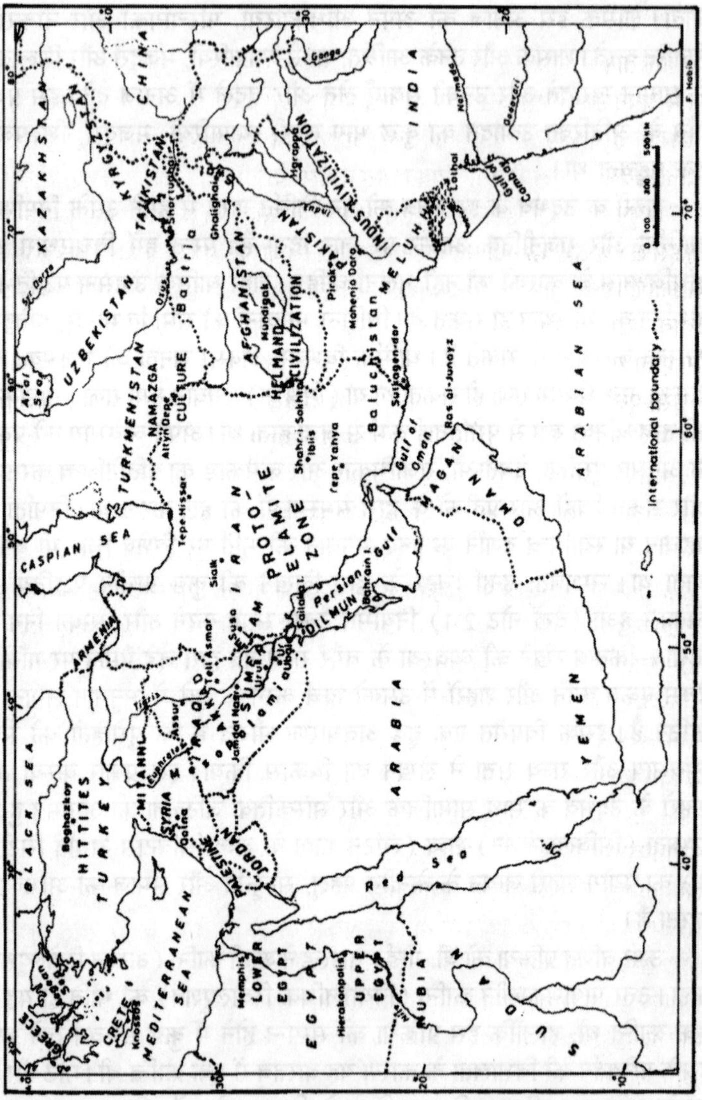

दक्षिण अफ्रीका के देश मिश्र में भी यह प्रक्रिया जारी थी, हलाँकि इसका प्रौद्योगिकीय आधार कई पहलुओं से गुणात्मक रूप से भिन्न था। इसने सबसे पहले अपनी नावों में पाल लगाया पर प्रारम्भिक दौर में इसने यंत्रों में चक्कों का प्रयोग नहीं किया।

1.2 हेलमैंड सिविलाइजेशन (हेलमैंड सभ्यता)

अफ़ग़ानिस्तान में ऑक्सस की चढ़ाई के बाद हेलमैंड सबसे बड़ी नदी है। हिन्दूकुश पर्वत में अपने उद्गम स्थल से यह ऊँचे पहाड़ों में लम्बी घाटियाँ बनाते हुए जहाँ पहाड़ियों को छोड़ती है वहीं पर पूर्व से आनेवाली अरगनदाब नदी इससे मिल जाती है। अब इन दोनों नदियों के मेल से बनी संयुक्त धारा गार्मसर के रेगिस्तान से गुजरते हुए, सीस्तान क्षेत्र के हामून-ए-हेलमैंड के दलदल में समाप्त हो जाती है। हेलमैंड घाटी निर्जल है, परन्तु इस क्षेत्र में जहाँ भी नदी की बाढ़ या नहरों से सिंचाई हो सकती है, वहाँ अच्छी कृषि हो सकती है। इस क्षेत्र में कृषि 4000 वर्ष ईसा पूर्व प्रारम्भ हुई थी और कन्धार के समीप मुंदिगाक और मोरासी में कैलकोलिथिक युग (जब ताँबे और पत्थर के औजारों का प्रयोग होता था) की प्राचीन बस्तियाँ थीं। यह ईसा पूर्व मिलेनियम चौथे का समय था।

ईसा पूर्व 3200 से 2500 वर्ष की अवधि में एक प्रकार का सांस्कृतिक समागम हुआ। मुंदिगाक में, डे मोरासी और सैद कला (कन्धार जिले में) और डैब सादात (पाकिस्तान में क्वैटा के समीप) में डैम सादात के सिरामिक के बर्तनों और विशेषकर क्वैटा के बर्तनों का सभी स्थानों पर मिलना इस सांस्कृतिक एकीकरण को चिह्नित करता है। कुम्हारी (मिट्टी के बर्तन बनाना) की परम्परा को 3600–3000 वर्ष ईसा पूर्व तुर्कमेनिस्तान में नमाजगा संस्कृति के साथ खोजा गया है और यही मिट्टी के बर्तन (पोटरी) शहर-ए-सोखता के दो प्रचीन युगों में देखने को मिलते हैं। एक 'आदिमकाल' 3200–2700 वर्ष ईसा पूर्व और दूसरी प्रोटो अरबन काल 2700–2500 वर्ष ईसा पूर्व जबकि यह तीसरे प्राटोस्टेट काल 500–220 वर्ष ईसा पूर्व विलुप्त हो गई। शहर-ए-सोखता ठीक ईरान के अन्दर हेलमैंड डेल्टा (सीस्तान) में स्थित है। यह विश्व के प्राचीनतम शहरों में से एक था, 2800 वर्ष ईसा पूर्व के 400 वर्ष बाद इसका आबाद क्षेत्रफल 15–17 हेक्टेअर से लेकर 150 हेक्टेअर तक था। करीब 400 किलोमीटर दूर अपने चौथे और पाँचवें दौर में 2600–2100 वर्ष ईसा पूर्व मुंदिगाक में शहर-ए-सोखता की तमाम सांस्कृतिक विशेषताओं के प्रमाण मिलते हैं। और इसकी आबादी का क्षेत्रफल भी 55–60 हेक्टेअर था। इस प्रकार के दो शहरों से 2600 वर्ष ईसा पूर्व हेलमैंड संस्कृति ने सभ्यता का स्तर प्राप्त किया। (देखें नक्शा 1.2)

हेलमैंड शहरों की स्थापना इसलिए सम्भव हो सकी कि उस क्षेत्र के ग्रामीण इलाकों में प्रचुर मात्रा में अतिरिक्त कृषि उत्पादन होता था। यहाँ की प्रमुख फसलें गेहूँ और जौ थीं। शहर-ए-सोखता के घरों में प्राप्त हस्तचालित चक्की, अँगीठी और भट्ठी से पता चलता है कि इन दोनों अनाजों से रोटियाँ पकाई जाती थीं।

कपड़ा बनाने और तेल प्राप्त करने के लिए सम्भवत: तिल की खेती होती थी और इस प्रकार यह एक औद्योगिक फसल थी। शहर-ए-सोखता मिट्टी की मूर्तियों में कन्धेवाले बैलों, और बैलगाड़ी के जुए के टूटे हुए हिस्से का मिलना यह दर्शाता है कि बैल का प्रयोग एक भारवाहक पशु के रूप में होता था और इसलिए कृषि

कार्य में हल का भी प्रयोग अवश्य होता होगा। अंगूर, खरबूज और तरबूज खाए जाते थे। इसके उत्पादन के लिए सावधानीपूर्वक जमीन की जोताई और खूब पानी की आवश्यकता थी। पशुपालन भी अतिआवश्यक था। शहर-ए-सोखता में प्राप्त 90 प्रतिशत हड्डियाँ भेड़, बकरी और चौपायों की हैं।

शहर-ए-सोखता में 2500 वर्ष ईसा पूर्व मिट्टी के बर्तनों का निर्माण काफी बड़े स्तर पर हुआ और इसीलिए उस शहर के अन्दर मिट्टी के बर्तन पकानेवाली 50 से 100 भट्ठियाँ (पंजावा) एक साथ प्राप्त हुई हैं। धीरे-धीरे ताँबे को गलाने की प्रक्रिया शुरू हुई परन्तु मुंदिगाक में निर्मित काँसे में टिन की मात्रा कम पाई गई, यह मात्र एक प्रतिशत थी। काँसा मिश्र धातु में टिन और ताँबे का मिश्रण होता है। इसीलिए शायद सोच-समझकर काँसा नहीं बनाया जाता था। मुंदिगाक में एक ताँबे का बसूला और कुल्हाड़ी मिली है जिसका समय 2600 वर्ष ईसा पूर्व निर्धारित किया गया है। कुल्हाड़ी में हैंडिल लगाने के लिए एक साकेट बना है। यह कुल्हाड़ी (मिट्टी के मॉडल में) मेसोपोटामिया की उबैद संस्कृति में 4000 वर्ष ईसा पूर्व देखने को मिली है। इसके बाद ईरान में सूसा I और सिआल्क III में 3000 वर्ष ईसा पूर्व धातु की कुल्हाड़ी मिली है। इसने कुल्हाड़ी के प्रभाव को तेजी से विस्तार दिया, परन्तु हेलमैंड घाटी के पूर्व भारत में इसका विस्तार न होना एक पहेली है (अध्याय 2.3 और 3.2 देखें)। शहर-ए-सोखता में प्राप्त लकड़ी का तकुआ और चक्का (रिम) यह प्रमाणित करते हैं कि अब हाथों के द्वारा तेजी से कताई की जा सकती थी (चरखे की खोज से तीन मिलेनियम पूर्व)। वहाँ मनुष्यों के बाल सँवारनेवाले लकड़ी के कंघे मिले हैं परन्तु एक बड़ा पहाड़ी लकड़ी का कंघा, धागों को सुलझाने के लिए ही प्रयोग होता था। लकड़ी के खूँटे और शटल (फिरकी) करघे में ही प्रयोग होते थे। स्पष्ट रूप से कपड़ा और ऊन का निर्माण करने के लिए धागों का प्रयोग होता था। विभिन्न प्रकार के पत्थर के औजारों से ही पत्थर काटे जाते थे (जैसे बर्मा और महीन छेनियाँ)। माले की गुरिया और दूसरे आभूषण, नील, हरित, मणि, पन्ना, श्वेत, स्फटिक, चकमक आदि स्थानीय (खनन से प्राप्त) कीमती पत्थरों से निर्मित होते थे। इसको निर्मित करनेवाले कारीगर, शिल्पकार, अपने घरों में ही इसका निर्माण करते थे। 2600 वर्ष ईसा पूर्व, यह शिल्पकार शहर-ए-सोखता के आवासीय घरों में ही चारों तरफ अपना कार्य करते थे, यद्यपि 2100 वर्ष ईसा पूर्व तक शहर के एक खास इलाके में इनका कार्य करीब 40 हेक्टेअर क्षेत्र में केन्द्रित हो गया था।

शहर-ए-सोखता की आबादी के मुख्य काल में घरों का निर्माण स्टैंडर्ड आकार की (10 × 22 × 45 से. मीटर) कच्ची मिट्टी की ईंटों से हुआ था। पेड़ों के तनों का प्रयोग मकानों की छत बनाने में हुआ। मकानों से पानी निकालने की व्यवस्था मिट्टी के पाइपों को जोड़कर की गई थी। शहर-ए-सोखता बगैर किसी योजना के बसाया गया था क्योंकि इसकी सड़कें और गलियाँ काफी सँकरी और घुमावदार थीं।

शहर-ए-सोखता का कब्रिस्तान ध्यान देने योग्य है। इक्कीस हेक्टेअर में बने कब्रिस्तान में गिनी हुई बाईस हजार कब्रें हैं। मृतकों के साथ दफनाए गए सामान हमें वहाँ की आर्थिक भिन्नता को समझने में सहायक हैं। धनी लोगों की कब्रों में चालीस पात्र मिले हैं जबकि गरीब लोगों की कब्रों पर केवल एक या दो पात्र रखे गए थे। कुछ अति सम्पन्न लोगों को नीलम और अन्य बहुमूल्य रत्नों के साथ दफनाया गया था, दो या तीन व्यक्तियों को एक साथ ही दफनाया जाना मनुष्यों की बलि चढ़ाने की सम्भावना को उजागर करता है। इस प्रकार की बलि चढ़ाने की सम्भावना दास प्रथा को प्रमाणित करती है। शिल्पकारों की कब्र में रखे गए सामान से पता चलता है कि कुछ शिल्पकार मध्यवर्गीय आर्थिक स्थिति के थे।

शहर-ए-सोखता और मुंदिगाक से प्राप्त विभिन्न चिह्नों और सजावटवाले, सलमे-सितारे जड़े हुए वस्त्रों, मिट्टी और पत्थर की मुहरों (सील) यहाँ तक कि नीलम जैसे कीमती पत्थर से बनी मुहरों से उस समय की सम्पन्नता और व्यापार की व्याख्या की जा सकती है। शहर-ए-सोखता से प्राप्त एक मिट्टी के टैवलेट पर अंकित एक पंक्ति (चित्र 1.1) का आज भी अर्थ नहीं निकाला जा सका। यह पंक्ति प्रोटो इलेमाइट करेक्टर की है (इसका प्रयोग पश्चिमी ईरान में होता था) इसका समय 3200-2900 वर्ष ईसा पूर्व निर्धारित किया गया है। इसके अतिरिक्त यहाँ पर मिली बेलनाकार मुहरों से पता चलता है कि वहाँ प्रोटो-इलेमाइट व्यापारियों की कालोनी थी। हेलमैंड सभ्यता ने अपनी कोई भी लिपि विकसित नहीं की थी।

वहाँ पर एक राज्य व्यवस्था स्थापित होने के कुछ संकेत मिलते हैं। प्राथमिक साक्ष्य 'मानूमेंटल आर्कीटेक्चर' का है। शहर-ए-सोखता में दो 'महलों' के अवशेषों को खोजा गया है। मुंदिगाक की चौथी अवधि में एक महल (चित्र 1.2) और 'मन्दिर' (?) मिला है जिसकी (दीवारों) को कारीगरी से सजाया गया है और इसमें शहर की एक दीवार का भी निर्माण होते हुए दिखाया गया है। शहर-ए-सोखता में जिस प्रकार कब्रिस्तानों को शहर से दूर रखा गया था और शिल्पकारों को शहर के एक किनारे बसने की व्यवस्था की गई थी, यह इस शहर के प्रशासनिक अधिकार को चिह्नित करता है जिसकी जानकारी प्राप्त करना अभी बाकी है।

शहरवासियों के जीवनयापन के लिए कृषि आधारित ग्रामीण क्षेत्र से पर्याप्त अतिरिक्त उत्पादन प्राप्त हो सके, इसलिए राज्य नियंत्रित क्षेत्र की सीमाएँ निश्चय ही काफी विशाल रही होंगी।

इसलिए यह भ्रमित करना है कि हेलमैंड सभ्यता जो 2600 वर्ष ईसा पूर्व तक सभी सांस्कृतिक पहलुओं से समांगी थी, यह सब क्षेत्र एक ही राज्य व्यवस्था के अधीन थे। शहर-ए-सोखता इसकी राजधानी थी और मुंदिगाक इसके अधीन सत्ता की एक गद्दी थी। राज्य तंत्र के निर्माण के साथ ही युद्ध हुए और बर्बादियाँ भी हुईं। मुंदिगाक की चौथी अवधि (2600-2400 वर्ष ईसा पूर्व) के दौरान इसने शहर-ए-

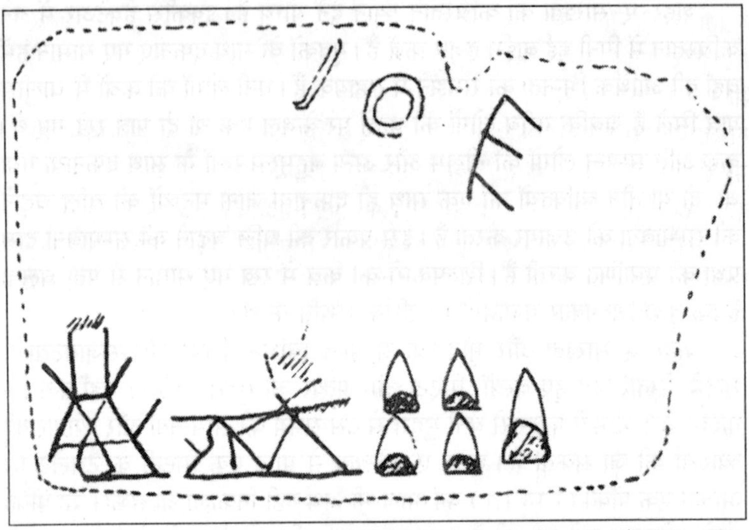

चित्र 1.1 : शहर-ए-सोखता से प्राप्त प्रोटो-इलेमाइट टैबलेट (पी. मेरिजी के बाद)

चित्र 1.2 मुंदिगाक का महल (जे.एम. कैसल के बाद)

सोखता की संस्कृति को स्वीकार किया। इसी दौर में विशाल स्तर पर तोड़-फोड़ और बर्बादी हुई और दूसरे दौर की तोड़-फोड़ में मुंदिगाक का चौथा दौर 2400 वर्ष ईसा पूर्व समाप्त हो गया। एक अल्पावधि के लिए मुंदिगाक त्याग देने के बाद हेलमैंड परम्परा के अन्तर्गत ही एक नए प्रकार के मिट्टी के बर्तनों के साथ मुंदिगाक पुनः स्थापित हुआ। सम्भवतः एक प्रकार की राजनीतिक सत्ता स्थापित करने के लिए इसकी पुनर्स्थापना पर व्यापक जन-आन्दोलन हुआ होगा।

हेलमैंड सभ्यता 2100 वर्ष ईसा पूर्व समाप्त हो गई और इसी समय तक शहर-ए-सोखता के (दूसरी और तीसरी अवधि, 2700-2200 वर्ष ईसा पूर्व) तथा मुंदिगाक (की चौथी और पाँचवीं अवधि, 2100 वर्ष ईसा पूर्व) का शहरीकरण का चरण पूरा हो गया। हेलमैंड सभ्यता का मध्य और आखिरी चरण, सिन्धु सभ्यता के प्रारम्भिक और मध्य चरण से मेल खाता है परन्तु यह आश्चर्यजनक है कि भौगोलिक समानता के बावजूद इन दोनों सभ्यताओं के बीच समागम के कोई दृढ़ प्रभाव नहीं मिलते हैं। इसके बावजूद हेलमैंड सभ्यता, कृषक समुदाय के बीच से एक शहरी समाज के विकसित होने का मॉडल है। अब हम सिन्धु घाटी की सभ्यता को विकसित करनेवाले समुदायों की चर्चा करेंगे।

1.3 आरम्भिक सिन्धु संस्कृतियाँ

प्रागैतिहासिक काल पर लिखी पुस्तक के 3.3 अध्याय में हमने देखा कि एक समय जिसका मोटे तौर पर काल निर्धारण 3800-3200 वर्ष ईसा पूर्व किया गया है, इस काल में सिन्धु घाटी में हम मुख्य रूप से दो उत्तरपाषाणकालीन संस्कृतियों को चिह्नित कर सकते हैं। एक तथाकथित केची बेग पॉटरी, जिसे उत्तरी-पूर्वी बलूचिस्तान और दक्षिण एवं डब्लू एफ पी (उत्तरी पश्चिमी फ्रंटियर प्राविंस) में और दूसरी तथाकथित हाकरा वेयर संस्कृति जो पाकिस्तान के अन्तर्गत आनेवाले पंजाब में चिह्नित की जा सकती है। यह दोनों कृषि कार्य और पशुपालन करनेवाले समुदायों की छोटी बस्तियाँ थीं।

हालाँकि कार्बन विधि के आधार पर किया गया काल निर्धारण काफी बड़ी कालावधि को दर्शाता है, 3200 वर्ष ईसा पूर्व, सम्पूर्ण सिन्धु घाटी के विशाल क्षेत्र में तीन संस्कृतियों को एक साथ देखने से ऐसा प्रतीत होता है कि इनमें थोड़े-थोड़े परिवर्तन हुए हैं। इन सबको अपनी-अपनी मिट्टी के बर्तन बनाने की शैली से अलग किया जा सकता है। इन मिट्टी के बर्तनों को सबसे पहले जिस स्थान पर पहचाना गया उसी स्थान के नाम से इनकी शैली और पद्धति को चिह्नित किया गया। (1) सबसे विशाल उत्तरी पश्चिमी फ्रन्टियर प्राविंस (एन डब्लू एफ पी) पाकिस्तान के पंजाब और उत्तरी सिन्ध की कोट-डिजी संस्कृति (2) सोथी-सिसवाल संस्कृति, जो उत्तरी राजस्थान, भारत के पंजाब और हरियाणा की आबादियों में मौजूद थी और तीसरी अमरी-नाल संस्कृति

जो बलूचिस्तान, सिन्ध के मध्य और दक्षिण में थी और इसका विस्तार गुजरात तक था (देखें नक्शा 1.2)। यह तीनों संस्कृतियाँ एक ही काल 3200–2600 वर्ष ईसा पूर्व की हैं हालाँकि उत्तरी–पश्चिमी सीमावर्ती क्षेत्र में कोट–डिजी संस्कृति का स्वतंत्र अस्तित्व 2000 वर्ष ईसा पूर्व तक कायम रहा। एक चौथी संस्कृति जिसका नामकरण उसके स्थान के नाम पर कुल्ली संस्कृति किया गया और जो दक्षिण–मध्य बलूचिस्तान की है इसको बहुत पहले की संस्कृति समझा जाता था परन्तु अब इसका काल सिन्धु सभ्यता का काल 2600–2000 वर्ष ईसा पूर्व ही निर्धारित किया गया है। कुछ विद्वानों द्वारा डैंब सादात संस्कृति को सिन्ध से पूर्व का माना जाता है परन्तु यह हेलमैंड क्षेत्र की सभ्यता से अधिक समरूप लगती है (देखें 1.2)

विभिन्न प्रकार के मिट्टी के बर्तनों की परम्पराओं के बावजूद इन तीनों आरम्भिक सिन्धु संस्कृतियों में काफी समानताएँ मिलती हैं। सर्वप्रथम, बैल को एक भारवाहक पशु के रूप में परिवर्तित करने (सम्भवतः बधियाकरण के द्वारा) से कृषि में ध्यानाकर्षक वृद्धि हुई। सिन्धु सभ्यता के प्रारम्भिक स्तर में हड़प्पा में बैलगाड़ी के लीक की खोज

नक्शा 1.2 : आरम्भिक सिन्धु संस्कृति और हेलमैंड सभ्यता

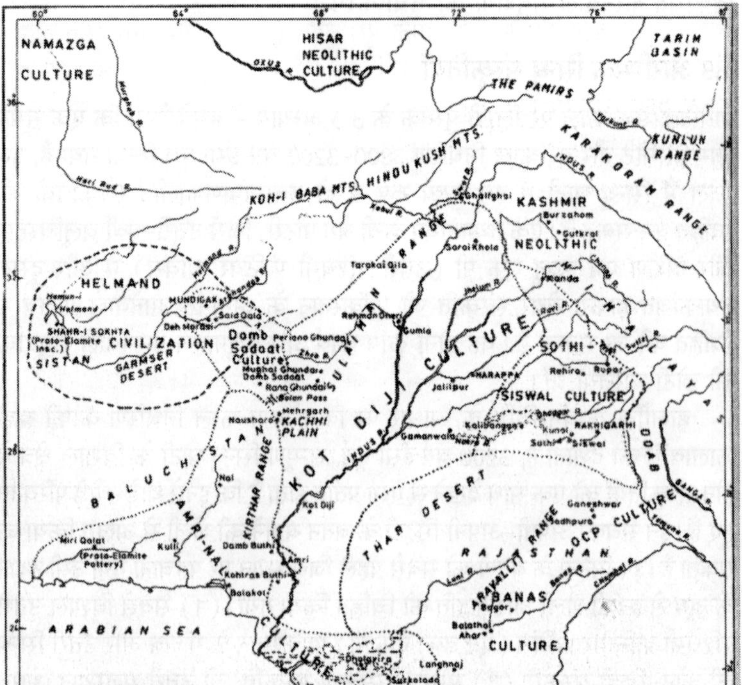

को, बैलगाड़ी के पहियों, बैलगाड़ी के ढाँचे और बैलों के साथ ही रखना चाहिए जो पश्चिम पंजाब (कोट डिजी काल) में जलीलपुर के टेराकोटा मॉडल में है इसलिए सिन्धु घाटी में दो पहियोंवाली बैल गाड़ी का प्रयोग बहुत बाद की बात नहीं है। 3000 वर्ष ईसा पूर्व ईरान के उडकू स्थान पर चार पहियोंवाली गाड़ी के चित्र को (पिक्टोग्राफ) प्रमाणित किया गया है। हम लोगों ने पहले ही देखा है कि जब बैल का प्रयोग बैलगाड़ी खींचने में होने लगा तो यह लगभग सुनिश्चित है कि बैल का प्रयोग हल से खेत जोतने में अवश्य होता होगा। कालीबंगान (उत्तरी राजस्थान) में वास्तव में एक खेत में सीधी हल की रेखा (खूड) मिले हैं, इसका एक भाग परिपक्व सिन्धु मलबे के नीचे है जो उत्खननकर्ताओं को प्रारम्भिक सिन्धु काल का समय निर्धारित करने की ओर ले जाता है। (बिलकुल आधुनिक दिखना और समान दूरी पर एक-दूसरे को काटते हुए खूडों का होना, अतिरिक्त फसलों के उत्पादन को दर्शाता है, लेकिन थोड़ा आश्चर्यजनक लगता है; देखें चित्र 1.3)।

जुताई के लिए बैल का नया प्रयोग सभी जगहों पर स्वीकार्य नहीं प्रतीत होता। अमरी नाल के दौर में बालकोट (दक्षिणी बलूचिस्तान) में पहले बैलों को काटा जाता था, इसलिए उनका प्रयोग भारवाहक पशु के रूप में नहीं होता होगा। कोट डिजी दौर में जलीलपुर में बैल अपनी पूरी बढ़त (ऊँचाई) तक विकसित होते थे और काटे जाने से पूर्व उनका पूरा शारीरिक आकार विकसित हो जाता था और

चित्र 1.3 : जुते हुए खेत, कालीबंगान (भारतीय पुरातात्विक सर्वेक्षण)

इसलिए वे अनेक कार्यों में अवश्य प्रयुक्त होते होंगे। हल प्रयोग से किसानों को पहले की तुलना में कम शारीरिक श्रम करना पड़ता था। इस प्रकार एक परिवार फावड़े से जमीन जोतने की तुलना में बैलों से काफी अधिक जमीन जोत लेता था (अफ्रीका के सब सहारन क्षेत्र के तत्कालीन परिवर्तनों के अध्ययन के आधार पर इस प्रकार लोग लगभग दूनी जमीन जोत लेते थे) इससे जनसंख्या के आधार पर प्रति व्यक्ति उपज में थोड़ी वृद्धि हो गई।

आपको याद होगा ('प्रागैतिहास' के अध्याय 3.2) कि क्वेटा के निचले समतलों में, मेहरगढ़ में गेहूँ और जौ की खेती होती थी और प्रारम्भिक सिन्धु सभ्यता काल में यह फसलें कालीबंगान और रेहमान ढेरी में भी प्राप्त हुईं। यह दोनों जाड़े की या 'रबी' की फसलें हैं। चूँकि मुख्य सिन्धु घाटी में 2000 वर्ष ईसा पूर्व से पहले किसी भी इस प्रकार की फसल के प्रमाण नहीं मिलते इसलिए रोहिरा (पंजाब) में सोथी-सिसवाल स्थल पर गर्मी की फसल या खरीफ की फसल में ज्वार की पैदावार के बारे में प्राप्त रिपोर्ट की जाँच करना आवश्यक है। कोई इसका अनुमान लगा सकता है कि 4000 वर्ष ईसा पूर्व मेहरगढ़ में कपास के उत्पादन की प्रामाणिकता है परन्तु इसके लिए कोई सीधा प्रमाण नहीं मिलता। बालाकोट से मोठ या उरद की किस्म की दालों की पैदावार के प्रमाण मिलते हैं। (अमरी नाल दौर में) खजूर और अंगूर के फलों के साक्ष्य रोहिरा से प्राप्त हुए हैं। कालीबंगान से (प्रारम्भिक सिन्धु सभ्यता के समय) अँगीठी और तन्दूर प्राप्त हुए हैं जो भारत में 5000 वर्ष ईसा पूर्व रोटी बनाने का प्रमाण हैं।

ऊर्ध्वाधर पहिए का प्रयोग और इसका विस्तार एक अति महत्त्वपूर्ण घटना थी जिसने समतल क्षेत्रों में व्यापक स्तर पर परिवहन को सम्भव बनाया। इसके साथ ही बधिया किए गए बैल का भी भारवाहक पशु के रूप में इस्तेमाल होने लगा। वास्तव में रेलवे के आगमन से पूर्व बंजारे, भारवाहक बैलों के साथ बड़ी-बड़ी कतारों में बैलगाड़ियों से अनाज, नमक और अन्य सामान ढोने का काम करते थे।

मिट्टी के बर्तन बनाने का काम (कुम्हारी) शिल्पकारी का सबसे बड़ा उत्पादन था और कुम्हार के चाक ने सिन्धु संस्कृति से पूर्व की तीनों संस्कृतियों में अपना प्रभाव कायम रखा। औजार निर्माण के लिए पत्थर मुख्य वस्तु थी, सामान्य औजारों के झोले (टूल किट) में चकमक पत्थर की पपड़ी और ब्लेड और कुछ हड्डी के औजार होते थे। कोट डिजी में चकमक पत्थर के बारीक ब्लेड बनाए जाते थे। यह पत्थर समीपवर्ती क्षेत्र उत्तरी सिन्ध के रोहरी या सुक्कूर पहाड़ियों से प्राप्त होते थे। लेकिन प्रौद्योगिकी तेजी से उत्तरपाषाणकालीन युग की ओर बढ़ रही थी (अर्थात पत्थर और ताँबा दोनों का प्रयोग हो रहा था।) और ताँबे को गलाने में हुई वृद्धि को नाल (बलूचिस्तान) की एक वर्कशाप के अवशेष में देखा जा सकता है। आभूषणों के लिए अति कीमती धातुओं का प्रयोग भी होता था। कुनाल (हरियाणा) में सोने और चाँदी के अनेक आभूषण प्राप्त हुए हैं, जो सम्भवत: सोथी-सिसवाल दौर के हैं। उसी स्थल से 12,000 कीमती

पत्थर के नग प्राप्त हुए हैं। इसमें लाल रंग के बहुमूल्य पत्थर, गोमेद, नीलम, सीपी, कौड़ी आदि हैं। नाल और कालीबंगान (दोनों प्रारम्भिक सिन्धु सभ्यता के दौर में) स्थानों पर इस प्रकार के पत्थरों के नग प्राप्त हुए हैं। दोनों स्थानों पर इनका उत्पादन होता था और यहीं से लम्बी दूरी के व्यापार के द्वारा यह सामग्री उक्त तीनों स्थानों पर पहुँची होगी। रहमान डेहरी से प्राप्त हाथी दाँत के लटकन ऐसे (चित्र 1.4) उच्चकोटि के शिल्पतथ्य उस समय की उन्नत किस्म की दस्तकारी के प्रमाण हैं।

चित्र 1.4 : रहमान डेहरी से प्राप्त लटकन (एफ.ए. दुर्रानी के बाद)

आर्थिक क्षेत्र की यह उन्नति हमें सिन्धु सभ्यता के आरम्भिक दौर में अधिक बड़े आकार की तथा अधिक स्थायी बस्तियों को समझने में सहायक है। यह बस्तियाँ पंजाब की हाकरा बर्तन संस्कृति से पूर्व की बस्तियों से अधिक स्थायी प्रकृति की थीं (देखें, 'प्रागैतिहास' का अध्याय 3.3) सभी स्थानों पर भवन निर्माण के लिए मिट्टी की ईंटों को समान रूप से प्रयोग किया जाता था, जब कभी स्थानीय स्तर पर पत्थर उपलब्ध होते थे तो उनका प्रयोग भवन की नींव में या दीवार के निचले भाग में होता था। सिन्धु सभ्यता के प्रारम्भिक दौर में एक अपवाद के रूप में कालीबंगान में कहीं-कहीं पक्की ईंट का प्रयोग हुआ है। इसके अतिरिक्त पक्की ईंटों का प्रयोग नहीं मिलता। हड़प्पा के कोट डिजी में अनुमानित क्षेत्रफल 40 हेक्टेअर माना गया है और यही आकार हरियाणा के सोथी-सिसवाल स्थल के राखी गढ़ी का भी बताया गया है। इतिहासकार पाजेल ने प्रारम्भिक सिन्धु सभ्यता के 291 स्थलों के आधार पर औसत आकार 4.5 हेक्टेअर का आकलन किया है जबकि 34 बस्तियों में प्रत्येक आकार 10 हेक्टेअर से अधिक था। इस समय तक शहरी क्रान्ति (अरबन रिवोल्यूशन) नहीं हुआ था परन्तु कुछ बस्तियाँ धीरे-धीरे कस्बे का स्वरूप ले रही थीं।

इस समय तक सामाजिक विभेदीकरण सीमित था। मालिकाना दावेदारी का चिह्न मुहरें भी बहुत कम थीं। सिन्धु सभ्यता के प्रारम्भ काल में कुनाल स्थल से पत्थर की छह मुहरों (सील) के प्राप्त होने की सूचना है, और इसी प्रकार नौशारो से टेराकोटा की कुछ छोटी मुहरों की जानकारी प्राप्त हुई है। उस समय विशाल भवन भी बहुत कम

थे। कोई ऐसी इमारत जिसे किसी का महल, स्मारक, स्तूप या किसी शासक का भवन कहा जा सके, ये कुछ भी चिह्नित नहीं किया जा सकता है। कोट डिजी, कालीबंगान, कोटरस बुथी (पश्चिमी सिन्ध) और रेहमान डेहरी में शासकों द्वारा सुरक्षा के लिए निर्माण करवाई गई दीवारें भी थीं। इस सबको देखने से यह धारणा बनती है कि यह सब छोटी-छोटी शासन व्यवस्थाएँ रही हैं न कि कोई विशाल शक्तिशाली राज्य।

अन्त्येष्टि का कर्मकांड धर्म का एक महत्त्वपूर्ण पहलू है। अमरी-नाल संस्कृति में बलूचिस्तान के नाल और गुजरात के सुरकोटाडा और नागवाड़ा में हमें अंशत: जले हुए शव मिले हैं। इससे प्रतीत होता है कि मृतकों को खुले स्थान पर छोड़ दिया जाता था, और बाद में उनकी हड्डियों को एकत्र कर बर्तन या पात्रों के साथ दफना दिया जाता था। उत्तरी बलूचिस्तान के पिरिआर्नो घुंड़ई के कोट डिजी के स्थल पर ऐसा प्रतीत होता है कि मृतकों का पहले दाह संस्कार किया जाता था और फिर उनकी हड्डियों को एकत्र कर किसी पात्र में रखकर गाड़ दिया जाता था। प्रारम्भिक सभ्यता के काल में किसी को भी सम्पूर्ण शरीर के साथ दफनाने का वर्णन नहीं मिलता है।

कच्ची मिट्टी से निर्मित सजावटी चीजों और मिट्टी की पकाई लघुमूर्तियों से भी हमें लोगों के धार्मिक विश्वास का ज्ञान होता है। डैंब सादात बर्तनों से प्राप्त बैल के चित्र (देखें चित्र 1.2) के समानान्तर कोट डिजी से प्राप्त मिट्टी के पात्र पर सींगवाले देवता का चित्र (देखें चित्र 1.5) है। कोट डिजी संस्कृति के जलीलपुर, गुमला और सराय खोला स्थलों से प्राप्त मिट्टी से बनी स्त्रियों की लघुमूर्तियाँ देवी माँ की पूजा का संकेत देती हैं। सिन्धु घाटी की सभ्यता के आगामी समय में भी धर्म में विश्वास बना रहा, परन्तु यह भी सत्य है कि प्रारम्भिक सिन्धु संस्कृति में न तो इस अन्तिम संस्कार और न ही देवी-देवताओं में अंशत: पुरुष और अंशत: पशु स्वरूप को खोजा जा सकता है। उस काल में लेखन का भी कोई प्रमाण नहीं मिलता। बाला कोट के अमरी नाल से और रेहमान डेहरी के कोट डिजी स्थलों से प्राप्त मिट्टी पर बने प्रतीक चिह्न प्राचीन शिल्पकारों की अपनी व्यक्तिगत पहचान या विशेष पारम्परिक चिह्न आपस में मेल नहीं खाते और सिन्धु सभ्यता की लिपि से इसके सम्बन्धों का काल निर्धारण आवश्यक है।

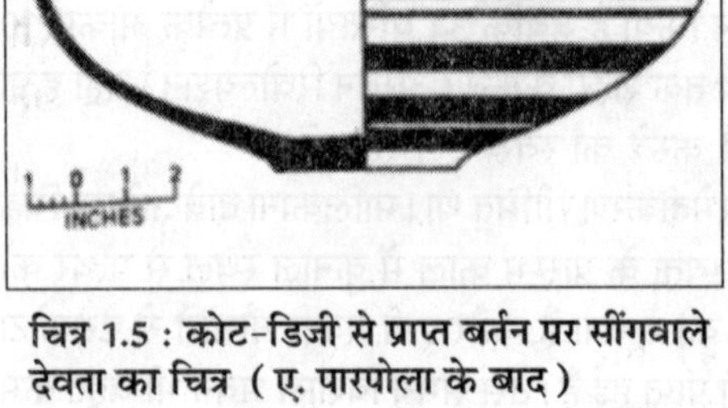

चित्र 1.5 : कोट-डिजी से प्राप्त बर्तन पर सींगवाले देवता का चित्र (ए. पारपोला के बाद)

तीन प्रारम्भिक सिन्धु संस्कृतियों (कोट-डिजी, सोथी-सिसवाल और अमरी-नाल) में से यहाँ हम केवल कोट-डिजी संस्कृति पर विचार करेंगे, जो सिन्धु सभ्यता के प्रादुर्भाव के बाद उत्तर पश्चिम पंजाब और उत्तर पश्चिम फ्रंटियर प्राविंस के विशाल क्षेत्र में बची रही। रहमान ढेरी, गुमला और तराकाई किला (उत्तर पश्चिम फ्रन्टियर प्राविंस) और सराय खोला (उत्तर पश्चिम पंजाब) में हमें इस दौर के (2600-2000 वर्ष ईसा पूर्व) अवशेष प्राप्त हुए हैं जो बड़े पैमाने पर सिन्धु घाटी सभ्यता से मेल खाते हैं। सिन्धु घाटी सभ्यता का कुछ प्रभाव दिखने के बावजूद, इसमें लेखन, पक्की ईंट, विभिन्न प्रकार का कच्ची मिट्टी का काम आदि एक भी चारित्रिक विशेषता नहीं दिखाई देती। घागर घाटी में सोथी-सिसवाल संस्कृति के अनेक छोटे गाँव भी परिपक्व सिन्धु काल के प्रतीत होते हैं, जबकि मध्य बलूचिस्तान में एक स्थानीय संस्कृति जिसको उस स्थल के नाम पर कुल्ली संस्कृति कहा गया, इसने सिन्धु घाटी सभ्यता के चारों तरफ परिधि पर स्वयं को स्थापित किया।

1.4 सिन्धु सभ्यता का प्रादुर्भाव

पश्चिमी पंजाब (पाकिस्तान) में साहीवाल जिले में हड़प्पा स्थल, लम्बे समय से पुरातत्ववेत्ताओं के लिए रावी नदी के किनारे एक विशाल प्राचीन स्थल रहा है, परन्तु आर.डी. बनर्जी का यह कहना सच है कि 1922 में सिन्ध के लारकाना जिले में सिन्धु नदी के किनारे मोहनजोदड़ो की खोज से पूर्व हड़प्पा को महान प्राचीन सभ्यता के एक प्रमुख शहर के रूप में स्वीकृति नहीं प्राप्त हुई थी। भारत के पुरातत्व सर्वेक्षण (आर्कियोलाजिकल सर्वे ऑफ इंडिया) के तत्कालीन महानिदेशक सर जान मार्शल ने मोहनजोदड़ो और हड़प्पा में खोजी गई संस्कृतियों के लिए सिन्धु सभ्यता (इंडस सिविलाइजेशन) का नाम दिया। इन दो शब्दों को एक साथ मिलाकर प्रयोग करने का कारण इसके भौगिलिक सन्दर्भ में निहित है। सिन्धु (इंडस) और यहाँ पर शहरों के अस्तित्व से शब्द सभ्यता (सिविलाइजेशन) बना, इस प्रकार इसका नामकरण सिन्धु सभ्यता (इंडस सिविलाइजेशन) हुआ। इसके बाद भारत की स्वतंत्रता के बाद भारत के पुरातत्व सर्वेक्षण (आर्कियोलाजिकल सर्वे ऑफ इंडिया) ने हड़प्पा स्थल के नाम पर इसे 'हड़प्पन' सभ्यता या परिपक्व हड़प्पन (मैच्योर हड़प्पन) कहने को प्राथमिकता प्रदान की। अभी निरंकुश तरीके से इस संस्कृति पर वैदिक रंग चढ़ाने के लिए इसे सरस्वती-सिन्धु कहने के पीछे कोई तार्किकता नहीं है। सिन्धु घाटी में सरस्वती एक छोटी और मौसमी नदी है। इसलिए सिन्धु (इंडस) नदी के साथ सरस्वती को जोड़ने का कोई भौगोलिक तर्क नहीं है। इसके लिए सूख चुकी छोटी नदियों, हाकरा और घग्गर (सरस्वती इन्हीं नदियों की एक छोटी सहायक है) और चौटांग के समीप पाई गई बस्तियों से इसकी प्रामाणिकता सिद्ध होती है। यह नदियाँ जब बहती थीं तब भी बहुत छोटी

थीं इसलिए बाढ़ का खतरा न होने के कारण ही इनके किनारे बस्तियाँ स्थापित हो सकीं, और जब नदियाँ सूख गईं तो यहाँ के निवासी इन बस्तियों को छोड़कर चले गए और यह स्थल निर्जन रह गए। इसलिए हमें इस बात का कोई वास्तविक प्रमाण नहीं मिलता कि घग्गर-हाकरा घाटी कोई सघन आबादीवाला या सिन्धु सभ्यता का केन्द्रीय क्षेत्र था।

हड़प्पा और मोहनजोदड़ो ने वह बुनियादी सांस्कृतिक मान प्रदान किए हैं जिनके आधार पर, बाद में प्राप्त अन्य बस्तियों को चिह्नित किया जा सकता है कि वह सिन्धु घाटी सभ्यता या (परिपक्व सिन्धु सभ्यता) से सम्बद्ध है। इसे परिभाषित करनेवाले पहलू निम्नलिखित हैं :

1. कुम्हार के चाक द्वारा निर्मित विशेष प्रकार के मिट्टी के बर्तन, यह लाल रंग होने तक पकाए गए बर्तन, मोटी दीवारोंवाले और भारी हैं। कभी-कभी इन पर लाल रंग की पर्त भी चढ़ाई गई है। कुछ बर्तन काले रंग से रँगे गए, और बर्तनों पर विशेष रंगों से पीपल का पत्ता, मोर पक्षी का चित्र और सुन्दर छल्ले बनाए गए थे।
2. सिन्धु घाटी की लिपि, जो विशेष रूप से मुहरों पर दिखती है। इन मुहरों पर बनाए गए चिह्नों में किसी प्रकार का आंचलिक परिवर्तन नहीं है।
3. पकाए गई या कच्ची मिट्टी से निर्मित धूप में सुखाई गई ईंटें जिसका मानक आकार 1:2:4 के अनुपात में हो।
4. इनका मानक भार (प्रति ईंट) 13.63 ग्राम है।
5. शहरी और अर्ध शहरी बस्तियों में सीधी और, एक-दूसरे से समकोण पर मिलनेवाली सड़कें तथा पानी की निकासी पर समुचित ध्यान दिया गया है।
6. शहरों और कस्बों से अलग परन्तु समीप में ही बनाए गए गढ़ी या किले।
7. पक्की चिनाई से बनाए गए कुएँ और तालाब।
8. सामान्य रूप से शहरों के बाहर बनी कब्रगाहों में मृतकों को उत्तर-दक्षिण दिशा में उतान दफनाना।

स्वाभाविक रूप से यह सभी विशेषताएँ प्रत्येक बस्ती में होने की आशा नहीं की जा सकती, विशेष रूप से छोटी या अब तक जहाँ उत्खनन नहीं हुआ है उन बस्तियों में यह सभी विशेषताएँ नहीं हो सकतीं। सर्वाधिक सरल तरीके से ध्यान देने योग्य, मिट्टी के बर्तन और ईंट के चिह्न हैं।

सिन्धु घाटी सभ्यता की बस्तियाँ, पाकिस्तान के समतल से लेकर बलूचिस्तान के कुछ भाग तक सिलसिलेवार मिलती हैं और भारत के पंजाब, हरियाणा, उत्तर पश्चिमी उत्तर प्रदेश, उत्तरी राजस्थान और गुजरात तक यह क्रम जारी रहता है। (देखें अध्याय 2.1)

इन स्थलों पर मलबा, कचरा, कूड़ा और धूल एकत्र होने से बस्तियों का स्तर ऊँचा हो गया है। यह प्रक्रिया विशेष रूप से मोहनजोदड़ो में देखी जा सकती है जहाँ पर भू-स्तर से करीब सात मीटर की ऊँचाई बढ़ गई। इसे मुख्य भूमि के स्तर से ऊपर उठाई गई एक कुएँ की जगत (ऊपरी भाग) को देखा जा सकता (चित्र 1.6) चूँकि इस तरह का मलबा धीरे-धीरे जमा होता है, इससे यह समझा गया है कि सिन्धु घाटी सभ्यता की कालावधि कम-से-कम 500 वर्ष अवश्य रही होगी। विभिन्न उत्खनन स्थलों से प्राप्त बहुत सी काल निर्धारित वस्तुएँ हमें प्राप्त हुई हैं, परन्तु उनसे हम जिस प्रकार की कालावधि को निर्धारित करना चाहते हैं वह सम्भव नहीं है। प्रारम्भिक सिन्धु घाटी सभ्यता और परिपक्व सिन्धु घाटी सभ्यता के बीच अनेक अन्तरविरोध और तारीखों में आच्छादन है। जिस काल की सर्वाधिक वस्तुओं का एक सा समय निर्धारित हो सिन्धु सभ्यता का वही समय निर्धारित करना, इसका सर्वोत्तम हल है। यह अवधि मोटे तौर पर 2500-2000 वर्ष ईसा पूर्व निर्धारित की जा सकती है। हम 2500 वर्ष ईसा पूर्व के समय को इस सभ्यता का संक्रमण काल मान सकते हैं जब सिन्धु घाटी सभ्यता का अपने केन्द्रीय क्षेत्र से अन्य क्षेत्रों में विस्तार हुआ। इस प्रकार निर्धारित सिन्धु घाटी सभ्यता का काल, सिन्धु से प्राप्त वस्तुओं के कालनिर्धारण के साथ मेल भी खाएगा (विशेष रूप से लाल पत्थर के मणि, मुहरों और मोहरबन्दी) जो मेसोपोटामिया में मिले थे। मेसोपोटामिया में कालक्रम को अधिक विश्वसनीयता

चित्र 1.6 : मोहनजोदड़ो में जमीन से ऊपर निर्मित कुआँ (एम. जानसेन के बाद)

के साथ लिखित सामग्री से और साथ ही साथ कार्बन विधि से भी इनका काल निर्धारित किया गया है।

सिन्धु घाटी सभ्यता का व्यावहारिक रूप से व्यापक क्षेत्र में एक सदृश्य होना और सांस्कृतिक पहलुओं पर इसकी व्यापक समानता दर्शाती है कि विभिन्न अंचलों में इस सभ्यता का उद्‌भव स्वत:स्फूर्त ढंग से नहीं हुआ बल्कि एक छोटे मूल क्षेत्र से इसका विस्तार हुआ था। यह मूल क्षेत्र आज तक निर्धारित नहीं हो सका है क्योंकि किसी भी उत्खनन के स्थल पर हमें प्रारम्भिक सिन्धु सभ्यता के दृढ़ साक्ष्य नहीं मिले हैं जिसे सिन्धु सभ्यता का मुख्य पहलू कहा जा सके। इसके बजाय दो भिन्न पहलू हमेशा ही मिले हैं, हड़प्पा और नौशेरा के दो स्थल अपवाद हैं जहाँ पर कोट डिजी और सिन्धु सभ्यता की परस्पर आच्छादित अवस्थाएँ चिह्नित की गई हैं। इससे ज्ञात होता है कि प्रारम्भिक सिन्धु सभ्यता के स्तर पर भी हड़प्पा में सिन्धु सभ्यता के लाक्षणिक गुण मिले थे। इसलिए सिन्धु घाटी सभ्यता का मूल क्षेत्र (कोर एशिया) सम्भवत: कोट डिजी संस्कृति के क्षेत्र पंजाब में और उत्तर मध्य सिन्ध में होगा। सिन्धु घाटी सभ्यता का मूल क्षेत्र जो भी रहा हो, इस सभ्यता का विस्तार केवल राजनीतिक विस्तार के द्वारा ही हुआ। नाप-तौल की इकाइयों, शहरों की योजना और लेखन स्वयं स्वत:स्फूर्त ढंग से प्रत्येक जगह विकसित नहीं हुआ। हमें सिन्धु सभ्यता से पहले की आदिकालीन स्थिति की कल्पना अवश्य करनी चाहिए, बैलों से खींचे जानेवाले रथों, और काँसे के हथियारों के प्रयोग से सम्भवत: प्रारम्भिक सिन्धु सभ्यता से पहले की विभिन्न सीमाओं पर विजय हासिल की गई होगी, और इसलिए अब स्थापित हो चुके सिन्धु सभ्यता के प्रमुख आर्थिक और सांस्कृतिक पहलुओं को सिन्धु साम्राज्य के सभी भागों में आरोपित किया गया होगा। हालाँकि आपको इस बात पर जोर देने की आवश्यकता नहीं है कि इस प्रकार का साम्राज्य पूरे सिन्धु सभ्यता काल में बना रहा। यह विचारणीय है कि यह साम्राज्य बाद में आंचलिक राज्यों में विभक्त हो गया हो जिन्होंने मूल विजेताओं द्वारा स्थापित संस्थाओं और परम्पराओं को अलग-अलग कायम रखा हो (देखें अध्याय 2.7)।

हालाँकि हमें इसका बिलकुल ठीक-ठीक पता नहीं है कि सिन्धु राज्य की मूल गद्दी कहाँ पर स्थित थी। एक और प्रश्न पूछा जा सकता है कि सिन्धु सभ्यता को निर्मित करनेवाले अनेक तत्त्व किस प्रकार एकत्र हो गए? हालाँकि व्यावहारिक रूप में शहर, राज्य, मुहरें, लेखन, पक्की ईंटें और बैलों से ढुलाई, ऐसे तत्त्व मेसोपोटामिया (इराक) में सिन्धु घाटी से पहले ही मौजूद थे। मेसोपोटामिया से इसके विस्तार का प्रश्न अक्सर उठाया जाता है। हालाँकि 2600 वर्ष ईसा पूर्व इन दोनों क्षेत्रों के बीच सीधे सम्बन्धों के नगण्य प्रमाण हैं। ईराक और सिन्धु सभ्यता की लिपि में भी कोई समरूपता नहीं है यहाँ तक कि हेलमैंड सभ्यता के प्रारम्भिक काल में सुस्पष्ट प्रोटोइलेमाइट प्रभाव भी किसी भी आरम्भिक सिन्धु सभ्यता में चिह्नित नहीं किए जा

सकते। इसलिए ऐसा प्रतीत होता कि जब मेसोपोटामिया से अप्रत्यक्ष प्रौद्योगिकीय प्रसार और सांस्कृतिक प्रभाव को नकारा नहीं जा सकता तो सिन्धु घाटी की सभ्यता अपने वास्तविक स्वरूप में सम्भवत: व्यापक रूप से देशज (इंडीजिनस) मूल की है।

नोट 1.1 पुरावशेष अध्ययन की पद्धतियाँ

पुरावशेष विद्या को ऐसे विज्ञान के रूप में परिभाषित किया जाता है जो अतीत के मानव समाजों के भौतिक अवशेषों से सम्बन्ध रखता है। इन अवशेषों में जंगली और पालतू पौधे, वृक्ष और जानवर, प्राकृतिक पर्यावरण के पहलू से छोड़े गए चिह्न (वातावरण, नदी के रास्ते, बाढ़ आदि) मनुष्यों द्वारा निर्मित इमारतें (झोंपड़ी और घर), उनके द्वारा निर्मित वस्तुएँ (शिल्प तथ्य) और मनुष्यों व पशुओं के कंकाल आदि हैं। इस विनिबंध और इसके पूर्व प्रकाशित (प्रागैतिहास) के लिए, पुरावशेष विद्या ही सम्पूर्ण सूचना का व्यावहारिक स्रोत है। हमारी सहायता के लिए इस समय की कोई लिखित सामग्री नहीं है, और जब यह सिन्धु काल में चिह्नों के रूप में उपलब्ध हुई, तो हम इसे पढ़ नहीं सकते (देखें नोट 2.1) इसलिए पुरातत्व विद्या किन पद्धतियों से अपने आँकड़े प्राप्त करती है और किन शब्दों का बार-बार प्रयोग करती है, इसके कुछ प्रारम्भिक विवरणों की जानकारी देना लाभप्रद होगा।

पुरातत्व विद्या के क्षेत्र में प्रयुक्त दो पद्धतियों में एक पर्यवेक्षण (छानबीन) और दूसरी उत्खनन है।

पर्यवेक्षण पद्धति में भौतिक अवशेषों का किसी तरह की छेड़छाड़ किए बगैर पर्यवेक्षण करना होता है। पुरानी इमारतों के स्थलों को विभिन्न साधनों के द्वारा आँखों की दृष्टि से देखकर चिह्नित किया जाता है। मिट्टी के बर्तन और ईंट या पुरानी इमारतों के अन्य चिह्नों जैसे शिल्प-तथ्य, ऊपरी सतह पर मिल सकते हैं। या इमारतों व बस्तियों को मिट्टी के स्तूपों से चिह्नित किया जा सकता है। लम्बी अवधि तक निरन्तर लोगों के निवास से उस बस्ती का स्तर सामान्य भूतल से ऊँचा हो जाता है और धूल के जमने से आवासीय सामग्री ढँक जाती है और यह किसी टीले या स्तूप जैसी लगने लगती है। ऐसे स्तूपों के ढलान से वर्षा का पानी बहता है और इनका कुछ हिस्सा खुल जाता है और इस प्रकार का क्षरण पुरातत्वविदों को क्रमवार उसकी परतों (स्ट्रेटा) या सांस्कृतिक स्तर को समझने का अवसर प्रदान करता है। और विभिन्न काल के निवासियों के शिल्प तथ्य को दिखाता है। एक ही प्रकार के स्तूपों के पार्श्व या 'सेक्शन' मनुष्यों द्वारा निरुद्देश्य ही खोल दिए जाते हैं। जैसे किसान अपने खेत का विस्तार करने के लिए स्तूपों को काट डालते हैं या सड़क बनाने के लिए उनको काट दिया जाता है।

पुरानी दीवारों के गिरने और खाइयों के भरने का पता जमीन की असमानता से लगाया जा सकता है। कभी-कभी जब पर्यवेक्षक भूमि पर ही खड़े होते हैं तो इस प्रकार की असमानताओं का पता लगाना काफी कठिन होता है। ऐसे स्थलों पर

आसमान से की गई फोटोग्राफी (एरियल फोटोग्राफी) काफी सहायक होती है। एक जहाज या गुब्बारे से सुबह या शाम को (जब परछाइयाँ काफी लम्बी होती हैं) लिए गए चित्रों में काफी उभरी हुई आकृतियाँ (गड्ढे और उभार) दिखती हैं जो कि किसी दूसरे समय के फोटोग्राफ में स्पष्ट नहीं होतीं। किसी छोटे क्षेत्र के श्रम साध्य भू-सर्वेक्षण से इस उद्देश्य की पूर्ति होती है। किसी एक विशेष स्थल के बारे में विचार करते हुए उसके आधार स्तर को शून्य मानकर इसके आधार पर आप उस स्थल का क्षेत्रफल माप सकते हैं और शून्य मानकर, (जीरो लेवेल) से ऊँचाई माप सकते हैं। एक नक्शे या प्लान में कण्टूर या उन्नयन रेखा (एलीवेशन लाइन) दर्शा सकते हैं। इससे आपको दीवारों, सड़कों, आवासीय स्थलों, खाइयों आदि के अवशेषों को खोजने में सहायता मिलेगी। भू-भौतिकीय सर्वेक्षण (जिअफिजिकल सर्वे) यद्यपि काफी खर्चीला और काफी समय लेनेवाला है परन्तु इससे आप को जमीन के अन्दर क्या पड़ा है इसकी खोज में सहायता मिलती है। एक मैगनो मीटर की सहायता से जमीन के अन्दर पड़ी धातु के औजारों या चूल्हे का पता लगाया जा सकता है। इसी प्रकार एक रिजिस्टीविटी मीटर एक भरे हुए गड्ढे या जमीन में दबी हुई दीवार की जानकारी देता है। हवाई सर्वेक्षण (एयर सर्वे) भू-सर्वेक्षण (ग्राउंड सर्वे) और भू-भौतिकीय सर्वेक्षण (जिअफिजिकल सर्वे) के द्वारा कितना खोजा जा सकता है इसे 1982-83 में जर्मन और इटली के संयुक्त प्रोजेक्ट में मोहनजोदड़ो में किए गए सर्वेक्षण से समझा जा सकता है।

उत्खनन पद्धति में शिल्पतथ्य और अन्य वस्तुओं को एकत्र करने के लिए खुदाई की प्रक्रिया में भौतिक अवशेषों के साथ सोच-समझकर छेड़छाड़ की जाती है और अधिक समीप से ढाँचे और परतों (स्ट्रेटाफिकेशन) आदि का अध्ययन करने के लिए 'ऊर्ध्वाधर' या क्षैतिज उत्खनन किया जा सकता है।

ऊर्ध्वाधर (वर्टिकल) उत्खनन सामान्य रूप से एक छोटे क्षेत्रफल में होता है और उत्खननकर्ता शिल्प तथ्यों को निकालता है, यदि आवश्यक हो तो एक परत (स्ट्रेटम) के निश्चित आकार को काटकर दूसरे तक पहुँचता है। परतों (स्ट्रेटाफिकेशन) के क्रम को स्थापित करने के लिए अक्सर एक सांड़जे या टेस्ट खाई खोदी जाती है। इस खाई की साइडों (सेक्शंस) को जब कभी खोला या खरोंचा जाता है, तो स्ट्रेटा का क्रम दिखाई देने लगता है, अक्सर इसे मिट्टी के विभिन्न रंगों से चिह्नित किया जाता है। यह ध्यान देना चाहिए कि खुदाई के समय उत्खनन जैसे-जैसे नीचे की ओर बढ़ता है, विभेदीकृत परतों को अरबी संख्या में 1, 2, 3...में नोट किया जाता है। लेकिन यह सांस्कृतिक काल के 'कालावधि' के लिए ठीक इसके विपरीत होता है जहाँ सबसे नीचेवाला स्ट्रेटा सबसे पहला और प्राचीन काल होता है। इसे लैटिन संख्या में नीचे से ऊपर की ओर चिह्नित किया जाता है। उत्खननकर्ता नीचे की कच्ची मिट्टी तक पहुँचने को लक्ष्य करता है, सबसे नीचे की परत जहाँ मनुष्य के आवास का कोई भी चिह्न प्राप्त हो और यह प्राचीनतम सांस्कृतिक काल या प्रथम

काल को दर्शाता हो। इसके बाद उत्खनन को फावड़े से विभिन्न स्तरों (परतों) को खोला जाता है जिसमें विभिन्न परतों (लेयर्स) के सेट मौजूद हैं। उनको क्रमश: ऊपर की ओर बढ़ते हुए II, III, आदि के रूप में लिखा जाता है। इस प्रकार हम यह समझ सकते हैं कि दाइमाबाद III, दाइमाबाद I के बाद ही होगा। (देखें चित्र 1.7)

क्षैतिज (हारिजेंटल) उत्खनन में सामान्य रूप से काफी बड़ा क्षेत्र लिया जाता है और इसे अक्सर एक विशेष समय या स्तर (स्ट्रेटम) की बस्ती या भू-भाग के पैटर्न को खोजने में ढाँचागत अवशेषों को खोलने के लिए डिजाइन किया जाता है। मोहनजोदड़ो क्षैतिज (हारिजेंटल) उत्खनन की एक क्लासिक घटना है। यद्यपि इस शहर के एक भाग का ही उत्खनन किया गया है। यहाँ उर्ध्वाकार उत्खनन से कभी भी सड़कों और घरों के आकार को अनावृत नहीं किया जा सकता था। यह क्षैतिज उत्खनन द्वारा ही सम्भव हो सका।

उत्खनन चाहे ऊर्ध्वाधर हो या क्षैतिज, खुदाई करते समय आज भी बड़ी सावधानी से काम करना चाहिए। असावधानी से की गई खुदाई से महत्त्वपूर्ण और मूल्यवान साक्ष्य सदा-सदा के लिए ध्वस्त हो जाएँगे। लम्बे समय तक, यहाँ तक कि बीसवीं सदी के प्रारम्भ तक भी उत्खननकर्ता जब तक पत्थर या पक्की ईंट की जुड़ाई तक नहीं पहुँचते वे खोदते समय सबकुछ साफ कर देते थे और फेंक देते थे। आर्कियालाजिकल सर्वे ऑफ इंडिया के 1944-48 तक प्रमुख नेतृत्वकारी भूमिका में मार्टीमर व्हीलर ने उत्खनन की और संशोधित पद्धतियों को लागू किया, उसने

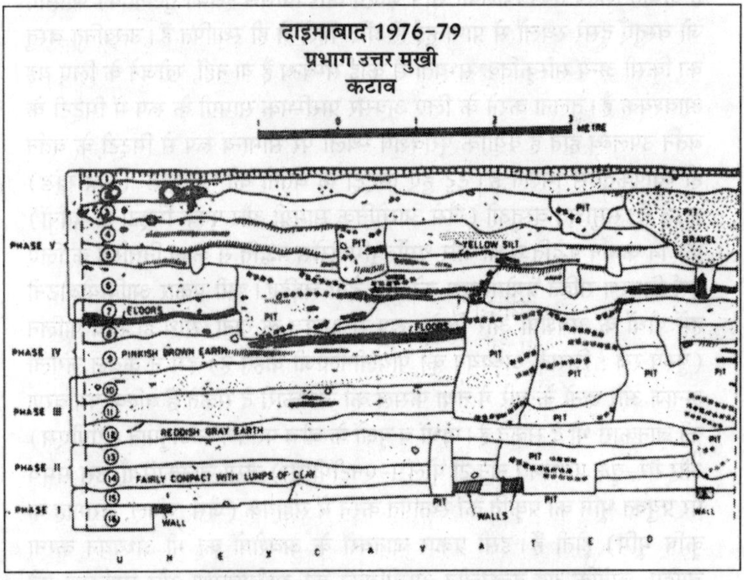

चित्र 1.7 : दाइमाबाद में स्ट्रेटीफाइड सेक्शन (एस.ए. साली के बाद)

मुंगरी से पिटी मिट्टी और मिट्टी से बनी इमारतों, मिट्टी की विभिन्न परतों, जैसे प्रमुख भागों पर ध्यान देना शुरू किया, अक्सर इनको पहले ही उत्खनन में पहचान लिया जाता था। उत्खनकों को न केवल किसी गाड़े गए शिल्पतथ्य को हानि पहुँचाने से बचाना चाहिए बल्कि विभिन्न परतों को आपस में मिलाना भी नहीं चाहिए। हड्डी का टुकड़ा और बीज ऐसी छोटी से छोटी चीजों को भी निकालना चाहिए। इन वस्तुओं को केवल छानने के द्वारा या पानी में तैराने (फ्लोटेशन) के द्वारा प्राप्त किया जा सकता है। अन्तिम आवश्यकता यह है कि किसी खास परत से निकाले गए उत्खनन के नमूने (सैंपिल) को एक छोटे पानी के टैंक में रखना चाहिए, जिसमें पम्प से हवा डाली जा सके ताकि हड्डी के टुकड़े और बीज जैसी हल्की वस्तुएँ पानी में तैरने लगें ताकि उनको विश्लेषण के लिए एकत्र किया जा सके। उत्खनन में प्राप्त होनेवाली विभिन्न वस्तुओं को उसी समय स्थल पर ही सन्दर्भ सहित मापना (लम्बाई, चौड़ाई और ऊँचाई में) चाहिए, इसका सन्दर्भ अन्य वस्तुओं के साथ और जिस तह में प्राप्त हुई हों उसे अवश्य ही नोट करना चाहिए। यह सब नोट करना अत्यधिक महत्त्वपूर्ण है। उत्खनन के दौरान स्वतंत्रतापूर्वक फोटोग्राफी की जानी चाहिए ताकि प्रमुख वस्तुओं को मूल स्थिति (इन सीनू) में प्रदर्शित किया जा सके।

उत्खनन के साथ-साथ उत्खनन सामग्री की तीक्ष्ण वैज्ञानिक छानबीन अवश्य होनी चाहिए। सर्वप्रथम टाइपोलोजी (प्रकार विद्या) को निश्चित करना आवश्यक है अर्थात शिल्प तथ्य किसको सौंपे जाएँगे और किससे इसकी तुलना की जाएगी, जो वस्तुएँ दूसरे स्थलों से प्राप्त हुई हैं और पहले से ही स्थापित हैं। उत्खनित वस्तु का किसी अन्य सांस्कृतिक सभ्यता से कोई सम्बन्ध है या नहीं, खोजने के लिए यह आवश्यक है। तुलना करने के लिए अक्सर प्रारम्भिक सामग्री के रूप में मिट्टी के बर्तन उपलब्ध होते हैं क्योंकि पुरावशेष स्थलों पर सामान्य रूप से मिट्टी के बर्तन ही व्यापकता से मिलते हैं। टूटे हुए मिट्टी के बर्तनों को 'पॉटशर्ड' (पात्र खंड) कहते हैं। समुचित वस्तुओं (जैसे आरगेनिक सामग्री और पक्के मिट्टी के बर्तनों) को 14 कार्बन पद्धति से या और थर्मोल्यूमिनीसेंस पद्धति से काल निर्धारण के लिए पूर्ण विवरण सहित प्रयोगशाला को भेज देना चाहिए। इसी प्रकार आर्कियोबोटनी हमें पौधों के अवशेषों और विशेष रूप से अनाज के दानों, साथ ही साथ पालिन (पुरुष रज : जिसके अध्ययन को पायलीनलोजी कहते हैं) हमें न केवल जंगली अनाज और दानों के बारे में तथा फसल की जानकारी दे सकते हैं बल्कि पर्यावरण की जानकारी भी दे सकते हैं। पौधों व वृक्षों के बीच परागण के अनुपात (टीपीएस) और गैर-वृक्ष परागण (नान ट्री पोलेंस-एनटीपीएस) जैसी जानकारियाँ, उस समय पर प्रयुक्त भूमि की प्रकृति को स्थापित करने में सहायक (जैसे-जंगल, चरागाह या कृषि भूमि) होती हैं। इसी प्रकार जानवरों के अवशेषों का भी अध्ययन करना चाहिए, क्योंकि यह तत्कालीन आजीविका की अर्थव्यवस्था और पर्यावरण की

प्रकृति की जानकारी देता है। पशुओं को पालतू बनाना उनके शरीर के आकार और कुछ हड्डियों के आकार को बदल देता है, इससे उसी प्रजाति के पालतू और जंगली जानवरों के बीच फर्क किया जा सकता है। इस प्रकार आर्कियोलॉजी मनुष्य द्वारा पशुओं पर नियंत्रण के विकास पर काफी प्रकाश डालती है।

उत्खननकर्ताओं की दुनिया पर हमेशा विश्वास नहीं करना चाहिए, आदर्श स्थिति यह है कि रिकॉर्ड या पूर्ण मूल सामग्री, एक दूसरे रूप में दूसरे शोधकर्ताओं को उपलब्ध होने चाहिए। यह भी महत्त्वपूर्ण है कि उत्खनित स्थलों के बारे में रिपोर्टों को एक समुचित समय में प्रकाशित किया जाना चाहिए। इन रिपोर्टों में उत्खनन स्थल का और तथ्यों व खोज का विस्तार से, नक्शों, फोटोग्राफों, ड्राइंग और डाइग्राम के साथ विवरण पेश होना चाहिए और उत्खनित सामग्री का वैज्ञानिक विश्लेषण प्रस्तुत किया जाना चाहिए।

अभी तक मुख्यत: फील्डवर्क का वर्णन किया गया है। इस प्रकार के फील्डवर्क से एकत्र सामग्री और आँकड़ों की व्याख्या (इंटरपिटेशन) और प्रयोगशाला का विश्लेषण भी पुरातत्व विज्ञान का एक महत्त्वपूर्ण भाग है। हमें सम्बन्धित विषय पर साक्ष्यों के अलग-अलग टुकड़ों को एक साथ एकत्र करने और रिक्त स्थानों की पूर्ति के द्वारा, तुल्यरूपता (एनालाजी) का प्रयोग कर तार्किक अर्थ निकालते हुए एक विशाल चित्र प्रस्तुत करना चाहिए। तुलनात्मकता को अक्सर बहुत ही समृद्ध तरीके से समाजों के बारे में जानकारी, इतिहास से प्राप्त (अर्थात्, लिखित स्रोतों से पुनर्निर्मित करना) या फिर मानव विज्ञान से (जिसमें आज भी अस्तित्वमान प्राचीन समाज शामिल है) तैयार किया जा सकता है।

जब पुरातत्वविद् इतिहास से प्रागैतिहासिक काल की ओर काम करते हैं, वे लिखित स्रोतों द्वारा उजागर किए गए सर्वाधिक प्राचीन समाजों से प्रारम्भ करते हैं (जैसे-प्राचीन मेसोपोटामिया और मिश्र) और वे केवल पुरावशेषों से ज्ञात समाजों के तुल्यरूपता के पहलू, उनके स्रोत या क्रमिक विकास और अस्तित्व की जाँच-पड़ताल करते हैं। इस प्रकार वे प्रागैतिहासिक काल में उन घटनाओं और प्रक्रियाओं को घटित होते देखते हैं, जैसे वे इतिहास में घटित हुई हैं, चाहे वे तकनीक की खोज या विस्तार हो, वर्ग-विभेदों का विकास हो, राज्य का निर्माण हो, मनुष्यों का पलायन या बोली जानेवाली भाषा में परिवर्तन हो या परम्पराओं और धार्मिक विश्वास हो। इस पद्धति को व्यापकता में लागू करनेवाला व्यक्ति वी. गार्डेन चाइल्ड (1892-1957) था।

1960 दशक के अन्त में 'नई' या 'प्रोसीजुअल' आर्कियोलाजी के प्रस्तावकों द्वारा उक्त दृष्टिकोण की वैधता पर प्रश्न उठाना प्रारम्भ हुआ। इनमें प्रख्यात व्यक्ति अमेरिकी पुरातत्वविद् लिविस बिनफोर्ड था। मुख्य रूप से उत्तरी अमेरिका की पुरातत्व विद्या से प्रेरणा प्राप्त करनेवाले इन इतिहासकारों द्वारा प्रागैतिहास की घटनाओं (तीव्र संक्रमणों) पर ध्यान न देने और केवल 'प्रक्रियाओं' (दीर्घकालीन

परिवर्तनों) पर ध्यान देने पर जोर दिया गया। इसके अतिरिक्त उनका दृढ़ विश्वास है कि प्रागैतिहासिक काल में स्थानीय समाजों द्वारा स्वतंत्र रूप से अपने पर्यावरण के साथ 'अनुरूपता' का लक्षण अधिक था, और इसलिए 'विस्तार' शब्द को शंका की दृष्टि से देखा जाने लगा। इन इतिहासकारों में अपरिहार्य रूप से, सांस्कृतिक परिवर्तनों की व्याख्या में सम्पूर्ण रूप से बाहरी कारकों को नकार देने की निश्चित प्रवृत्ति थी।

हाल के वर्षों में 'नई' आर्कियोलाजी का प्रभाव स्पष्ट रूप से घटा है। इसकी लोकप्रियता के घटने का मुख्य कारण, पुरातत्व विद्या में काल क्रमानुसार अधिक विश्वसनीय आँकड़ों की वृद्धि है। यह स्पष्ट हो गया है कि 'घटनाएँ' (प्रमुख घटनाएँ, तीव्र परिवर्तन के चरण) और 'विस्तार' (तकनीक, भाषा और विचारों का विस्तार) का प्रागैतिहासिक काल में अपना समुचित स्थान है। जो भी हो, किसी भी मामले में हमें हमेशा इस तथ्य को ध्यान में रखना चाहिए कि किसी भी पुरातात्विक परिकल्पना या प्रारम्भिक अनुमान में, चाहे यह इतिहास या मानव विज्ञान पर आधारित हो, इसका परीक्षण साक्ष्यों की कठोर छानबीन से होना चाहिए और केवल इसी तरीके से अतीत के बारे में हमारी समझ विकसित होनी चाहिए।

नोट 1.2 : सन्दर्भ ग्रन्थ सम्बन्धी टिप्पणी

शहरी क्रान्ति (अरबन रिवोल्यूशन) की अवधारणा का क्लासिक स्पष्टीकरण वी. गार्डेन चाइल्ड की पुस्तक *मैन मेक्स हिमसेल्फ,* लन्दन 1936, चैप्टर VII और *व्हाट हैपेंड इन हिस्ट्री,* हरमांड्स वर्थ, 1942, चैप्टर V में मिलेगा। यह दोनों पुस्तकें बाद में कई बार पुनर्मुद्रित और प्रकाशित हो चुकी हैं। इतना समय बीतने के बावजूद भी मिस्टर चाइल्ड की अनेक बुनियादी प्रस्थापनाएँ आज भी प्रामाणिक हैं और इन पर नए सिरे से ध्यान दिया जा रहा है। एक दौर में 'विस्तारवाद' (डिफ्यूजनिज्म) के लिए उनकी बड़ी आलोचना हुई थी। (देखें नोट 1.1)

दुर्भाग्य से हेलमैंड सभ्यता पर एक अकेला कोई विनिबंध नहीं है। एम. टोसी और अन्य द्वारा लिखित *हिस्ट्री ऑफ सिविलाइजेशंस ऑफ सेंट्रल एशिया,* सम्पादक, ए.एच. दानो और वी.एम. मसान, यूएनईएमसीओ, पेरिस 1992, वाल्यूम I चैप्टर 9, में सुन्दर सर्वेक्षण मौजूद है।

ईस्ट एंड वेस्ट जनरल, रोम, न्यू सिरीज वाल्यूम 23, 26, और 28 में तथा साउथ एशियन आर्कियोलाजी 1977, 1979 और 1981 के अंकों में सामग्री है। इनको पढ़ा जा सकता है।

प्रारम्भिक सिन्धु संस्कृति पर आँकड़ों का मुख्य भंडार ग्रिगोरी, एल. पाजेल की पुस्तक *दि इंडस एज, दि बिगनिंग,* नई दिल्ली 1999। समृद्ध अद्यतन सारांश के लिए देखें बी.बी. लाल की पुस्तक *दि अरलिएस्ट सिविलाइजेशन ऑफ साउथ एशिया,* नई दिल्ली 1977, चैप्टर IV। प्रारम्भिक सिन्धु संस्कृति पर सर्वाधिक

विस्तार से (कोट डिजी) लिखित, रफीक मुगल का अग्रगामी काम, *दि अरली हड़प्पन पीरियड इन दि ग्रेटर इंडस वैली एंड बलूचिस्तान,* पी-एच.डी. के लिए शोध प्रबंध, यूनिवर्सिटी ऑफ पेनसिलवानिया, 1970, (मिम्योराग्राफ फार्म में आसानी से उपलब्ध) सूरजभान ने अपनी पुस्तक *इक्सकेवेशन ऐट मिताथल 1968 एंड अदर इक्सप्लोरेशन इन दि सतलज यमुना डिवाइड, कुरुक्षेत्र 1975* में सोथी-सिसवाल संस्कृति स्थलों की व्याख्या की है। अमरी-नाल संस्कृति के जोन में बालकोट के प्रमुख स्थल पर देखें, जार्ज.एफ. डेल्स और अन्य का पेपर *साउथ एशिया आर्कियोलाजी* 1977 वाल्यूम, पृ. 241-344।

कालक्रम की सारिणी पाजेल द्वारा *दि इंडस एज दि बिगनिंग* में स्वीकृत स्कीम पर आधारित है, परन्तु सम्पूर्णतः वही नहीं है।

पुरातत्व विद्या (आर्कियोलाजी) पर अनेक पुस्तकें हैं, इनमें, मार्टीमर व्हीलर की पुस्तक *आर्कियोलाजी फ्रॉम द अर्थ,* ऑक्सफोर्ड 1954, एक क्लासिक पुस्तक है। बहुत ही अच्छी ताजा पाठ्य पुस्तक के लिए देखें, कालिन रेनफिव और पाल बाहन की पुस्तक *आर्कियोलाजी मेथड्स एंड प्रैक्टिस* चौथा संस्करण, लन्दन 2004।

अध्याय-2

सिन्धु सभ्यता

2.1 विस्तार और जनसंख्या

हमने पहले ही (अध्याय 1.4) सिन्धु सभ्यता के बारे में चर्चा की है। वर्तमान आधुनिक परम्परा की सीमाओं की दृष्टि से, पंजाब (भारत गणतंत्र और पाकिस्तान) का अधिकांश भाग, हरियाणा, पश्चिमी उत्तर प्रदेश और राजस्थान सिन्ध, गुजरात के अधिकांश भाग और उत्तरी पूर्वी और दक्षिणी बलूचिस्तान का कुछ भाग, उक्त विमर्श में पहले ही आ चुका है। यह वास्तव में समतल भूमि की संस्कृति थी परन्तु यह कभी भी हिमालय के छोटे पहाड़ों की तराई मानदा (जम्मू और काश्मीर में) रोपड़ और चंडीगढ़ (पंजाब में) के स्थलों के रूप में चिह्नित स्थानों को पार नहीं कर पाई और ना ही उत्तरी पश्चिमी पंजाब या सिन्धु की पहाड़ियों के पार उत्तरी पश्चिमी फ्रन्टियर प्राविंस, (एनएफडब्लूपी) में इसके कोई चिह्न मिलते हैं जहाँ पर कोट डिजी संस्कृति फलती-फूलती रही। उत्तरी पूर्वी बलूचिस्तान के सुलेमान अंचल में झाब घाटी में पिरआनो घुंडई एक एकान्त बाहरी चौकी प्रतीत होती है। परन्तु प्लेटो दीवार (प्लेटो वॉल) के ठीक ऊपर दाबरा कोट सहित बोलान दर्रे (बोलान पास) के नीचे बलूचिस्तान की समतल भूमि में भी इस सभ्यता के लोगों की बस्तियाँ थीं।

इस सभ्यता ने दाशत नदी पर सुतकागेन-दार तक बलूचिस्तान के पूर्वी और दक्षिणी पहाड़ियों को पार किया। सिन्ध के दक्षिण, पूर्व, कच्छ का विशाल रन्न क्षेत्र (ग्रेट रन्न ऑफ कच्छ) भी इसके विस्तार में कोई अवरोध नहीं खड़ा कर सका। परिपक्व सिन्धु स्थलों से कच्छ भरा पड़ा है और गुजरात में, सौराष्ट्र के उत्तरी पश्चिमी छोर पर स्थित नागेश्वर से लेकर खम्बात के समीप लोथल तक सिन्धु सभ्यता की बस्तियाँ मौजूद हैं। हाँ इन सीमाओं के पार ऑक्सस नदी पर उत्तर पूर्वी अफ़ग़ानिस्तान में शोरतुधई स्थान पर सिन्धु की एक व्यापारिक चौकी थी (देखें नक्शा 2.1)।

इस विशाल क्षेत्र में (लगभग 700,000 वर्ग किलोमीटर) में निवास करनेवालों की संख्या का अलग-अलग आकलन किया गया है। इन आकलनों के अनुसार यह

नक्शा 2.1 : सिन्धु सभ्यता

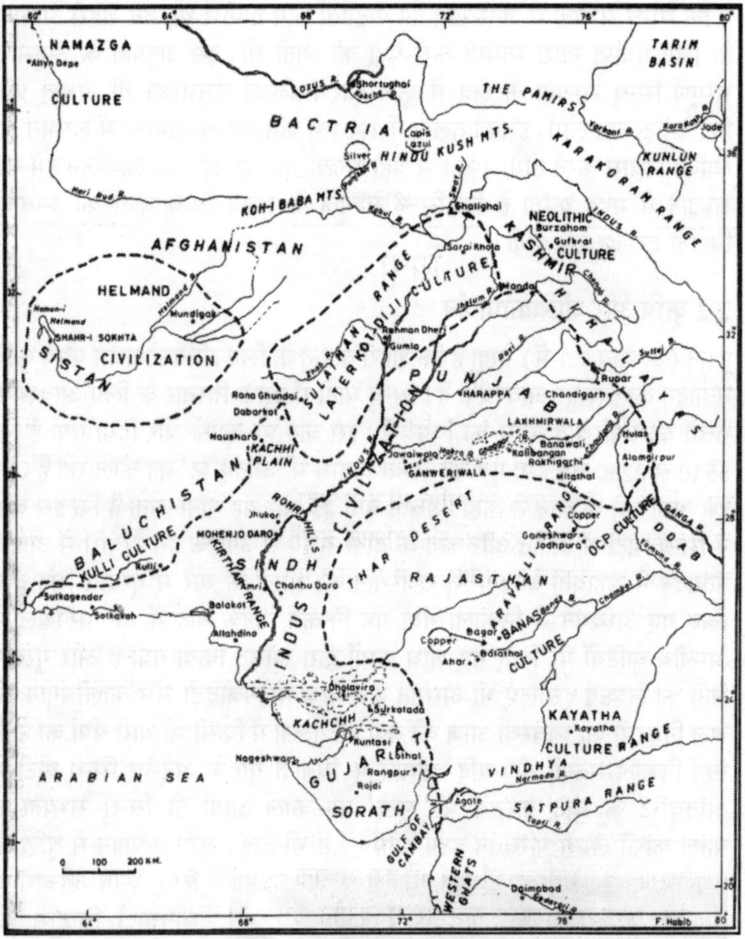

संख्या एक मिलियन से लेकर पाँच मिलियन तक है। शायद इन दोनों संख्याओं का मध्यमान रखना अधिक उचित होगा, इस प्रकार मोहनजोदड़ो और हड़प्पा की एक साथ जनसंख्या 150,000 निर्धारित करना ठीक है। सम्पूर्ण शहरी जनसंख्या 250,000 से कम नहीं रही होगी। इस गणना के साथ यह बात भी ध्यान रखनी चाहिए कि बहावलपुर में गनवेरीवाला और भारत में स्थित पंजाब प्रान्त में लखमीरवाला ऐसे विशाल शहरी आबादीवाले स्थलों का आज भी उत्खनन नहीं हुआ है। उन्नीसवीं शताब्दी में अशहरीकरण की चरम स्थिति में भारत के ग्रामीण क्षेत्र की जनसंख्या

शहरी जनसंख्या से लगभग नौ गुना अधिक हो गई थी। यह अनुमान लगाना कठिन है कि सिन्धु सभ्यता में जनसंख्या का पन्द्रहवाँ भाग ग्रामीण था, तब शहरी आबादी के लिए पर्याप्त खाद्य सामग्री कैसे पैदा की जाती थी। इस अनुपात के अनुसार, सम्पूर्ण सिन्धु सभ्यता के क्षेत्र में कुल चार मिलियन जनसंख्या थी अर्थात् प्रति किलोमीटर छह लोग। इसकी तुलना में 1901 में प्रति वर्ग किलोमीटर में लगभग 50 व्यक्ति निवास करते होंगे, 1991 में यही संख्या 180 हो गई। यह आकलन हमें यह समझने में मदद करता है कि सिन्धु सभ्यता के समय सिन्धु घाटी की आबादी कितनी दूर-दूर रही होगी।

2.2 कृषि और जीविकोपार्जन

हमने (अध्याय 1.1 में) देखा है कि शहरी क्रान्ति के लिए जीविकोपार्जन योग्य कृषि उत्पादन का विस्तार आवश्यक है। सिन्धु घाटी में इसके विस्तार के लिए आवश्यक तत्त्वों की उपस्थिति बहस का विषय है। इस बात पर काफी जोर दिया गया है कि 5510 से 2230 वर्ष ईसा पूर्व की लम्बी अवधि में 'अतिवृष्टि' का काल रहा है और इस अवधि में वर्तमान से कहीं अधिक वर्षा हुई और यह माना जाता है कि इस वर्षा ने सिन्धु घाटी में अतीत और बाद के दोनों समय से अधिक इस अवधि में अनाज उत्पादन में सहायता की। परन्तु राजस्थान की झीलों के बारे में गुरदीप सिंह द्वारा किए गए अध्ययन से निकाला गया यह निष्कर्ष, उनके बाद में थार मरुस्थल में अम्लीय घाटियों पर किए गए शोध कार्यों द्वारा खंडित किया गया है और गुरदीप सिंह का निष्कर्ष इसलिए भी असंगत है क्योंकि मोहनजोदड़ो और कालीबंगान की जल निकासी की व्यवस्था आज की वर्षा की तुलना में किसी भी भारी वर्षा का पानी नहीं निकाल सकती थी। यदि वर्तमान भू-विज्ञानी युग के अनुसार सिन्ध घाटी में अतिवृष्टि के बाद वास्तव में 'सूखे' का काल आया तो सिन्धु सभ्यता से पहले काफी लम्बा परिवर्तन हुआ होगा (2.8 भी देखें) कृषि उत्पादन में वृद्धि के लिए, कृषि औजारों में बुनियादी विकास का मजबूत तर्क पेश किया जाता है और इसका प्रमाण सिन्धु सभ्यता के प्रारम्भ में ही हल की उपस्थिति के रूप में प्रस्तुत किया जाता है (देखें अध्याय 1.3) सिन्धु सभ्यता में इस हल

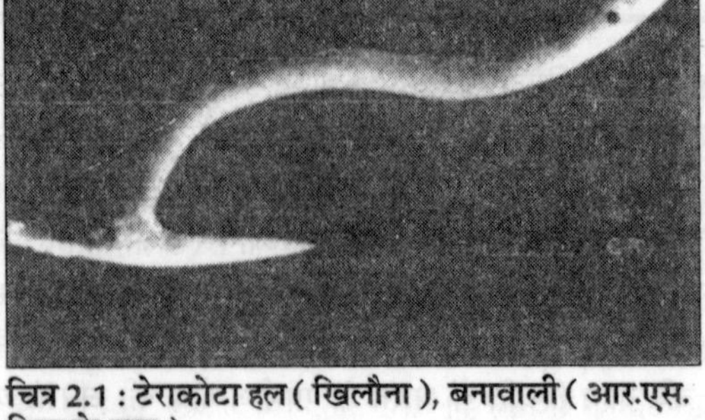

चित्र 2.1 : टेराकोटा हल (खिलौना), बनावाली (आर.एस. बिष्ट के बाद)

की उपस्थिति न सिर्फ भार ढोते हुए बैलों के साक्ष्य से प्रमाणित होती है (बैल गाड़ी के लिए आगे देखें) बल्कि बनावाली में मिट्टी के हल के मॉडल से भी (चित्र 2.1) प्रमाणित होती है। उत्तरी पूर्वी अफ़ग़ानिस्तान में शोरतुघई की सिन्धु बस्तियों में भी एक जुता हुआ खेत देखने को मिला है। हल के प्रयोग से कृषि उत्पादन में हुई वृद्धि पर पुनः जोर देने की आवश्यकता नहीं है। (देखें अध्याय 1.3) कृषि के औजार (साधारण पत्थर के ब्लेड) अभी भी काफी खराब थे, और ताँबे के हँसिया आदि काफी कीमती होने के कारण व्यापक रूप से प्रयोग नहीं होते थे।

सिन्धु सभ्यता, भारत की पहली सभ्यता है जहाँ कुएँ खोदकर जमीन से पानी निकाला जाता था (देखें चित्र 1.6 और 2.2)। इस बात पर कोई शक नहीं होना चाहिए कि गाँवों में कच्चे कुएँ खोदे जाते थे, और कराची के पास अल्लाहदीनो स्थान पर ऊँची जमीन पर पत्थरों की पक्की जुड़ाई से एक कुआँ बनाया गया था, अनुमान लगाया जाता है कि इसे नीचे के खेतों को सींचने के लिए निर्मित किया गया था। परन्तु उस समय घिर्री (पुली) के प्रयोग का कोई प्रमाण नहीं मिलता और घिर्री और रस्सी के प्रयोग के बगैर सिंचाई के लिए कुएँ से पानी निकालने में बैलों का प्रयोग नहीं हो सकता। नदियों, झीलों और तालाबों तथा जलाशयों से 'शाडफ' या ढेकली (जिसमें लम्बी लकड़ी के दूसरे छोर पर बराबर का वजन होता था) का प्रयोग सिंचाई के लिए होता होगा, क्योंकि इस प्रकार के उपकरण का चित्र मोहनजोदड़ो से प्राप्त मुहरों (सील) पर प्राप्त हुआ है। शोरतुघई के समीप एक नहर की खोज हुई है जिसका निर्माण सिन्धु के लोगों द्वारा किया गया था। इस नहर द्वारा कोकचा नदी से पानी लाया जाता था। इसी प्रकार उत्तरी पश्चिमी सिन्ध के सीमावर्ती क्षेत्र में अपर हाब घाटी में पत्थरों से बनाया गया एक बाँध मिला है जहाँ पहाड़ी से आनेवाले पानी को सिंचाई के लिए एकत्र किया जाता था।

चित्र 2.2 : ग्रेट बाथ में निर्मित कुआँ, मोहनजोदड़ो (एम. जानसेन के बाद)

उस समय की कृषि में हुए मुख्य परिवर्तन को, काफी अधिक संख्या में उत्पादित फसलों से भी समझा जा सकता है। जाड़े और गर्मी की दो फसलों 'रबी'

और 'खरीफ' में उत्पादित निम्नलिखित फसलों के बारे में प्रचुर मात्रा में विश्वसनीय साक्ष्य मौजूद हैं।

रबी	खरीफ
अनाज	**मोटा अनाज**
गेहूँ	बाजरा (जी)
दालें	रागी (जी)
चना (1)	ज्वार (जी)
मटर	*तेलहन*
मसूर	तिल
तिलहन	**रेशेदार फसल**
अलसी (जी)	कपास (1)
सरसों (भारतीय सरसों)	

नोट—(1) केवल सिन्धु घाटी में; (जी) केवल गुजरात में।

उत्पादित गेहूँ केवल दो प्रकार का था—एक क्लब गेहूँ (क्लब-व्हीट) और दूसरा छोटा गेहूँ (शार्ट व्हीट) और जौ करीब छह प्रकार का होता था। हालाँकि गुजरात में (रंगपुर और लोथल) दो स्थलों से चावल के दाने प्राप्त हुए हैं परन्तु यह सुनिश्चित नहीं हो सका है कि यह चावल जंगली उपज का है या वहाँ के निवासियों द्वारा उत्पादित फसल से प्राप्त हुआ है। हड़प्पा में परिपक्व सिन्धु सभ्यता के स्तर पर उत्पादित चावल का कोई साक्ष्य है या नहीं इस विषय में आज भी अनिश्चय की स्थिति है। इसलिए सिन्धु घाटी के लोगों द्वारा उत्पादित फसलों में चावल को पूरे विश्वास के साथ कोई भी शामिल नहीं कर सका। सिन्धु घाटी के निवासियों द्वारा व्यापक पैमाने पर वितरण और बड़ी मात्रा में उनके स्थलों से प्राप्त अनाज में गेहूँ और जौ के ही प्रमाण मिलते हैं। इससे ज्ञात होता है कि सिन्धु घाटी की प्रमुख फसल गेहूँ और जौ ही थी। गुजरात में मोटे अनाज की फसलों का प्रमुखता से उत्पादन होता था और इस अनाज के प्रमाण सिन्धु घाटी में नहीं मिलते हैं। इससे ज्ञात है कि सिन्धु घाटी के किसान मुख्यतः 'रबी' की फसलें उगाते थे और गुजरात के किसान 'खरीफ' की फसल उत्पादित करते थे। हालाँकि इसकी बहुत सम्भावना है कि गुजरात और सिन्धु घाटी के किसान अपने-अपने क्षेत्र में अलग-अलग स्थानों पर रबी और खरीफ दोनों फसलों के समय में वही अनाज उत्पादित करते हों जैसे गुजरात के किसान 'रबी' के मौसम में दूसरे खेत में वही मोटा अनाज अवश्य उत्पादित करते थे। यह अकल्पनीय है कि किसान आधे वर्ष तक जीवन निर्वाह के लिए कुछ भी खाद्यान्न उत्पादित न करते हों। हालाँकि यह कहा जा सकता है कि

बाद के समय में जब मिश्रित फसलों का उत्पादन होने लगा, उसकी तुलना में एक फसल को दो मौसमों में उत्पादित करने से दूसरी फसल में कम उत्पादन होता होगा (देखें अध्याय 3.1)

विश्वास किया जाता है कि मोटा अनाज (ज्वार और बाजरा) अफ्रीका में उत्पादित होता था और भारत में यह फसल सम्भवतः समुद्री परिवहन के माध्यम से पहुँची होगी, परन्तु यह अभी अस्पष्ट है। मसूर को प्रमुखता से उत्पादित करने की बाध्यता रही होगी, क्योंकि जानवरों की संख्या बढ़ने के बावजूद, मनुष्यों की जनसंख्या में वृद्धि के कारण सम्भवतः प्रति व्यक्ति मांस के उपयोग में कमी आई होगी और मसूर प्रोटीन का एक अच्छा विकल्प है।

हमने 'प्रागैतिहास' के अध्याय 3.2 में देखा है कि 4000 वर्ष ईसा पूर्व उत्तरी पूर्वी बलूचिस्तान के मैदानी इलाके में मेहरगढ़ में कपास की खेती होती थी। मोहनजोदड़ो में बुने हुए कपड़े और रेशेदार वस्तुओं (फाइबर) के साक्ष्य मिले हैं और यह भारत में कपास के पेड़ गासोपियम आरबोरियम की उपस्थिति को चिह्नित करता है। कपास की वह प्रजाति जिसे केवल वनस्पति शास्त्र के आधार पर पहले दरकिनार कर दिया गया। सम्भवतः भारत में उत्पादित प्राचीन खेती में यह सबसे पुरानी कपास की प्रजाति रही होगी। यह एक बारहमासी झाड़ी या वृक्ष है न कि कोई हर वर्ष उगनेवाला पौधा। हालाँकि हर वर्ष 'खरीफ' की फसल में कपास की बुड्डियों (बीज कोष) को एकत्र किया जाता था। कपास की प्रजाति का चुनाव करने, इसकी उच्चकोटि की प्रजाति तैयार करने और इसे कृषि की एक विपुल वार्षिक फसल के रूप में विकसित करने में लम्बा समय लगा और सम्भवतः ईसाई युग की आरम्भिक शताब्दियों तक यह पूर्णतः विकसित नहीं हो सकी। सिन्धु सभ्यता के दिनों में कृषि उत्पादन में कपास की फसल से कपास की झाड़ी या पेड़ से प्राप्त कपास की मात्रा काफी कम रही होगी। इसलिए यह कल्पना करना कठिन नहीं है कि सिन्धु सभ्यता के सामान्य निवासी बहुत कम कपड़े पहनते होंगे और पूरे कपड़े पहनना समृद्धि का प्रतीक होगा। पंजाब की कड़ाके की ठंड और वहाँ भेड़ पालने से यह सुनिश्चित है कि वहाँ ऊनी कपड़ों का भी प्रयोग होता होगा।

मैडर एक विसर्पी लता है। इसकी जड़ से लाल रंग प्राप्त होता है। यह जंगली या उत्पादित दोनों हो सकती हैं। मोहनजोदड़ो में प्राप्त कपड़े के टुकड़े मैडर से ही रँगे हुए हैं।

आरम्भिक और परिपक्व सिन्धु के पुरावशेष स्थलों से खजूर, बेर, अंगूर और तरबूज-खरबूजे के बीज, इन फसलों के साक्ष्य के रूप में प्राप्त हुए हैं। अंगूर और खरबूजे के बीज सम्भवतः हेलमैंड घाटी से यहाँ पहुँचे होंगे क्योंकि वहाँ भी अंगूर और खरबूजे की खेती होती थी। (देखें अध्याय 1.2)

इन पुरावशेष स्थलों से प्राप्त जानवरों की हड्डियों में सर्वाधिक हड्डियाँ पालतू बैलों (जोब्यू) की या कन्धेवाले जानवर की हैं। इस प्रजाति के जानवरों को भारत में सर्वाधिक पाला जाता था। बैल, गाड़ी खींचने और हल से खेत जोतने के काम आते और गाय दूध देती और यह दोनों जानवर सिन्धु के लोगों के लिए भोजन का मुख्य स्रोत भी थे। सिन्धु घाटी से प्राप्त मुहरों (सील) पर बने कन्धेवाले बैल के चित्र बिलकुल यथार्थपूर्ण हैं। (चित्र 2.3) मुहर पर भारतीय भैंसे को एक जंगली जानवर के रूप में शिकार करते चित्रित किया गया है। (चित्र 2.4) परन्तु इस प्रजाति के भैंसे को कराची के समीप बालाकोट में और कच्छ में धौलावीरा में एक घरेलू पालतू पशु चिह्नित किया गया है। सिन्धु अंचल में एक कूबड़वाले ऊँट ने बड़ी तीव्रता से भारवाहक और गाड़ी खींचनेवाले पशु के रूप में बैल का स्थान ले लिया परन्तु सातवीं शताब्दी ईसवी से पूर्व सिन्धु में इसके प्रमाण नहीं मिलते हैं। मोहनजोदड़ो और सिन्धु के अन्य स्थलों पर जो ऊँट की हड्डियाँ प्राप्त हुई हैं वह सम्भवत: दो कूबड़वाले ऊँटों की हड्डियाँ हैं। वह ठंडे वातावरण का जानवर था और सम्भवत: सिन्धु के शहरों में अफ़ग़ानिस्तान या इससे आगे के व्यापारियों के कारवाँ में लाया गया होगा।

चित्र 2.3 : मोहनजोदड़ो की मुहर (सील) पर साँड़ का चित्र (यू. फांक-वोग्ट के बाद)

बैल और घोड़े का कोई मुकाबला नहीं है। किसी भी मुहर पर घोड़े का चित्र नहीं है और न ही पक्की मिट्टी (टेराकोट) की लघुमूर्तियों में घोड़े का कोई चित्र मिलता है। अब तक घरेलू पालतू घोड़े के रूप में प्राप्त हड्डियाँ (जैसे-सुरकोटा में) सुनिश्चित रूप से जंगली गधे की हड्डियाँ हैं। सम्पूर्ण सिन्धु अंचल और कच्छ इनका प्राकृतिक निवास स्थल था, यहाँ पर यह आज भी पाए जाते हैं।

भेड़ों और बकरियों की हड्डियों का बड़ी मात्रा में प्राप्त होना यह प्रमाणित करने के लिए काफी है कि उनको कम-से-कम अंशत: उनके मांस के लिए ही पाला जाता था। यह तथ्य है कि हड़प्पा में बकरियों की तुलना में भेड़ों की अधिक हड्डियाँ प्राप्त हुई हैं। इसका अर्थ यह है कि ऊन के स्रोत के रूप में भेड़ों की अधिक

माँग थी। सुअर भी मांस का स्रोत थे और कहीं-कहीं इनको भी पाला जाता होगा।

उस समय किसानों द्वारा बड़ी संख्या में जानवर अवश्य पाले जाते होंगे और ग्रामीण समाज में किसी व्यक्ति द्वारा पाले गए और उसके अधिकार में जानवरों की संख्या को लेकर आर्थिक-सामाजिक असमानता बढ़ी होगी। इसके अतिरिक्त उस समय पशुपालन की अपनी एक अलग अर्थव्यवस्था विकसित हुई होगी, जो किसानों के लिए पशुओं और उसके उत्पाद की आवश्यकता की पूर्ति करती होगी। जनसंख्या की कम सघनता के कारण, कृषि के लिए कम भूक्षेत्र ही प्रयोग होता था। अर्धघुमन्तू समुदायों को पशुपालन के लिए विशाल भूभाग उपलब्ध था। वे स्थायी निवासियों को दूध निर्मित उत्पाद, ऊन और पशुचर्म बेचते थे। गुजरात के वलाभी स्थान पर एक ऐसे पुरावशेष स्थल को चिह्नित किया गया है जहाँ थोड़ी सी मिट्टी की संरचना के साथ मिट्टी के टूटे हुए बर्तनों के टुकड़े मिले हैं। यह सब ऐसे ही घुमन्तू समुदायों द्वारा छोड़ दी गई बस्ती के अवशेष हो सकते हैं।

शिकार करना भी बहुत महत्त्वपूर्ण था। सिन्धु की कुछ मुहरों पर ऐसे कुछ दृश्यों को उकेरना यह दर्शाता है कि जंगली और खतरनाक जानवरों के साथ मुठभेड़ जीवन की साधारण घटना थी। भारतीय भैंसे का शिकार मांस के लिए हो सकता था (चित्र 2.4) और हाथी दाँत के लिए हाथी का शिकार हो सकता था। पूर्वी बलूचिस्तान के समुद्री किनारे पर स्थित बालाकोट, कराची से बहुत दूर नहीं है। यहाँ पर भोजन के लिए मछली और घोंघे के उपभोग से सिन्धु सभ्यता का स्तर मापा जाता था, और इसका मतलब है कि उस समय तक समुद्री स्रोतों का उपभोग करने के लिए नौकायन के अच्छे साधन (अच्छी नावें और जाल) उपलब्ध थे। हड़प्पा से प्राप्त एक पेंटिग में एक मछुआरे के साथ दो जाल चित्रित किए गए हैं। (देंखे चित्र 2.5)

चित्र 2.4 : मिट्टी की ढलुआ लघुशिला पर भारतीय भैंसे को मारता हुआ शिकारी, हड़प्पा (जे.एम. केनोयर के बाद)

चित्र 2.5 : जाल के साथ मछुआरा : सिन्धु के पात्र खंड (पॉटशर) पर पेंटिंग (एस. रत्नागर के बाद)

2.3 हस्तशिल्प उत्पादन

सिन्धु सभ्यता वास्तव में ताम्रप्रस्तर युगीन सभ्यता (काल्कोलिथिक) थी। काटने और तोड़नेवाले औजारों सहित अधिकांश औजार अभी भी पत्थर के ही थे परन्तु ताँबे से

बने औजारों की महत्त्वपूर्ण भूमिका सिर्फ इसलिए नहीं हो गई थी कि बगैर टूटे वह भारी दबाव सह सकते थे बल्कि पत्थर के औजारों को और बारीकी से काटकर उन औजारों को अधिक कार्यसाधक बना देने के कारण भी उनका महत्त्व था।

सिन्धु सभ्यता के लोगों ने काँसा मिश्र धातु निर्मित करने के लिए सोच-समझकर ताँबे के साथ टिन को मिश्रित किया जो अधिक आघातवर्धक और मजबूत है। इस प्रकार उन्होंने अधिक अच्छे चाकू, कुल्हाड़ी और छेनियाँ निर्मित कीं। हालाँकि 70 प्रतिशत विश्लेषित शिल्प तथ्य मोहनजोदड़ो और हड़प्पा से प्राप्त हुए हैं और इनमें केवल 1 प्रतिशत टिन है (सम्भवत: यह टिन ताँबे के प्राकृतिक अयस्क (ओर) में ही हो; बाकी 30 प्रतिशत शिल्प तथ्यों में 8 से 12 प्रतिशत तक टिन पाया गया है। इससे प्रतीत होता है कि यहाँ पर सोच-समझकर ताँबे के साथ टिन मिश्रित किया गया था। मोहनजोदड़ो में प्राप्त ताँबे के शिल्प तथ्यों के बीच काँसे का अनुपात समय के साथ बढ़ता जाता है और सिन्धु सभ्यता में सम्भवत: यह सामान्य प्रक्रिया थी। ताँबे की मिश्र धातु निर्मित करने में निकिल, आर्सेनिक, और लेड (शीशा) का भी प्रयोग होता था।

पक्की ईंटों को जोड़कर बनाए गए गड्ढों में ताँबे को पिघलाया जाता था, और मोम और मिट्टी के साँचों का प्रयोग, ताँबे या काँसे के सम्पूर्ण या आंशिक शिल्प तथ्य को ढालने में होता था। इस प्रकार रेजर, चाकू, छेनी, हुक, हँसिया, आरी और कुल्हाड़ी आदि औजार भी निर्मित होते थे। आरी विशेष ध्यान देने योग्य है, हालाँकि इसके दाँते अनियमित थे और खाँचे से थोड़ा ही अधिक थे (देखें चित्र 2.6) दूसरी तरफ ताँबे की कुल्हाड़ी सीधी और बगैर साकेटवाली थी। हालाँकि पड़ोस की हेलमैंड सभ्यता में साकेटवाली कुल्हाड़ी मौजूद थी (अध्याय 1.2) यह तथ्य है कि

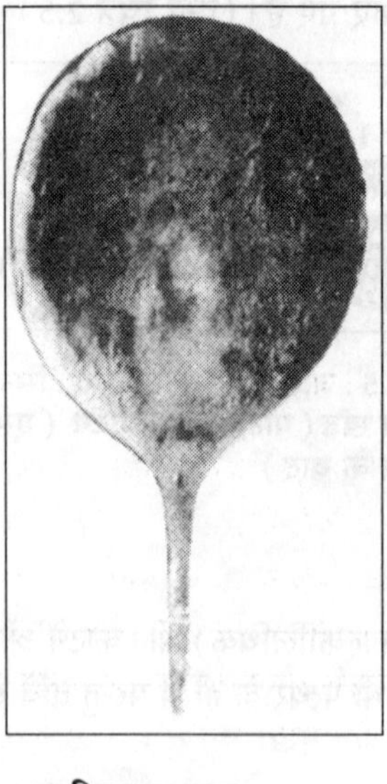

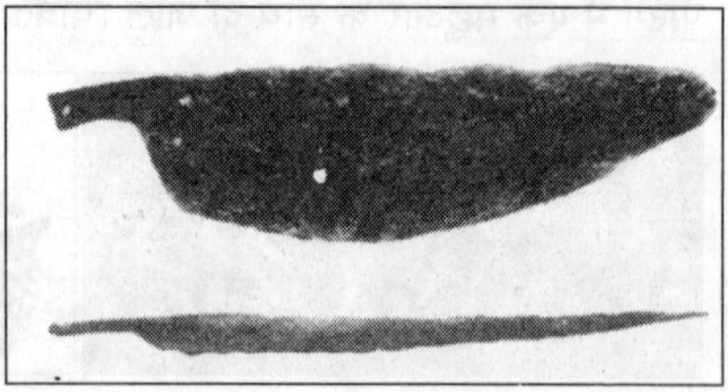

चित्र 2.6 : काँसे का दर्पण और आरी, मोहनजोदड़ो
(ई.जे.एच. मैके के बाद)

परिपक्व सिन्धु सभ्यता के स्तर पर मोहनजोदड़ो में सम्भवतः साकेटवाली कुल्हाड़ी का मिट्टी का मॉडल प्राप्त हुआ। वहाँ से प्राप्त साकेटवाली ताँबे की कुल्हाड़ी और बसूला, अस्तरीय है और सम्भवतः उनके बाद आनेवाली जुखार सभ्यता का है। ताँबे के छोटे औजारों में आरा, सूजा, कील, सूईं, ट्यूबलर ड्रिल (रुखानी) है। चाकू और कुल्हाड़ी, जो औजार और हथियार दोनों का काम करते हैं, इसके अतिरिक्त वहाँ पर चपटे तीर और भाले और अपवादस्वरूप बीच में उठी हुई दो धारी तलवारें भी प्राप्त हुई हैं। काफी प्रचुर मात्रा में ताँबे और काँसे के बर्तन (तसले और बर्तन) प्राप्त होने से पता चलता है कि कम-से-कम समृद्ध लोग टूटनेवाले मिट्टी के बर्तनों के साथ धातु के बर्तनों का भी प्रयोग करते थे। वहाँ प्राप्त काँसे के दर्पण निश्चित रूप से विलासिता की सामग्री है। (देखें चित्र 2.6) पत्थर के अच्छे और बराबर धारवाले ब्लेडों और काँसे की मूर्ति कला पर हम कला के अध्याय (2.6) में चर्चा करेंगे।

ताँबे और काँसे से निर्मित औजारों की तुलना में पत्थर से निर्मित औजारों की संख्या और मात्रा बहुत अधिक थी। उत्तरी सिन्ध में रोहडी (या सुकूर) की पहाड़ियाँ काले चकमक पत्थर का विशाल स्रोत थीं और इसी पत्थर से औजार निर्मित किए जाते थे। प्रारम्भिक उत्तर पाषाणकालीन युग की तुलना में अब ताँबे के औजारों के प्रयोग से पत्थरों को भली प्रकार काटा जा सकता था। पत्थर के ब्लेडों की अधिकांश 'फैक्ट्रियाँ' सिन्धु नदी के किनारे इन्हीं पहाड़ियों पर नदी के दोनों तरफ स्थित थीं। इससे संकेत मिलता है कि यहाँ निर्मित पत्थर के शिल्पतथ्य नाव द्वारा मोहनजोदड़ो और अन्य स्थानों पर भेजे जाते थे। चान्हूदारो में मनका बनानेवाली एक वर्कशाप से पत्थर के छोटे और बारीक बर्मे (ड्रिल) प्राप्त हुए हैं जिसके द्वारा बहुमूल्य लाल पत्थर और गोमेद में छेद किए जाते थे। दूसरी तरफ पाषाण काल की ही तरह पत्थर के सिलबट्टा और मूसल का निर्माण होता था।

सिन्धु सभ्यता की तीसरी महत्त्वपूर्ण चीज लकड़ी थी, जिसे उस समय का 'पूँजीगत माल' और उसका उद्योग कहा जा सकता है। दुर्भाग्य से सिन्धु सभ्यता की बढ़ईगीरी द्वारा निर्मित लकड़ी की एक भी चीज नहीं बची है। उसकी तुलना में शहर-ए-सोखता की शुष्क भूमि में बहुत कुछ बचा हुआ है। (देखें अध्याय 1.2) हालाँकि वहाँ खिलौनों की तरह के मिट्टी और काँसे के भी मॉडल हैं जो हमें उस समय की बढ़ईगीरी के उत्पादों को समझने में सहायक हो सकते हैं। हम पहले ही मिट्टी के मॉडलवाले हल की बात कर चुके हैं। (देखें 2.2) ताँबे के अनेक औजारों के लिए लकड़ी के हैंडिल की आवश्यकता थी। हँसिया, कुल्हाड़ी और बसूले में यह आवश्यक था परन्तु शायद लकड़ी की गाड़ी सबसे अधिक ध्यान देने योग्य है।

सिन्धु घाटी से प्राप्त खिलौनों के अनेक मॉडलों से संकेत मिलता है कि शायद यह गाड़ियाँ मुख्यतः तीन प्रकार की थीं। (चित्र 2.7) पहली और सर्वाधिक प्रयोगवाली गाड़ी, दो पहियों और चौड़े फ्रेमवाली थी, जिसका प्रयोग मुख्य रूप से माल ढोने के

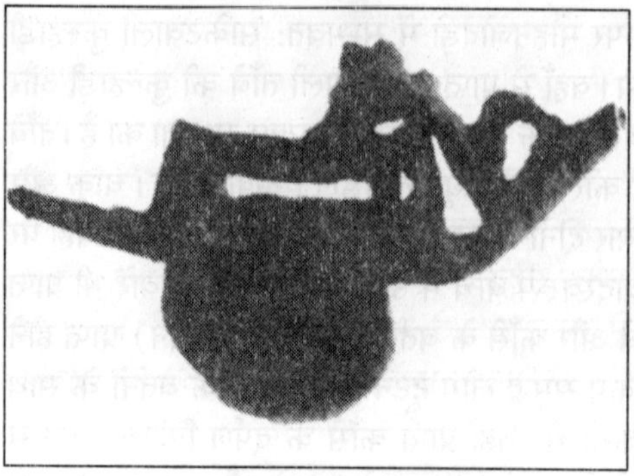

चित्र 2.7 (अ)
गाड़ी, काँसे का मॉडल, चान्हूदारो (ई.जे.एच. मैके के बाद)

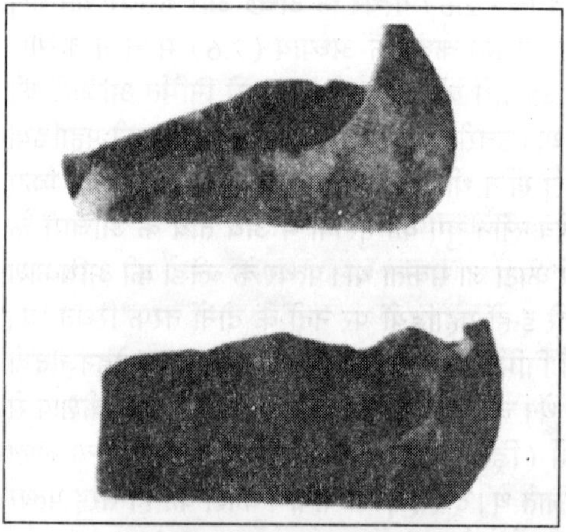

चित्र 2.7 (ब)
चौपहिया गाड़ी, मिट्टी का मॉडल, चान्हूदारो (ई.जे.एच. मैके के बाद)

चित्र 2.7 (स)
छतदार रथ, काँसे का मॉडल, चान्हूदारो (ई.जे.एच. मैके के बाद)

लिए होता था। दूसरी चार पहियोंवाली, चम्मच की तरह के फ्रेमवाली गाड़ी। यह लकड़ी का फ्रेम चालक का भी संरक्षण करता था। तीसरे प्रकार की हलकी गाड़ी या रथ है। इसका काँसे का बना हुआ मॉडल हड़प्पा और चान्हूदारो से प्राप्त हुआ है। इन तीनों मॉडलों में गाड़ियों के पहिए ठोस (स्पोक रहित) हैं, कभी-कभी इनमें हब का प्रयोग है और सामान्यत: यह चपटे हैं। परिपक्व सिन्धु सभ्यता के समय के काँसे से निर्मित गाड़ियों के मॉडल में भी स्पोक रहित पहिए ही मिले हैं। इनमें से एक मॉडल सिन्धु की कालोनी दाइमाबाद में स्पष्ट रूप से सुरक्षित है (चित्र 2.5)। इससे प्रमाणित होता है कि स्पोक रहित पहियों का ही प्रयोग प्रमुखता से होता था क्योंकि टेराकोटा की तुलना में काँसे धातु के मॉडल में स्पोकों को बनाना अधिक आसान था। इस पुस्तक में सारिणी 2.2 में प्रस्तुत सिन्धु लिपि के चित्रों में नम्बर 9 पर जो स्पोकवाला पहिया दर्शाया गया है वह वास्तव में छत्र को चित्रित करनेवाला बाँस का एक कमजोर काम है। दाइमाबाद के अतिरिक्त खिलौने के रूप में मिली गाड़ी के किसी भी मॉडल में भारवाहक पशुओं को धुरे से जोड़नेवाला कोई मॉडल नहीं मिलता। परन्तु खिलौने की छोटी मूर्ति के रूप में प्राप्त मिट्टी और काँसे के बने बैलों को खिलौना गाड़ी में भली प्रकार फिट किया गया है। इसकी कल्पना की जा सकती है कि ताँबे के औजारों, विशेष रूप से आरी की मदद से गाड़ी का निर्माण काफी उन्नत रहा होगा, परन्तु यह सम्भव है कि रस्सी और लकड़ी की कीलों से गाड़ी के फ्रेम को जोड़ा गया हो। हड़प्पा में प्राप्त (आरम्भिक सिन्धु सभ्यता के स्तर पर) गाड़ियों के दोनों पहियों के बीच समानान्तर दूरी (गाड़ी के मार्ग के अनुसार) लगभग 1.07 मीटर पाई गई, जो कि गाड़ी के बहुत ही उचित साइज का संकेत देती हैं। चान्हूदारो से प्राप्त हबदार पहिए का एक रंगीन मॉडल दर्शाता है कि पहियों को लकड़ी के तीन अलग-अलग भागों (ब्लॉकों) से निर्मित किया जा सकता था, इसलिए ठोस होने के बावजूद पहियों का आकार बहुत छोटा नहीं होता था।

यह काफी आश्चर्यजनक है कि नावों का कोई भी मॉडल प्राप्त नहीं हुआ। मिट्टी के बर्तन के टुकड़े (खपड़ा) पर बनी हुई एक ड्राइंग में, मस्तूलवाली एक नौका पर पालों को ले जाते हुए दर्शाया गया है। एक नाविक इस नौका को पतवार से चला रहा है। हमारे लिए यह इस बात का एकमात्र प्रमाण है कि सिन्धु के बढ़ई नौका निर्माण करते थे और नाविक भी थे। एक मुहर पर बड़ी नौका का चित्र है, इस पर लादी गई लकड़ियाँ रस्सियों से बँधी हैं, बीच में एक दुतल्ला केबिन है, ऊँचा

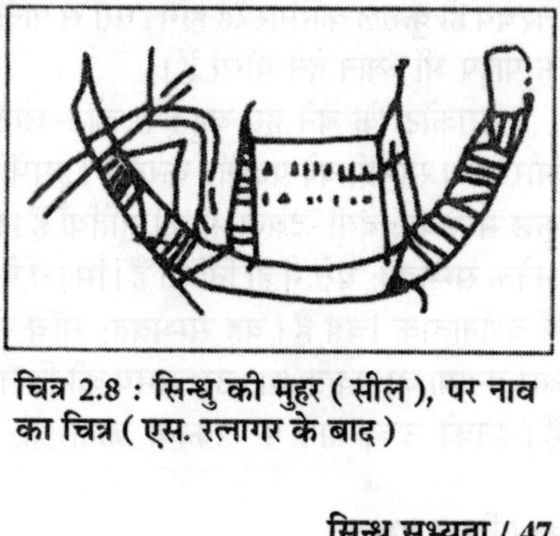

चित्र 2.8 : सिन्धु की मुहर (सील), पर नाव का चित्र (एस. रत्नागर के बाद)

मस्तूल है जिस पर बैठकर नाविक इसको चलाता था (चित्र 2.8)। सम्भवत: यह उस समय की सामान्य नौका थी जो बैलगाड़ी की ही तरह आज तक प्रयोग में है।

कृषि कार्य के अतिरिक्त, 'उपभोक्ता सामग्री' के बीच सर्वाधिक लोगों को रोजगार देनेवाला उद्योग, मिट्टी के बर्तन निर्मित करनेवाला कुम्हारी का शिल्प था। सिन्धु घाटी के मिट्टी के बर्तन चाक से बनाए जाते थे, उनकी दीवार मोटी और चिकनी होती, यह लाल रंग के पके हुए मिट्टी के बर्तन होते और उपयोगिता की दृष्टि से ही इनका डिजाइन होता था। यह ध्यान देने योग्य है कि ऐसे मिट्टी के बर्तन जो केवल सम्भ्रान्तों के लिए नहीं बल्कि आम नागरिकों के उपयोग में आते थे, इनका विस्तार उन सभी जगहों तक होना चाहिए था जहाँ तक सिन्धु सभ्यता का विस्तार हुआ। यह सम्भव है कि इसका विस्तार केवल शासकीय संरक्षण के कारण ही नहीं बल्कि अपने पूर्वजों की तुलना में इन कारीगरों द्वारा अधिक मजबूत और अच्छे बर्तनों का निर्माण करने के कारण हुआ हो। इन बर्तनों को पकाए जानेवाले भट्ठे निश्चित रूप से काफी परिष्कृत थे। इन भट्ठों में नीचे के गोलाकार चैम्बर में एक मुख्य छिद्र से आग जलाई जाती थी। यह ताप पूरे भट्ठे के अन्दर बने छेदों के द्वारा गुम्बद के आकार के पूरे चैम्बर में ऊपर तक, जहाँ मिट्टी के बर्तन रखे होते, फैल जाता। कुछ छोटे कुल्हड़ (कप) वास्तव में इतने सस्ते होते थे कि सार्वजनिक कुओं से पानी पीनेवाले इसे प्रयोग कर फेंक देते थे। कुछ कुओं के पास भारी मात्रा में इस तरह के कपों के टुकड़े मिले हैं। अन्य मिट्टी के बर्तन काफी मूल्यवान थे इसलिए टूटने के बाद उनकी मरम्मत करके या पुन: जोड़कर उन्हें प्रयोग किया जाता था। इस प्रकार की अच्छी और सुन्दर सामग्री में लाल धारियोंवाले कप या बर्तन और एक रंग के काले रँगवाले चित्रकारी से सजाए गए बर्तन थे (चित्र 2.9)। सिन्धु सभ्यता के बर्तनों में भंडारण करनेवाले जार, भोजन पकानेवाले बर्तन, तश्तरी और कटोरों से लेकर रँगनेवाले ठप्पे आदि की एक लम्बी सूची है। कप, कटोरे और जार विभिन्न आकार के थे, कुछ में कगारी बनी थी और कुछ के नीचे प्रमुखता से रिम लगाया गया था। रँगनेवाले पात्र छिद्रयुक्त थे परन्तु स्टैंड पर रखे कटोरे और तश्तरियाँ विशेष ध्यान देने योग्य हैं, इनको निर्मित करनेवाले कुम्हार निश्चय ही कुशल कारीगर रहे होंगे। घरों से पानी बाहर निकालने के लिए प्रयुक्त मिट्टी के पाइप भी ध्यान देने योग्य हैं।

टेराकोटा के बने हुए बहुत से छोटे-छोटे टुकड़े महिला, पुरुष, पशुओं, गाड़ी और अन्य सामग्री को प्रदर्शित करते हैं। इसमें से अधिकांश तो खिलौने हैं और अन्य कुछ सम्भवत: देवी-देवताओं की मूर्तियाँ हैं। इनको बनाना आसान था और इनमें से अनेक सम्भवत: घरों में ही निर्मित हैं। मिट्टी के पकाए हुए कुछ पट्टियों (टैबलेट्स) में वर्णनात्मक चित्र हैं। यह सम्भवत: साँचे से निर्मित हैं और इसलिए इन्हें अनेक बार बनाया जा सकता था। उस समय की विलासितापूर्ण सामग्री में पत्थर की चूड़ियाँ हैं। इनको उच्च ताप पर पकाया जाता था, यह ठोस मिट्टी की शीशे की तरह

चित्र 2.9 (अ) : मुहर निशान युक्त, निस्त्रारणीय कप, मोहनजोदड़ो (यू. फ्रांक-वोग्ट के बाद)

चित्र 2.9 (ब) : (काले पर लाल) रंगवाला 'एक रंगा' पात्र, हड़प्पा (एस. पिज्जा़ट के बाद)

चमकवाली हैं। ठोस मिट्टी की इन चूड़ियों को विशेष साँचे में जटिल प्रक्रिया से निर्मित किया गया है। इनका रंग भूरा और काला है और यह केवल मोहनजोदड़ो और हड़प्पा दो शहरों में प्राप्त हुई हैं।

कुम्हारी उद्योग के बाद कपड़ा बनाने के शिल्प में सबसे अधिक लोग शामिल थे। सिन्धु के पुरावशेष स्थलों से टेराकोटा के भ्रमीयुक्त तकुए और बगैर चमकवाला शीशे का मसाला प्राप्त हुआ है। यह दर्शाता है कि हाथों से कताई का काम व्यापक स्तर पर होता था, अनुमान लगाया जा सकता है कि यह अमीर या गरीब हर घर की महिलाओं का घरेलू काम था, हालाँकि लकड़ी के लूम का कोई साक्ष्य मौजूद नहीं है। मोहनजोदड़ो से प्राप्त बुने हुए रंगीन कपड़े के टुकड़े विश्व-भर में सबसे पहले

ज्ञात प्राचीनतम दो उदाहरणों में से एक हैं। दूसरा उदाहरण 3000 वर्ष ईसा पूर्व जॉर्डन का है। मोहनजोदड़ो से प्राप्त 'पादरी राजा' की पत्थर की मूर्ति पर पहने लबादे (कपड़े) पर तीन पंक्तियों में जो सलमे-सितारे जड़े हैं वह कसीदाकारी का ही परिणाम है। ताँबे की सूईं और आँखों की मदद से यह कसीदाकारी का काम काफी आसान हो गया होगा (चित्र 2.16)।

सिन्धु सभ्यता के उत्खनित स्थल और शहर इस बात का प्रमाण हैं कि उस समय की अर्थव्यवस्था में भवन निर्माण उद्योग की महत्त्वपूर्ण भूमिका थी। सम्पन्न लोगों के घरों और अन्य प्रमुख भवनों में प्रयुक्त पक्की ईंट, पानी की निकासी आदि अति उन्नत किस्म की खोज थी। इसका आकार और इसके प्रयोग की तकनीक आज भी अलौकिक है। सिन्धु सभ्यता की पक्की ईंटों का मानक साइज 7 × 15 × 31 से. मीटर है। ईंट की मोटाई, चौड़ाई और लम्बाई के बीच 1:2:4: का अनुपात होता था। इन ईंटों को बिछाने और जोड़ने की प्रक्रिया में यह अनुपात बहुत उपयोगी था। उस समय अपनाई गई पद्धति को आज इंगलिश ब्रांड कहते हैं जहाँ हर दूसरी पंक्ति में ईंट का जोड़ सीध में होता है। यह पद्धति दीवार को अधिक मजबूत बनाती है और सिन्धु सभ्यता, ईंट जोड़ाई के कार्य को एक आधुनिक स्वरूप प्रदान करती है। सामान्य रूप से मिट्टी को गारे के रूप में प्रयोग किया जाता था, विशेष निर्माण में जिप्सम का प्रयोग होता था और मोहनजोदड़ो में स्नानघरों के निर्माण में अलकतरे का प्रयोग होता था। सिन्धु सभ्यता की समाप्ति के लगभग 3000 वर्ष बाद फिर भारत में जिप्सम और अलकतरे का प्रयोग दिखाई देता है। सिन्धु सभ्यता के समय की ईंटें भली प्रकार पकाई जाती थीं और मोहनजोदड़ो और हड़प्पा शहरों के आसपास अवश्य ही अनेक ईंट के भट्ठे रहे होंगे। यह अनुमान लगाना कि इन भट्ठों में प्रयोग के लिए सिन्धु और पंजाब में पर्याप्त लकड़ी का उत्पादन होता होगा तर्कसंगत नहीं है, क्योंकि मध्य काल के मानसूरा, मुलतान और थाट्टा में मोहनजोदड़ो की तुलना में अधिक बड़ी ईंटों का प्रयोग हुआ है और इन ईंट के भट्ठों के लिए उस समय भी प्रचुर मात्रा में लकड़ी उपलब्ध थी।

सिन्धु सभ्यता के कारीगरों ने कुएँ की गोल जगत बनाने के लिए (चित्र 2.2) शंकुआकार ईंटों का प्रयोग किया और दरवाजों के ऊपर तथा पानी निकासी के स्थानों पर छज्जेदार छतों का निर्माण कर अपने कौशल को प्रदर्शित किया है (चित्र 2.10)। परन्तु उनको गुम्बद और मेहराब बनाने की पूर्ण जानकारी नहीं थी इसलिए घरों की छतें लकड़ी की शहतीरों और चटाइयों से बनाई जाती थीं। सिन्धु सभ्यता में पक्की ईंट से निर्मित घरों की संख्या काफी कम है। एक ही मानक साइज की सूरज की रोशनी में सुखाई गई कच्ची ईंटों से शहर के प्लेटफार्म या किले की दीवारें निर्मित की गई थीं। इसी प्रकार की ईंटों का प्रयोग अधिकांश गाँवों और शहरों में हुआ है। भवन निर्माण की यह मुख्य सामग्री थी, कभी-कभी पक्की ईंटों को भी

मिलाकर निर्माण हुआ है। धूप में सुखाई गई कच्ची ईंटों के निर्माण में बड़ी संख्या में लोगों को काम में लगाया जा सकता था और पक्की ईंट के प्रयोग की तुलना में अकुशल लोग भी इसे कर सकते थे।

चित्र 2.10 : नाले पर छज्जेदार मेहराब, मोहनजोदड़ो (एम. जानसेन के बाद)

इसके अतिरिक्त बहुत ही सूक्ष्म कार्य के शिल्प में अनेक लोग कार्यरत थे। वे उच्चकोटि की मूल्यवान विलासिता की सामग्री का निर्माण करते थे। छोटे आभूषणों और मनका में सोने का प्रयोग होता था। ऐसा प्रतीत होता है कि कभी-कभी चाँदी के साथ सोने को मिश्रित किया जाता था, इससे निर्मित मिश्र धातु को इलेक्ट्रम के नाम से जाना जाता है। चाँदी तुलनात्मक रूप से सस्ती थी, इसलिए इसका प्रयोग छोटे आभूषण और मनके निर्भित करने के अतिरिक्त छोटे बर्तन और बाल्टियों को निर्मित करने में भी होता था।

सिलीकेट के चूर्ण के साथ मैग्नीशियम और मेटल आक्साइड के मिश्रण से चीनी मिट्टी का सामान निर्मित होता था। इस मिश्रण को एक साँचे में रखकर शीशे का रोगन लगाया जाता था। इस मिश्रण को बहुत उच्चताप पर पकाया जाता था और इस प्रकार चीनी मिट्टी का इच्छित सामान तैयार होता था। विभिन्न प्रकार की वस्तुएँ जैसे सूक्ष्म चित्रकारी रखने का पात्र, मनका, चूड़ी और कंगन, बटन, मुहरे, ताबीज-गंडा, सूक्ष्म मूर्तियाँ इससे निर्मित की जाती थीं। यह बहुत मूल्यवान है और छोटे शहरों या बस्तियों में नहीं मिलती थीं। अभी तक शीशे को निर्मित करने की जानकारी लोगों को नहीं थी।

हरित मणि और नीलम, चकमक जैसे मूल्यवान पत्थरों से मनके निर्मित किए जाते थे। परन्तु सिन्धु सभ्यता के जौहरियों ने प्रमुख रूप से गोमेद और मूल्यवान लाल पत्थर पर ही काम किया। इन मूल्यवान पत्थरों का मुख्य स्रोत निश्चित रूप से दक्षिणी गुजरात में स्थित रत्नापुर की खदान रही होंगी। खम्बात के निकट लोथल में पत्थरों से मनके निर्मित किए जाते थे; परन्तु यह उद्योग दूसरे दूरस्थ स्थानों, जैसे कुंतासी और चान्हूदारो और यहाँ तक कि ऑक्सस के पास शोरतुघई में भी था। इनमें से अनेक पत्थरों का रंग निखारने के लिए उच्च ताप पर तपाना पड़ता था, इन पत्थरों

को काटा जाता और फिर पत्थर के बारीक बर्मे (ड्रिल) से छेद कर इनमें गोल दरारें बनाकर इनको मनके का रूप प्रदान किया जाता। यदि बर्मे को उँगलियों से घुमाना पड़ता तो अधिक समय लगता तथा अधिक श्रम भी खर्च होता। इसलिए सम्भवतः छेद करने के लिए जोर से खींचनेवाले बर्मे का प्रयोग होता था। लाल पत्थरों पर प्रतिच्छाया उतारना, निरेखण करना विशेष रूप से सिन्धु सभ्यता का ही उत्पादन है। एक अम्लीम पदार्थ के घोल से स्केच बनाए जाते और फिर इसे सोखने के लिए पत्थर को गरम किया जाता था।

स्टीअटाइट (सिलखड़ी, टेल्क या सोपस्टोन) पर काम करने में बड़ी कुशलता की आवश्यकता रही होगी। मुख्यतः इसी से सिन्धु की मुहरें या मुहरों के कवच निर्मित हुए थे। यह मुहरें अधिकांशतः छोटी और चौकोर थीं जिनकी चौड़ाई 1.9 से 3.2 सेंटीमीटर थी। इसे ले जाने के लिए इसकी पीठ पर उभरे हुए भाग में छेद होता था ताकि रस्सी के द्वारा इसे ले जाया जा सके। मुहरों पर किया गया चित्र लेखन, जिसमें मुख्यतः पशुओं के चित्र और कुछ लिखित चित्र होते थे, इनको पत्थर में उल्टे रूप में कुरेदा जाता था ताकि मिट्टी या अलकतरा जैसी नरम चीजों पर मुहर की सीधी छाप बन सके (चित्र 2.11) मिट्टी की बनी तमाम सीलबन्द चीजें हमें प्राप्त हुई हैं, इनमें से मुहरों (सील) की बहुत संख्या है, इनमें से 1200 मुहरें केवल मोहनजोदड़ो से प्राप्त हैं। कुछ मुहरें केवल गोल हैं और बहुत कम मुहरें बेलनाकार हैं (यह मेसोपोटामिया की मुहरों का आकार है)। कुछ मुहरें बगैर चमकवाले शीशे के मसाले से निर्मित हैं, और बिरले ही कुछ मुहरें चाँदी, संगमरमर और केल्साइट, चूने के पत्थर या टेराकोटा की बनी हैं।

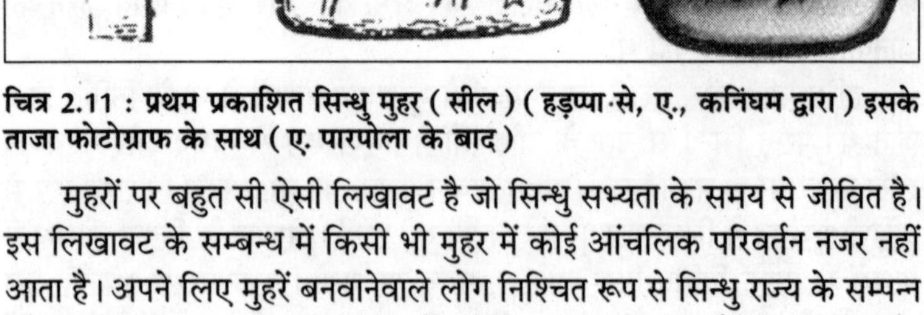

चित्र 2.11 : प्रथम प्रकाशित सिन्धु मुहर (सील) (हड़प्पा से, ए., कनिंघम द्वारा) इसके ताजा फोटोग्राफ के साथ (ए. पारपोला के बाद)

मुहरों पर बहुत सी ऐसी लिखावट है जो सिन्धु सभ्यता के समय से जीवित है। इस लिखावट के सम्बन्ध में किसी भी मुहर में कोई आंचलिक परिवर्तन नजर नहीं आता है। अपने लिए मुहरें बनवानेवाले लोग निश्चित रूप से सिन्धु राज्य के सम्पन्न और समृद्ध तथा व्यापारिक जगत के लोग होंगे। मुहर उनके लिए हैसियत, दावा और सम्पत्ति रही होगी।

सूक्ष्म कार्यों के शिल्पकार, बिल्लौरी पत्थर और काले चकमक पत्थर के घनाकार टुकड़ों से माप-तौल के बाट बनाने का कार्य करते थे। मोहनजोदड़ो और हड़प्पा से इस प्रकार के बाट बड़ी संख्या में प्राप्त हुए हैं। यदि कुछ आंशिक बाटों को छोड़ दिया जाए और आधार इकाई से गिनती की जाए तो आधार इकाई 13.63 ग्राम (= 1) है और इसके बाद माप 1, 2, 4, 10, 20, 40, 100, 200, 400, 500, 800, के अनुपात में बढ़ती है जबकि इसके खंड $^1/_6$, $^1/_2$, $^1/_4$ और $^1/_{12}$ में है। सबसे भारी वजन का बाट 10.9 किलो ग्राम का है और सबसे कम वनजवाला 85.1 सेंटी. ग्राम का है। चान्हूदारो की एक वर्कशाप से प्राप्त अर्धनिर्मित बाटों और मापदंडों से, इन बाटों को निर्मित करने और परिशुद्धता की प्रक्रिया का पता चलता है। लम्बाई मापने के लिए अंशांकित पैमाना (स्केल) तैयार किया गया था। इनमें से तीन स्केल अभी मौजूद हैं, सीप या घोंघा से निर्मित (मोहनजोदड़ो), काँसा (हड़प्पा) और हाथी दाँत से निर्मित (लोथल), तीनों पैमानों में समरूपता नहीं है।

सम्भवतः लम्बाई नापने के अलग-अलग पैमाने और अलग-अलग पद्धतियाँ प्रचलित (स्केल) थे परन्तु सभी स्केलों का अंशांकित होना ध्यान देने योग्य है। (चित्र 2.12)।

चित्र-2.12 : सीप पर निर्मित अंशांकित पैमाना (स्केल) मोहनजोदड़ो (ई.जे.एच. मैके के बाद)

मुहरों पर हाथी के निशान मिलने के बावजूद, सिन्धु सभ्यता में हाथी दाँत का मिलना दुर्लभ और खर्चीला था। हाथी दाँत पर नक्काशी के कामवाली कुछ ही चीजें मोहनजोदड़ो से प्राप्त हुई हैं। परन्तु नदी से प्राप्त जानवरों की (हड्डियों) से बड़े पैमाने पर चूड़ियाँ निर्मित की जातीं। इनसे मनके, बर्तन-गमले और जड़ाऊ काम भी किया जाता था। बालाकोट, धौलावीरा और नागेश्वर के पुरावशेष स्थलों से, समुद्री किनारे पर या उसके समीप से सीप (शेल) पर काम करने के प्रमाण प्राप्त हुए हैं। जांसस पाइरम एल ने स्थापित किया कि गुजरात का समुद्री किनारा संख, सीपी, (शेल वर्क) के लिए कच्चे माल की दृष्टि से महत्त्वपूर्ण था।

2.4 शहर और कस्बे

मोहनजोदड़ो और हड़प्पा के अधिवासित क्षेत्र को क्रमश: 200 और 150 हेक्टेअर माना गया है। इसलिए इन स्थानों की सम्पूर्ण समृद्धता की स्थिति में मोहनजोदड़ो की जनसंख्या लगभग 85,000 और हड़प्पा की जनसंख्या 65,000 रही होगी। इन दोनों स्थलों के बीच में दक्षिण पंजाब में हाकरा नदी (सूखी हुई) के किनारे गनवेरीवाला स्थल का उत्खनन अभी नहीं हुआ है। पंजाब के मानसा जिले में पटियाला के समीप सिन्धु सभ्यता के तीन स्थलों का निर्धारण किया गया है। जल्दबाजी में किए गए एक सर्वेक्षण के अनुसार कहा गया है कि यह काफी बड़ी आबादीवाले क्षेत्र थे। लखमीरवाला (225 हेक्टेअर), गुरनी कलाँ (144 हेक्टेअर) और हसनपुर-2 (100 हेक्टेअर)। परन्तु यह नहीं कहा जा सकता कि उत्खनन के साथ सघन पर्यवेक्षण इस अतिउच्च अनुमान को सही साबित करेगा या नहीं। गुजरात के कच्छ क्षेत्र में धौलावीरा स्थल सिन्धु सभ्यता का सबसे बड़ा 60 हेक्टेअर का स्थल है।

सिन्धु सभ्यता के शहरों के विकास से सम्बन्धित हमारी अवधारणा मुख्य रूप से मोहनजोदड़ो और हड़प्पा के उत्खनन की जानकारी के आधार पर बनी है। हड़प्पा की तुलना में मोहनजोदड़ो के स्थल में कम विध्वंस हुआ है। हड़प्पा के स्थल को मुख्य रूप से उत्तर पश्चिम रेलवे को रोड़ी, गिट्टी की आपूर्ति करनेवाले ईंट के डकैतों ने तबाह किया। दूसरी तरफ मोहनजोदड़ो में जलस्तर इतना ऊपर आ गया है कि हमारे लिए यह तय करना कठिन है कि इसका निर्माण हड़प्पा की तरह पूर्व की किसी सिन्धु घाटी की बस्ती पर हुआ था, या कच्ची मिट्टी या परती भूमि पर।

व्यावहारिक रूप से सिन्धु सभ्यता के सभी शहर चाहे वह किसी भी साइज के हों, मोहनजोदड़ो की ही तरह सुनियोजित तौर पर बसाए गए शहर थे। तथाकथित गढ़ या किले का निर्माण एक विशाल प्लेटफार्म पर किया गया था। इसके पीछे मिट्टी की सूखी ईंटों की दीवार निर्मित की गई थी ताकि इसके पीछे भरी गई मिट्टी को रोका जा सके। इसी प्रकार के प्लेटफार्म बड़े निचले शहर (लोअर टाउन) में घरों के लिए बनाए गए थे। आरम्भ में यह प्लेटफार्म करीब 10 मीटर ऊँचे बनाए गए थे। परन्तु बाद में इनकी ऊँचाई समय-समय पर बढ़ाई गई है। इन प्लेटफार्मों की मदद से शहरी घरों को बाढ़ के जलस्तर से ऊपर बनाया जा सका। घरों को निर्मित करने से पूर्व सड़कों के लिए स्थान भली प्रकार चिह्नित किया गया था, इसलिए मोहनजोदड़ो की सड़कें चौड़ी और लम्बी हैं। यह बगैर खड़ंजा लगी सड़कें एक-दूसरे के समानान्तर बनी हैं और छोटी सड़कें और गलियाँ इनके समकोण पर मिलती हैं। जबकि गढ़ या किले की मुख्य सड़क 6 मीटर चौड़ी है, लोअर टाउन की पहली सड़क 10 मीटर चौड़ी है। इस पर दो बैलगाड़ियाँ आसानी से चल सकती हैं। मोहनजोदड़ो शहर, जब तक रहा, तब तक इसकी सड़कों पर किसी भी प्रकार के निर्माण या अतिक्रमण की इजाजत नहीं थी। मोहनजोदड़ो और हड़प्पा के साइड प्लान के लिए और मोहनजोदड़ो के एक उत्खनित क्षेत्र के लेआउट के लिए देखें नक्शा 2.2ए और बी।

नक्शा 2.2 (अ) : मोहनजोदड़ो और हड़प्पा का साइट प्लान (एम. व्हीलर के बाद)

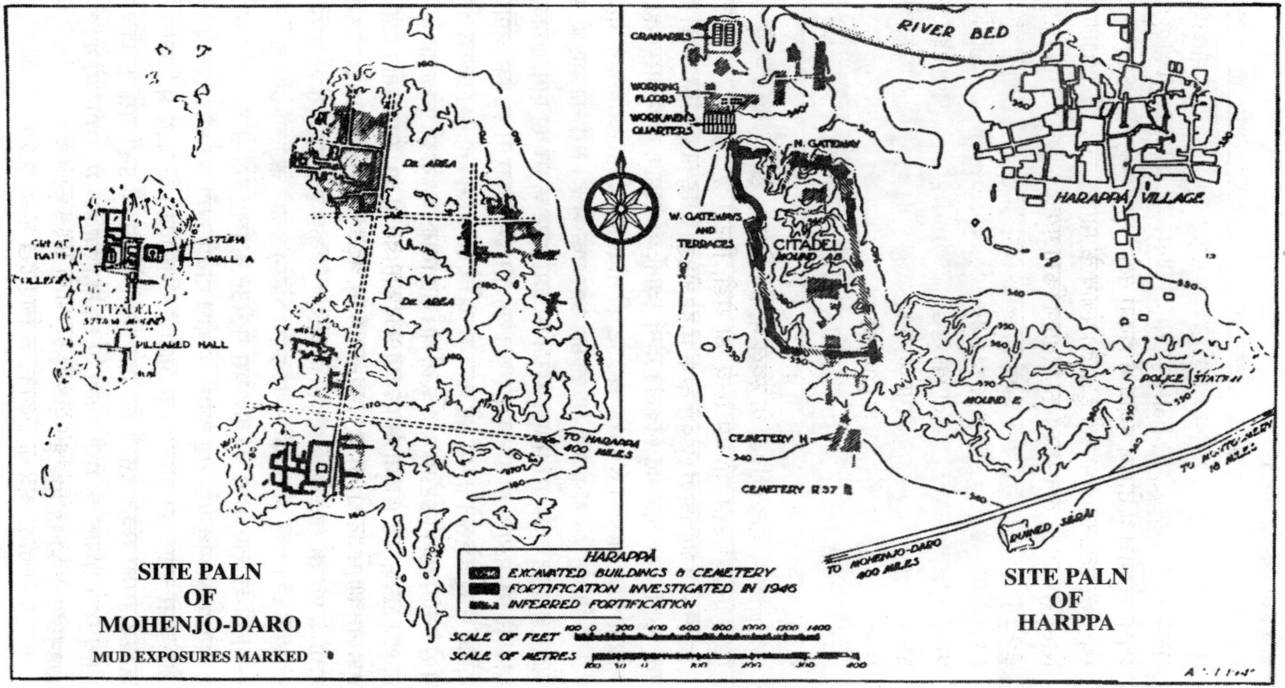

नक्शा 2.2 (ब) : मोहनजोदड़ो के लोअर टाउन के एक भाग का ले आउट (ई.जे.एच. मैके के बाद)

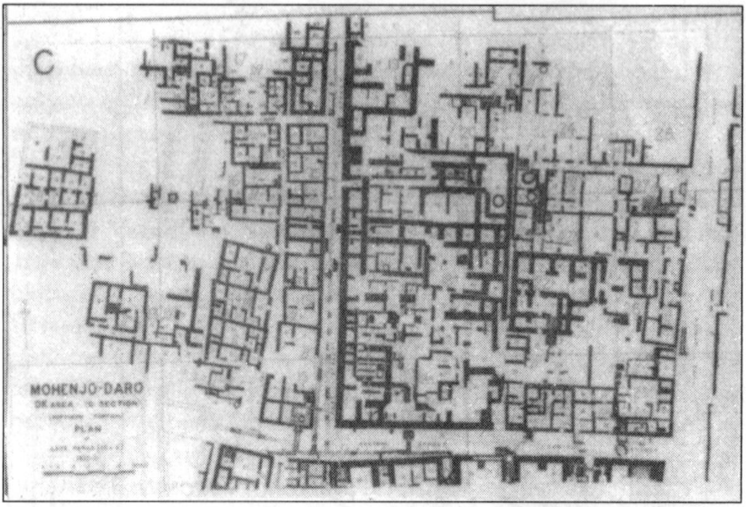

एक बार फाउंडेशन प्लेटफार्म तैयार हो गए और सड़कों की निशानदेही हो गई, फिर मुख्य शहर और गढ़ (किले) दोनों स्थानों पर निर्माण कार्य प्रारम्भ हो गया। अधिकांश घर सामान्य रूप से पक्की ईंट की नींववाली दीवार पर कच्ची मिट्टी की ईंटों से निर्मित हैं। सभी घर आयताकार और एक से हैं। घरों का साइज अलग-अलग है परन्तु सभी घरों में एक आँगन के चारों तरफ कमरों का निर्माण किया गया था। पूरे घर में एक ही प्रवेश द्वार था। यह द्वार इस प्रकार से था कि आँगन और आँगन में खुलनेवाले कमरों को बाहर से नहीं देखा जा सकता था। प्रत्येक तीन घरों में से एक में पक्की ईंटों से बना कुआँ था। सामान्यतः यह कुआँ प्रवेश द्वार के समीप ही था। अनेक घरों में कुएँ के पास ही एक स्नानघर भी था। ऐसा प्रतीत होता है कि एक बड़े साइज के घर में उस घर के मालिक का परिवार और उसके नौकरों और दासों के परिवार रहते थे या सम्मिलित परिवार के कुछ छोटे परिवारों को उसमें जगह दी जाती थी। सभी लोग आँगन का प्रयोग भोजन पकाने के लिए और कुएँ से पानी निकालने के लिए करते थे। कुछ घरों में बैठने के लिए ईंटों से बनी सीट भी मिली है। समय के साथ बड़े-बड़े कमरों के बीच दीवारें खड़ी कर और दरवाजे लगाकर छोटे कमरे बनाने की प्रवृत्ति नजर आती है। शिल्पकारी के कार्य से निकला कूड़ा-करकट इसका संकेत देता है कि शिल्पकारों के घर भी इन्हीं घरों के बीच में थे। सिन्धु घाटी सभ्यता के सभी स्थलों पर व्यावहारिक रूप से, सभी घरों का लेआउट मोहनजोदड़ो की ही तरह है।

मोहनजोदड़ो शहर में घरों को निर्मित करते समय बहुत सावधानीपूर्वक पूरे शहर में पानी निकासी की उच्चस्तरीय व्यवस्था की गई थी। हर घर से गंदा पानी निकासी के लिए नाली या कहीं-कहीं टेराकोटा के पाइपों को जोड़कर एक नाबदान में पानी गिराने की व्यवस्था थी जो कि सड़कों के किनारे बनी नालियों से जुड़ी थीं। मुख्य सड़क के किनारे बने नाले ढँके होते थे। कभी-कभी नालों को आदमी की ऊँचाई के बराबर के छज्जेदार मेहराब, या पक्की ईंटों की छत बनाकर ढँका जाता था ताकि सफाई करनेवाला व्यक्ति इनमें घुस सके (चित्र 2.13)। परन्तु अन्त में सभी नालियाँ शहर में सड़क के किनारे बने सोखता गड्ढा (सोक पिट) में ही मिलती थीं और कभी-कभी यह भरकर बाहर भी बहने लगती होंगी। इन सब कमियों के बावजूद मोहनजोदड़ो में पानी निकासी की व्यवस्था उस युग के दुनिया भर के तमाम शहरों की तुलना में अद्वितीय थी।

चित्र 2.13 : सड़क की नाली से मिली घर से जल निकासी की नाली (मेहराबदार मुहाना), मोहनजोदड़ो (ई.जे.एच. मैके के बाद)

मोहनजोदड़ो के गढ़ (किले) के अन्दर, पहले के कुछ भवनों के मलबे के ऊपर एक संरचना का निर्माण किया गया जिसे विशाल स्नानागार (ग्रेट बाथ) कहा जाता है (चित्र 2.14)। पक्की ईंटों को एक साथ मिलाकर मजबूती से जोड़कर 12 × 7 मीटर का आयताकार और 2.4 मीटर गहरा तालाब निर्मित किया गया। तालाब की बाहरी सतह पर 3 सेंटीमीटर की अलकतरे की मोटी परत लगाकर इसे जल अवरोधी (वाटर प्रूफ) बनाया गया है। आमने-सामने दो तरफ से तालाब में नीचे जाने के लिए सीढ़ियाँ बनी हैं। तालाब के चारों तरफ ईंटों के खड़ंजे से बनी गैलरी थी और ईंट के खम्भों की पंक्ति थी। तालाब से सटे हुए पूर्व और उत्तर में अनेक कमरे बने थे। पूर्व के एक कमरे में एक विशाल कुआँ है जहाँ से तालाब में पानी की आपूर्ति होती थी। तालाब का पानी बदलने की भी व्यवस्था थी। इसके लिए तालाब के दक्षिणी किनारे

चित्र 2.14 : दि ग्रेट बाथ, मोहनजोदड़ो (जे.एम. केनोयर के बाद)

पर पानी निकासी का स्थान है जहाँ से पानी मेहराबदार छतवाले पक्की ईंट के नाले में बाहर निकलता था। यह कल्पना की जा सकती है कि यह विशाल स्नानागार कुछ अति सम्पन्न ग्राहकों या नागरिकों के लिए सुरक्षित हो, परन्तु यह मोहनजोदड़ो के सामान्य नागरिकों के लिए पानी की चिन्ता से भी जुड़ा है।

इस विशाल स्नानागार के पश्चिम में ईंटों से निर्मित एक प्लेटफार्म है। इसका क्षेत्रफल 1,350 वर्ग मीटर है। यहाँ पर तीन पंक्तियों में नौ-नौ कुर्सियों के हिसाब से दीवार की 27 कुर्सियाँ बनी हैं। इस सम्पूर्ण संरचना को हड़प्पा की ऐसी ही संरचना से तुलना करते हुए एक अन्न गोदाम के रूप में चिह्नित किया गया है।

इस गढ़ (किले) के दक्षिणी भाग में एक और सुन्दर भवन है। यह 750 वर्ग मीटर क्षेत्रफल का विशाल हाल है। यह पूरा भवन चार पंक्तियों में बने 20 खम्भों पर बना था। इसकी छत किस चीज से बनी थी इसका कोई प्रमाण नहीं मिलता। सम्भवतः इसके निर्माण का मुख्य उद्देश्य धार्मिक या समारोह सम्बन्धी सभा आदि करना था। बाद में इसे कई भागों में विभाजित कर दिया गया और दीवारें निर्मित कर दी गईं।

लोअर टाउन में एक विशाल भवन है। यह विशेष ध्यान देने योग्य भवन है। यह लगभग 300 वर्गमीटर क्षेत्रफल में निर्मित है और इसमें एक आँगन के चारों तरफ बीस कमरे बने हैं (चित्र 2.15)। एक अन्य बड़ा घर है जो देखने से गैर-आवासीय लगता है, और यह एक मन्दिर भी हो सकता है। ऊपरी मंजिल तक जाने के लिए आमने-सामने दो सीढ़ियाँ बनी हैं यहाँ पर चीनी मिट्टी और संगमरमर की अनेक वस्तुएँ और हाथी दाँत की चीजों के साथ पन्द्रह मुहरें भी प्राप्त हुईं, कई मुहरों पर एक सींगवाला, बगैर कन्धे का बैल चित्रित है जो एक मिथकीय बैल का चित्र है।

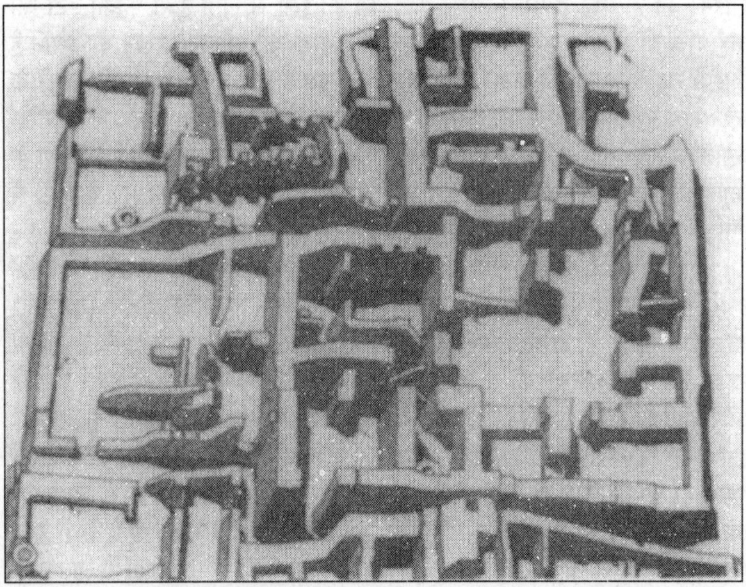

चित्र 2.15 : 'लोअर टाउन' में एक 'महल' की घनाकार ड्राइंग, मोहनजोदड़ो (एम. जानसेन के बाद)

घरों की सामान्य स्टाइल और इस संरचना के मुकाबले दो लाइनों में बने 16 छोटे दो कमरोंवाले क्वार्टरों का एक ग्रुप है (अन्दर कमरों की लम्बाई 6×3.6 मीटर है) आधुनिक रिपोर्टों में यह कुली लाइनों के रूप में वर्णित है और इसी प्रकार का निर्माण हड़प्पा में भी है।

गणना के अनुसार मोहनजोदड़ो में 2000 से 3000 घर और करीब 700 कुएँ थे। यह आकलन और अधिक भी हो सकता है, क्योंकि आज भी जो क्षेत्र कब्जे में है वह आकलित क्षेत्र से काफी विशाल है। आज 85,000 आबादीवाला मोहनजोदड़ो हमें काफी छोटा या औसत दर्जे का शहर लग सकता है। परन्तु अपने काल में यह विश्व के विशाल शहरों में से एक था।

मोहनजोदड़ो की तुलना में हड़प्पा सम्भवत: छोटा शहर था। यह भी मोहनजोदड़ो की ही तरह सुनियोजित तरीके से कोट-डिजी भूखंड पर निर्मित किया गया था। यहाँ विशाल प्लेटफार्म पर एक किला बना है। पक्की ईंटों की अवरोधक दीवार है। यह अवरोधक दीवार भी भूमि से 10.7 मीटर ऊँचाई तक बनी है और यह भी 'सुरक्षा' में सहायक है। इस किले की पश्चिम और उत्तर दिशा में दो विशाल द्वार हैं। इनमें से पश्चिमी द्वार को बाद में बन्द कर दिया गया। किले के बाहर ठीक उत्तरी तरफ कामगारों (वर्क मैन) के अनेक क्वार्टर्स हैं। यह क्वार्टर मोहनजोदड़ो की 'कुली

लाइन' की ही तरह हैं परन्तु उससे कुछ बड़े हैं। इसी से लगा हुआ पक्की ईंटों की कई पंक्तियों से बना फर्श है। इसके बीच में लकड़ी की ओखली रखने का स्थान है जिसमें गेहूँ और जौ को कूटा-पीसा जाता था। इसके बाद उत्तर में कच्ची मिट्टी के प्लेटफार्म पर निर्मित एक संरचना है। इसमें बीच के तंग रास्ते के दोनों तरफ ईंट के ब्लॉक बने हैं। यह ब्लॉक सम्भवतः लकड़ी के ढाँचे के स्थान पर अनाज भंडारण के काम आते थे। इस सम्पूर्ण बिल्डिंग को विशाल अन्न भंडार (गोदाम) के रूप में चिह्नित किया गया है। वहाँ पर भट्ठियों के पास ठठेरे भी रहते होंगे।

दुर्भाग्य से, ईंट चोरों ने हड़प्पा के किले को इस बूरी तरह से ध्वस्त किया है कि इसके बारे में कुछ भी कहना सम्भव नहीं है। यही स्थिति किले के दक्षिण मुख्य शहर या लोअर टाउन की इमारतों की है। लेकिन ताजा उत्खनन से पता चला है कि लोअर टाउन भी मोहनजोदड़ो की ही तरह नियोजित था। ताजा उत्खनन में प्राप्त सड़कों और पानी निकासी (पक्की ईंटों से बना मेहराबदार निकासी का स्थान) के अवशेष इसे प्रमाणित करते हैं। हड़प्पा में स्पष्ट रूप से कुएँ कम थे (लगभग तीस कुएँ) परन्तु हर घर में कुएँ, शौचालय और नाबदान था जो सड़क की नाली से जुड़ा था। लोअर टाउन में 6-7 मीटर मोटी और 2.6 मीटर (जो संरक्षित है) ऊँची एक बाउंडरी वॉल (सीमा) थी। प्राप्त कूड़ा-करकट और अर्धनिर्मित चीजों से ज्ञात होता है कि शिल्पकारों की वर्कशाप शहर के एक विशेष भाग में केन्द्रित थी।

उत्खनित अनेक पुरावशेष स्थलों में, 60 हेक्टेअर क्षेत्रफल में बसा धौलावीरा का स्थल शायद सबसे विशाल है, हालाँकि यह सम्पूर्ण स्थल आबाद नहीं है। यह ग्रेट रन्न ऑफ कच्छ में एक टापू के रूप में स्थित है। यहाँ एक शानदार दुर्ग है और इसके साथ एक दुर्ग प्राचीर है। यह दोनों दीवारों से घिरे हुए 'मिडिल टाउन' के साथ जुड़े हैं और यह सब एक खुली दीवार से घिरे हैं जिसके पूर्व की तरफ एक लोअर टाउन था। दीवारें और भवन मिट्टी की कच्ची ईंटों के साथ पत्थरों को लगाकर बनी हैं। यह पत्थर पक्की ईंट के विकल्प के रूप में प्रयोग हुए हैं, कहीं-कहीं पत्थरों पर पालिश भी की गई है। धौलावीरा में सिन्धु सभ्यता के शहरों की प्लानिंग के प्रमुख तत्त्व मौजूद हैं, इसमें सड़कों को बनाना और कुओं तथा तालाबों के द्वारा पानी की आपूर्ति पर विशेष ध्यान देना शामिल है। किले के अन्दर, पत्थर के टुकड़ों (ब्लॉक) से निर्मित एक तालाब मिला है जिसे और मजबूती प्रदान करने की दृष्टि से चूने का प्लास्टर किया गया है। यह करीब 12.2 मीटर चौड़ा है और इसे वर्षा के पानी से भरा जाता था। धौलावीरा से हमें सिन्धु सभ्यता का सबसे विशाल (उत्कीर्ण चिह्नों और आकार में) शिलालेख प्राप्त हुआ है जो सम्भवतः मूल रूप से किले के प्रवेश द्वार पर रखा था।

कालीबंगान, जो कि उत्तरी राजस्थान में सूख चुकी नदी घग्गर के किनारे स्थिति है इसका उल्लेख पहले ही (प्रारम्भिक सिन्धु स्थल के रूप में अध्याय 1.3) में

किया जा चुका है। इसे सम्पूर्ण रूप से पुनर्निर्मित किया गया था। यद्यपि यह एक 11.5 हेक्टेअर का छोटा शहर था इसके बावजूद यहाँ एक किला और लोअर टाउन था। किले और लोअर टाउन दोनों स्थानों पर सुनियोजित सड़कें (सर्वाधिक चौड़ाई 3.7 मीटर) और गलियाँ थीं। दो भागों में बना किला और लोअर टाउन दीवारों से घिरे थे। शहर की दीवारों और घरों को निर्मित करने के लिए मिट्टी की कच्ची ईंटों का प्रयोग हुआ था, पक्की ईंटों का प्रयोग दुर्लभ है। घरों से निकला गंदा पानी घरों के बाहर बने नाबदान में एकत्र होता था। सम्भवत: अत्यन्त शुष्क क्षेत्र होने के कारण सड़क के किनारे नालियाँ नहीं बनी थीं। अधिकांश घर आँगन के चारों ओर सिन्धु सभ्यता की स्टाइल में ही निर्मित थे।

सिन्धु सभ्यता के शहरों के बारे में हमारा सर्वेक्षण लगभग एक ही साइज के दो शहरों के साथ समाप्त होगा। सिन्धु में स्थित चान्हूदारो (4.7 हेक्टेअर) मोहनजोदड़ो का एक साधारण हिस्सा रहा होगा। यहाँ सुनियोजित ढंग से बना 7.5 मीटर चौड़ा राजमार्ग है, सड़कों के किनारे पक्की ईंट की नालियाँ और आँगन के चारों तरफ कमरे बने हुए हैं घरों के आँगन में खड़ंजा बिछा है और स्नान घर भी है। अत्यधिक ध्यान देने योग्य यहाँ पर सेल खड़ी (स्टीअलाइट) के मनके बनानेवाली फैक्ट्री है जहाँ भट्ठियाँ और धुआँ बाहर निकालने के लिए चिमनियाँ थीं।

लोथल (4.8 हेक्टेअर) पुरावशेष स्थल, गुजरात के खम्बात से बहुत दूर नहीं है, इसे समुद्री बन्दरगाह कहा जा सकता है परन्तु मेरी समझ से यह एक छोटा भीतरी बन्दरगाह था जहाँ ऊँचे ज्वार के समय मुहाने से छोटी नावों को अन्दर लाया जा सकता था, जबकि वास्तविक बन्दरगाह इससे कुछ दूर सम्भवत: घोघा के समीप होना चाहिए जो मध्य काल में खम्बात के बन्दरगाह के रूप में प्रयुक्त होता था। जब आप 212 से 215 मीटर लम्बे और 35–37 मीटर चौड़े पक्की ईंट की दीवारों से निर्मित असाधारण तालाब के बारे में विचार कर रहे हों तो आपको इस बात पर विचार करना चाहिए कि इसमें समुद्री पानी भरने के साक्ष्य मौजूद हैं परन्तु यदि यह समुद्री जहाजों को खड़ा करने का स्थान (डकयार्ड) था, जैसाकि उत्खननकर्ता एस.आर. राव ने चिह्नित किया है तो इसमें केवल बहुत छोटी नावें ही आ सकती थीं क्योंकि इसमें प्रवेश का मार्ग बहुत कम गहरा है। इसके अतिरिक्त इसे सिंचाई के लिए निर्मित तालाब कहना भी उचित नहीं है क्योंकि खेतों की सिंचाई के लिए ऐसा पक्की ईंट से निर्मित तालाब शायद ही आवश्यक हो। छोटे गढ़ या किले के अन्दर तालाब के समीप स्थित माल गोदाम में कच्ची ईंट के प्लेटफार्म पर एक ही आकार के अनेक कच्ची ईंटों के ब्लॉक हैं, लकड़ी के ढाँचे के नीचे माल के पार्सलों का भंडार है। यहाँ से टेराकोटा की 65 सीलबन्द सामग्री प्राप्त हुई थी। लोथल में उल्लेखनीय समृद्धि के भी प्रतीक मिले हैं। इसकी कुछ सड़कों पर कंकड़ कूटे गए हैं या टेराकोटा की रोड़ी प्रयोग हुई है या फिर कच्ची ईंटों को चूनेवाले बालू से जमा कर

खड़ंजा बनाया गया है। पानी निकासी की व्यवस्था उच्चकोटि की थी। घर से निकाला गया पानी नाबदान में गिरता था और फिर यह एक बड़े तालाब में एकत्र होता था। यहाँ सीप और घोंघा-शंख तथा मनका बनानेवालों की वर्कशाप भी थी। पूरे शहर या कस्बे को एक मोटी कच्ची ईंट की दीवार से घेरा गया था। स्थानाभाव के कारण हम अनेक उत्खनित सिन्धु स्थलों का वर्णन नहीं कर रहे हैं परन्तु वहाँ से प्राप्त जानकारियों और तथ्यों का वर्णन इसी अध्याय में कई स्थानों पर किया गया है।

2.5 व्यापार

सिन्धु सभ्यता काल के व्यापार को तीन स्तरों में विभक्त किया जा सकता है। पहला स्थानीय गाँवों और कस्बों के बीच, दूसरा सिन्धु सभ्यता की सीमाओं के अन्दर लम्बी दूरी का व्यापार और तीसरा सिन्धु सभ्यता की सीमाओं से बाहर दूसरे अंचल के निवासियों के साथ। यदि सिन्धु सभ्यता की दो बड़ी संरचनाओं, मोहनजोदड़ो और हड़प्पा के बारे में इतिहाकार व्हीलर और वाट्स ने वहाँ पर अन्न भंडारों को सही ढंग से चिह्नित किया है तो, हम यह अनुमान लगा सकते हैं कि इन अन्न भंडारों में एकत्र अनाज अधिकारियों द्वारा पास के ग्रामीण इलाकों से लेवी और टैक्स के रूप में लाया गया होगा। मोहनजोदड़ो में अन्न भंडार किले के अन्दर ही है जबकि हड़प्पा में यह किले से बाहर परन्तु उसके समीप और लोअर टाउन से दूरी पर है। यहाँ पर एकत्र किया गया अनाज शायद किले के अन्दर ही वितरण के लिए था। साधारण नागरिकों के उपयोग के लिए आवश्यक अनाज निश्चित रूप से व्यापारियों या अनाज ढोनेवालों द्वारा, गाड़ियों में भारवाहक पशुओं द्वारा या नदियों के माध्यम से नावों द्वारा और सम्भवतः मनुष्यों द्वारा पीठ पर ढोकर लाया जाता था।

स्थानीय व्यापार का एक और बड़ा स्रोत शहर में शिल्पकारी के केन्द्रों पर कच्चे माल की आपूर्ति करना था। इसे बालकोट, धौलावीरा, नागेश्वर और लोथल में समुद्री सीप, घोंघा और शंख आदि पर होनेवाली शिल्पकारी के साक्ष्यों से समझा जा सकता है। समुद्री सीप आदि इन शहरों के समीप, समुद्री किनारे से लाए जाते थे। इसी प्रकार जिन मूल्यवान लाल पत्थरों और गोमेद से लोथल में मनके निर्मित होते थे वह नर्मदा नदी के ठीक दक्षिण में भरुच के समीप रतनपुर की खदानों से लाया जाता था। सिन्धु नदी के दोनों ओर सुक्कूर के समीप, पत्थरों पर होनेवाले बड़े पैमाने के काम को केवल मोहनजोदड़ो से काले चकमक पत्थर के ब्लेडों की माँग के रूप में व्याख्यायित किया जा सकता है। हालाँकि पत्थर के ब्लेडों का अधिकांश उत्पादन (मैन्यूफैक्चरिंग) सम्भवतः पत्थर की खदानों पर ही होता था।

सिन्धु सभ्यता की सीमाओं के अन्दर विभिन्न स्थानों पर प्राप्त शिल्प तथ्यों की एकरूपता, लम्बी दूरी के व्यापार की अवधारणा को पुष्ट करती है। इस व्यापार ने ही सिन्धु सीमा के विभिन्न हिस्सों में उत्पादित माल और फैशन के बारे में एक सी

रुचि को कायम रखा। इस प्रकार की रुचि व्यापार की तुलना में सम्भवत: सिन्धु सभ्यता के मूल (कोर) इलाके से शिल्पकारों के पलायन से हुई होगी। कालीबंगान और लोथल में प्राप्त पक्की ईंटें, मोहनजोदड़ो और हड़प्पा से निर्मित नहीं की जा सकती थीं बल्कि ईंट पकानेवाले कुशल कारीगर निश्चित रूप से वहाँ गए होंगे। इसी प्रकार सिन्धु स्टाइल के एकरूप मिट्टी के बर्तन, निश्चय ही कुम्हारों द्वारा सस्ती दर पर और स्थानीय स्तर पर निर्मित किए गए होंगे क्योंकि लम्बी दूरी तक मिट्टी के बर्तनों को यातायात साधन से ले जाना भी खतरनाक था। मार्ग में मिट्टी के बर्तनों के टूटने का बड़ा खतरा था और दूर तक ढोने पर बर्तनों की कीमत भी बढ़ जाती थी। यही बात मुहरों के बारे में भी कही जा सकती है परन्तु यह अधिक उचित है कि मुहरें निजी रूप से मालिकों द्वारा बनवाई जाती थीं और इसलिए व्यक्तिगत प्राथमिकता के आधार पर निर्मित की जाती थीं। इसलिए सम्भवत: इनको स्थानीय स्तर पर निर्मित किया जाता था। इसके बावजूद उन पर बनी आकृतियाँ और चिह्नों में बहुत समानता मिलती है। धौलावीरा से प्राप्त पहली मुहर में कोई उत्कीर्ण लेख नहीं है केवल चित्र बना है। वहाँ पर बाद के समय की मुहरों पर ही लिखावट मिलती है। इससे स्पष्ट है कि वहाँ जो शिल्पकार शुरू में गए वह सिन्धु सभ्यता के चिह्नों या उत्कीर्ण संकेतों को नहीं बना सके होंगे और इन संकेतों को उत्कीर्ण करनेवाले शिल्पकार काफी बाद में वहाँ आए।

माल को लम्बी दूरी तक निर्यात करने के भी अनेक प्रमाण मिलते हैं। उदाहरणस्वरूप सिन्धु के मध्य में स्थित चान्हूदारो और कच्छ के सामने सौराष्ट्र के समुद्री किनारे पर स्थित कुंटासी तथा लोथल में मनके (बीड) निर्मित करने के लिए कच्चा माल गोमेद और बहुमूल्य लाल पत्थर नर्मदा के दक्षिण स्थित रतनपुर की खदानों से लाया जाता था। सिन्धु के स्वर्णकारों द्वारा प्रयुक्त स्वर्ण निश्चित रूप से हिमालय में और हिमालय के समीप सिन्धु और उसकी सहायक नदियों के किनारों से प्राप्त हुआ होगा जहाँ सोने के कणों को एकत्र किया जा सकता था। यह बहुत ही अविश्वसनीय लगता है कि सिन्धु सभ्यता के स्थलों से प्राप्त बहुत कम मात्रा का सोना भी कर्नाटक की स्वर्ण खदानों से लाया गया था। तुलनात्मक रूप से असुलभ, चीनी मिट्टी के विशेष उत्पाद और समुद्री किनारों पर मुख्य रूप से निर्मित किए गए सीप और घोंघा, शंख आदि के काम भी लम्बी दूरी के व्यापार के प्रमाण हैं।

सिन्धु नदी में जल परिवहन बहुत आसान था। पानी के बहाव की धारा में (दक्षिण की ओर) जाना स्वाभाविक रूप से सरल था जबकि नदी के प्रवाह के विपरीत अर्थात् उत्तर दिशा की ओर जाना थोड़ा कठिन था। वर्तमान में सूख चुकी घग्गर–हाकरा नदी पर भी कुछ आवागमन (यातायात) रहा होगा। उस समय यह नदी बहावलपुर जिले के लगभग मध्य से होकर बहती थी। यह सम्भव है कि दक्षिण में नदी तटीय सम्बन्ध रहे हों, यह सम्बन्ध सिन्धु नदी की एक शाखा पूर्वी धारा के

बीच रहे हों जिसकी मिट्टी लोथल तक फैली है। इस शाखा नदी द्वारा छोटी नावें माल ले जाती हों। इससे शायद एक महत्त्वपूर्ण शहर धौलावीरा का महत्त्व समझा जा सकता है जो आज रन में एक अलग-थलग पड़ी एकान्त भूमि है। भारवाहक बैलों और गाड़ियों के द्वारा भूमि के कुछ हिस्से और कुछ लम्बी दूरियाँ (जैसे हड़प्पा और कालीबंगान के बीच) तय की जाती थीं परन्तु यह परिवहन, जल परिवहन की तुलना में काफी खर्चीला होता था।

यह सर्वथा उचित लगता है कि लम्बी दूरी के अधिकांश वाणिज्य का उत्तरदायित्व व्यक्तिगत व्यापारियों पर था। लोथल के माल गोदाम से टेराकोटा के टुकड़ों पर 65 मुहरों के निशान (मुहरबन्दी से) प्राप्त हुए हैं जिनकी दूसरी तरफ चटाई, कपड़े, या लपेटे हुए धागे के निशान हैं। इससे प्रतीत होता है कि इनमें से प्रत्येक सील किसी तरकुल की चटाई या कपड़े पर रखकर व्यापारिक मालवाले जार के मुँह पर बाँधी गई थी। माल गोदाम से प्राप्त कोई भी मुहरबन्दी लोथल में प्राप्त मुहरों (सील) से मेल नहीं खाती है। इसका अर्थ है कि यह मुहरबन्द सामान (जिसे स्पष्टत: आग में जलाया गया था) सिन्धु सभ्यता की सीमा के अन्दर ही किसी अन्य स्थान से लोथल लाया गया था।

स्थानीय और लम्बी दूरी के व्यापार के लिए किस प्रकार माल लाया और विक्रय किया जाता था? हम लोगों को यह ज्ञात है कि (देखें पहले 2.3) पूरी सिन्धु सभ्यता की सीमा में नाप-तौल के बाटों में एकरूपता कायम करने पर विशेष ध्यान दिया गया था। इसलिए अनेक वस्तुओं के मूल्य उनके भार के अनुसार निर्धारित किए जाते थे। परन्तु उस समय सिक्के प्रचलित नहीं थे अत: सिक्के के आधार पर मूल्य निर्धारण नहीं हो सकता था और आज भी यह सुनिश्चित नहीं हो पाया है कि मुद्रा के स्थान पर किस पदार्थ (द्रव्य) का प्रयोग होता था। क्रय-विक्रय के लिए, अनाज की एक निश्चित मात्रा या गोमेद और लाल पत्थर के मनके या समुद्री सीप या कौड़ी (सी सेल) का प्रयोग भुगतान के लिए होता था। किसी भी प्रकार से इसे देखा जाए लेकिन यह सुनिश्चित है कि सिन्धु सभ्यता की यह विस्तृत व्यापार की व्यवस्था केवल माल की माल से अदला-बदली (बारटर सिस्टम) पर नहीं चल सकती थी। यह भी सम्भावित है कि कुछ मुहरों का प्रयोग टोकन के रूप में होता होगा और उन पर चित्रित गूढ़ अक्षर किसी विशेष माल के रूप में उसका 'मूल्य' दर्शाते होंगे।

अन्त में हम इस व्यापार के उस पहलू पर विचार करेंगे जिसे 'अन्तर्राष्ट्रीय व्यापार' कहा जा सकता है। हम दक्षिण पूर्व से वामावर्त दिशा में प्रारम्भ करते हैं। उत्तरपाषाणकालीन दक्षिण भारत में ('प्रागैतिहास', अध्याय 3.5) व्यापार सम्बन्धी कोई ठोस प्रमाण नहीं मिलते। यद्यपि महाराष्ट्र के अहमद नगर जिले में स्थापित, दाइमाबाद में 1900-1700 वर्ष ईसा पूर्व मुहरों और सिन्धु लिपि की सोचनीय

उत्तरजीविता के साथ इसके संकेत मिलते हैं कि ऊपरी गोदावरी बेसिन में कुछ वाणिज्यिक सम्पर्क रहे होंगे। इसके बाद उत्तर में मध्य प्रदेश के उज्जैन जिले के समीप कायथा स्थल है जो कि संस्कृति का एक प्रतीक स्थल है और जिसका इतिहास 2400 वर्ष ईसा पूर्व तक जाता है। वहाँ तीन गुप्त भंडार प्राप्त हुए हैं। इसमें दो भंडार मूल्यवान लाल पत्थर और गोमेद के मनकों (बीड) के हैं और एक भंडार सेल खड़ी (स्टीअटाइट) के छोटे मनकों का है, यह सभी सिन्धु सभ्यता की सीमाओं में स्थित वर्कशापों से ही आ सकते हैं।

राजस्थान के उत्तरी पूर्वी क्षेत्र तथा मेवाड़ में ताँबे के विशाल भंडार होने से राजस्थान ने सिन्धु सभ्यता की सीमाओं से बाहर व्यापार का विस्तार करने में सम्भवत: अत्यधिक महत्त्वपूर्ण भूमिका निभाई है। मेवाड़ की खदानें वास्तव में स्पष्ट रूप से बनास संस्कृति (3000–1300 वर्ष ईसा पूर्व) में प्रयुक्त ताँबे का स्रोत थीं। उत्तर पश्चिम राजस्थान में गेरु के रंगवाले मिट्टी के बर्तनों (ओकर-कलर्ड पोटरी-ओ.सी.पी.) की संस्कृति, गनेश्वर और जोधपुरा के पुरावशेष स्थल (2800–1500 वर्ष ईसा पूर्व) पुरानी बैरात-सिन्धना की ताँबे की खदानों के बिलकुल समीप है और वर्तमान में आधुनिक खेत्री खदानें भी इसी के समीप हैं। इस क्षेत्र से भी सिन्धु सभ्यता के लिए आवश्यक ताँबे की आपूर्ति होती होगी। गनेश्वरा और जोधपुरा से प्राप्त मिट्टी के बर्तनों पर सिन्धु सभ्यता के प्रभाववाले चिह्न मिलना भी अति महत्त्वपूर्ण है।

उत्तर में काश्मीर की उत्तरपाषाणकालीन संस्कृति अपने सिरामिक काल में व्यावहारिक रूप में (2500–2000 वर्ष ईसा पूर्व) सिन्धु सभ्यता की समकालीन थी (देखें 'प्रागैतिहास', अध्याय 3.5)। यह सम्भव है कि सिन्धु के जौहरियों ने काश्मीर से ही (जहाँ हरितमणि की अँगूठियाँ मिली थीं) हरितमणि प्राप्त किए हों, जहाँ इसके बदले काराकोरम की सीमा के उस पार जिंगशियांग (चीन) के खोतान इलाक़े से इनको आयात किया गया हो।

दूसरी तरफ काश्मीर ने खुद सिन्धु सभ्यता की सीमाओं से गोमेद और मूल्यवान लाल मणि प्राप्त किए थे। इसमें से कुछ 900 मणि कश्मीर की उत्तरपाषाणकालीन संस्कृति के मुख्य स्थल बुर्जाहोम में कोट डिजी स्टाइल के बर्तनों में मिले हैं।

सिन्धु सभ्यता के लोग सम्भवत: सम्पूर्ण चाँदी या उसका कुछ अंश, मध्यकाल की उत्तरी अफ़ग़ानिस्तान की प्रसिद्ध घाटी पंजाशर की खदानों से प्राप्त करते होंगे। जब हम यह विचार करते हैं कि सिन्धु घाटी और उत्तरी अफ़ग़ानिस्तान में ऑक्सस नदी के किनारे स्थित शोरतुघई को आर-पार जोड़नेवाला सबसे अच्छा रास्ता घाटी थी, तो यह उचित ही प्रतीत होता है।

शोरतुघई से प्राप्त शिल्पतथ्य और घर, मिट्टी की ईंटें और मिट्टी के बर्तन सभी का काल 2865 से 1975 वर्ष ईसा पूर्व निर्धारित किया गया है और यह सब परिपक्व सिन्धु मॉडल का ही अनुसरण करते हैं। यहाँ जुते हुए खेत और सिंचाई के अवशेष

प्राप्त हुए हैं। इससे प्रतीत होता है कि यहाँ के लोग जीविकोपार्जन के लिए अंशत: कृषि पर निर्भर थे, परन्तु यहाँ का मुख्य उद्योग लाल पत्थर के मनके, मणि का निर्माण करना था। यह मूल्यवान लाल पत्थर निश्चित रूप से शोरतुघई स्थित सार-ए-संग की प्रसिद्ध खदानों से प्राप्त हुआ होगा जो कोकछा नदी के ऊपरी तरफ जहाँ यह ऑक्सस नदी से मिलती है, स्थित है। शोरतुघई में भी शिल्पकार गोमेद और नीलम के मनके या नग निर्मित करते थे। स्पष्ट है कि उनको कच्चे माल की आपूर्ति सिन्धु घाटी से ही होती थी। इस प्रकार नीलम के साथ गोमेद और मूल्यवान लाल पत्थर के आदान-प्रदान में शोरतुघई एक प्रवेश स्थल था। नीलम मणि जिस पर चान्हूदारों के शिल्पकार काम करते थे, निश्चित रूप से शोरतुघई से होकर आयात किया जाता था।

इसके बाद सिन्धु सभ्यता की एक अन्तर्देशीय असवन यंत्र की मुहर, नमाजगा संस्कृति के समकालीन फेज पाँच में तुर्कमानिस्तान के आलत्यन दीपी में प्राप्त हुई है। वहाँ प्राप्त लाल पत्थर के रेखित मनके और हाथी दाँत की वस्तुएँ सम्भवत: सिन्धु घाटी से आनेवाले व्यापारियों द्वारा ले जाई गई होंगी। और दूसरी तरफ मध्य एशिया के व्यापारियों के साथ आनेवाले कारवाँ के सम्भावित अवशेषों में दो कन्धेवाले ऊँट मोहनजोदड़ो और हड़प्पा में मिले हैं (देखें 2.2)। यह व्याख्या सिन्धु सभ्यता और सिन्धु से पार कोट डिजी सांस्कृतिक क्षेत्र (एनडब्लूएफपी-पाकिस्तान) उससे भी पश्चिम हेलमैंड संस्कृति के बीच अधिकाधिक सन्निकटता के बावजूद इसके किसी भी प्रकार के सम्बन्धों के प्रमाणों की कमी को नकारता है। शहर-ए-सोखता (सीस्तान) में सीपी और शंख आदि (शेल) पर होनेवाले काम के लिए सामग्री सम्भवत: सिन्धु के किनारे बसी बस्तियों से लाई जाती होगी, यदि मुंदिगाक, में प्राप्त सिन्धु के लाल पत्थर के रेखित मनकों को छोड़ दिया जाए तो इनके बीच सम्बन्धों का कोई प्रमाण नहीं है।

प्रोटो इलेमाइट संस्कृति (3100-2100 वर्ष ईसा पूर्व) जिसका केन्द्र दक्षिण पश्चिम ईरान के सुसा में है उस क्षेत्र के साथ भी व्यापार या विस्तार लगभग अनिश्चित है। प्रोटोइलेमाइट संस्कृति का प्रभाव विस्तार शहर-ए-सोखता और पश्चिमी बलूचिस्तान तक हुआ था जहाँ मीरी कलात से प्रोटोइलेमाइट मिट्टी के बर्तन (पोटरी) प्राप्त हुए हैं। दूसरी तरफ परिपक्व सिन्धु मुहरें (मेच्योर इंडस सील) मध्य ईरान में तथा तेपेयाह्या की इलेमाइट स्थल (साइट) और सूसा से प्राप्त हुई है। यह मुहरें वहाँ पर सिन्धु व्यापारियों की उपस्थिति को चिह्नित करती हैं। परन्तु यहाँ किस वस्तु का व्यापार हुआ यह अभी भी अस्पष्ट है।

अन्त में हम पश्चिम एशिया के साथ सिन्धु सभ्यता के सम्बन्धों की चर्चा करेंगे। जहाँ तक मेरा अनुमान है, यह सम्बन्ध भू मार्ग के द्वारा नहीं बल्कि समुद्री मार्ग से स्थापित हुए थे। मानसून की हवाएँ पालवाले जहाज को अरब सागर के आर-पार ले जा सकती हैं यह खोज होने से पूर्व, मुख्य समुद्री मार्ग बन्दरगाहों के किनारे होकर था

क्योंकि जहाज अपनी यात्रा के मध्य स्थित बन्दरगाहों पर आपूर्ति के लिए निर्भर थे। इसके द्वारा पश्चिम में सिन्धु सभ्यता की बस्तियों के बारे में, स्रोत काकोह के मुकरान बन्दरगाह (बलूचिस्तान) और सुतकागेन-दौर की किलेबन्द बस्ती जो बाद में पाकिस्तान-ईरान की सीमा पर स्थित है के बारे में व्याख्यायित किया जा सकता है।

ओमान की खाड़ी के पार सुतकागेन-दौर के सामने ओमान में रसाल-जुनायज है। जब ओमान 'मगन' का देश था उसी समय से सुमेरी लोग इसे जानते थे। ओमान में रसायल-जुनायज और अन्य स्थानों पर भी सिन्धु सभ्यता के विशाल मिट्टी के जार, संगमरमर के फूलदान, लाल पत्थर के रेखित मनके, धातुओं के शिल्प तथ्य और हाथी दाँत की बनी वस्तुओं के आयात होने के प्रमाण मिले है। वहाँ पर प्राप्त ताँबे और सेल खड़ी की मुहरों से वहाँ पर सिन्धु सभ्यता के व्यापारियों की उपस्थिति का ज्ञान होता है। परन्तु सिन्धु सभ्यता के शिल्पकार भी यहाँ आए। यद्यपि साथ ही साथ ओमान और 'मगन' की अपनी संस्कृति भी मिट्टी के बर्तनों (पोटरी) के रूप में मौजूद है, परन्तु वहाँ के कुछ पुरावशेष स्थलों से सिन्धु फैशन में स्थानीय सामग्री से निर्मित धातुओं के शिल्प तथ्य और मुहरें और सिन्धु सभ्यता के मिट्टी के बर्तन प्राप्त हुए हैं।

ओमान से आनेवाले जलपोत सिन्धु के बन्दरगाहों से होकर उस क्षेत्र में जाते थे जिसे सुमेरी लोग 'दिलमन' कहते थे। इसमें *बहरीन* और *फायलाख* (कुवैत से दूर) के द्वीप और समीपवर्ती अरेबियन बन्दरगाह शामिल हैं। इस क्षेत्र की भी अपनी संस्कृति थी; परन्तु यहाँ पर भी स्थानीय आकार की परन्तु सिन्धु लिपि (करेक्टर)वाली अनेक मुहरें प्राप्त हुई हैं। इससे संकेत मिलता है कि सिन्धु सभ्यता के व्यापारी यहाँ दिलमन में स्थानीय स्तर पर व्यापार करते थे। लोथल में प्राप्त दिलमन की मुहर यह इंगित करती है कि दिलमन के व्यापारियों ने भी बन्दरगाहों तक जाने का मार्ग निर्मित कर लिया था।

'दिलमन' इराक (मेसोपोटामिया) का प्रवेश द्वार था। यहाँ के लोगों ने सिन्धु घाटी को 'मिलुहा' नाम दिया था। यह सिन्धु के लोगों द्वारा अपने देश को दिए गए नाम का अपभ्रंश है। अक्काद (2334-2279 ईसा पूर्व) के राजा सरगौन ने एक शिला लेख में दावा किया है कि मिलुहाबा से मध्य इराक में उसकी राजधानी टिगरिस तक जलपोत आते थे और इनके साथ ही दिलमन और मगन से भी जलपोत आते थे। सिन्धु सभ्यता के उत्पादन की एक विशेषतावाले लाल पत्थर के रेखित मनके, ईसा से 2350 वर्ष पूर्व दक्षिणी इराक के उर स्थान पर राजवंशी कब्रिस्तान से प्राप्त हुए हैं। टेल असमार में केवल यह मनके ही नहीं बल्कि हाथी दाँत पर जड़ाऊ कामवाले टुकड़े और सिन्धु सभ्यता के मूठदार जार के कुछ टूटे हुए भाग भी प्राप्त हुए हैं, जिनका काल 2350-2000 वर्ष ईसा पूर्व निर्धारित किया गया है। 2350-2000 वर्ष ईसा पूर्व के मेसोपोटामियन ग्रन्थों में, मिलुहा से लाए गए गुलामों, दुर्लभ पशुओं, कठोर लकड़ी, बहुमूल्य लाल पत्थर, सोना और हाथी दाँत पर जड़ाऊ काम की वस्तुओं को लाने की

जानकारी मिलती है। सिन्धु के व्यापारियों ने सम्भवतः अपना स्थान दिलमन में बनाया और फिर वह मेसोपोटामिया की ओर बढ़ते गए, इसकी पुष्टि उर (दक्षिणी ईराक) में प्राप्त छह दिलमन मुहरों से होती है। इन मुहरों पर सिन्धु सभ्यता के संकेत (करेक्टर) और भारतीय साँड़ तथा नांद के चित्र अंकित हैं। अक्कादिअन काल (2375–2230 वर्ष ईसा पूर्व) की एक बेलनाकार मुहर में उसके मालिक का वर्णन 'सिलूसू' मिलुहा इंटरपिरेटर' के रूप में है। उस से प्राप्त (2113–2000 वर्ष ईसा पूर्व के) दस्तावेजों से हमें ज्ञात हुआ है कि मिलुहा के लोग वास्तव में 'मिलुहा गाँव' में बसे थे। यह तथ्य हमें याद दिलाता है कि सिन्धु समुदाय के ही लोग शोरतुघई और ओमान में बसे थे। (सिन्धु के पश्चिम के स्थानों के लिए देखें, नक्शा 1.1)

हमें इस बात की कोई जानकारी नहीं है कि सिन्धु सभ्यता की सीमाओं से मेसोपोटामिया को भेजे गए माल के बदले कौन से माल प्राप्त होते हैं, यद्यपि यहाँ से मेसोपोटामिया के बाट प्राप्त हुए हैं। सम्भवतः मोहनजोदड़ो के धर्माचार्यों की मूर्तियों में दाढ़ी और राज पोशाक में मेसोपोटामिया का फैशन दिखाई देता है। (देखें चित्र 2.16)। इसी प्रकार हड़प्पा में दफनाई गई एक युवती का शव सुमेरियन फैशन में नारियल की चटाई में लपेटा हुआ, एक लकड़ी के ताबूत में ढँका था, यहाँ तक कि यह उस शहर में मेसोपोटामियन समुदाय की उपस्थिति को भी दर्शाता है।

2.6 संस्कृति, लेखन, कला और धर्म

सिन्धु सभ्यता की एक बड़ी उपलब्धि लिखावट की खोज है। यह, 2500 वर्ष ईसा पूर्व के प्रारम्भ का एक प्रमाण चिह्न है और यह बहुत ही कम अवधि में 2000 वर्ष ईसा पूर्व विलुप्त भी हो गई। यह विश्व की चार प्राचीनतम ज्ञात लिपियों में से एक है परन्तु यह किस प्रकार लिपिबद्ध हुई, इसकी कोई जानकारी नहीं है। उदाहरण के लिए उस समय के कोई भी चित्रलेखीय संकेत नहीं हैं जो मिट्टी या पत्थर पर उकेरे गए हों या खोदे गए हों या रंगे गए हों, जिससे कि उनके बड़े चित्र देखें जा सकते। यह सम्भव है कि यह दक्षिण पश्चिम ईरान की प्रोटोइलेमाइट लिपि के प्रभाव से लम्बी अक्षरोच्चारित लिपि के रूप में सीधे अस्तित्व में आई हो। प्रोटोइलेमाइट लिपि का प्रभाव शहर-ए-सोखता तक पहुँचते हुए सिन्धु सभ्यता की सीमा तक पहुँच गया था। प्रोटोइलेमाइट लिपि केवल शब्दोच्चारित (लोगो-सलैबिक) नहीं थी बल्कि इसके समान थी, हालाँकि देखने में समरूप नहीं थी। दुर्भाग्य से इनमें से किसी भी लिपि की लेखकीय व्याख्या नहीं हो सकी है।

सिन्धु सभ्यता की लिखावट हमें छोटे-छोटे शिलालेखों के रूप में प्राप्त हुई है (इनकी संख्या कुल 4000 है), इनमें से प्रत्येक पर औसत रूप में पाँच अक्षर (करेक्टर) चित्रित हैं। यह मुख्यतः विभिन्न पदार्थों की बनी मुहरों पर प्राप्त हुए हैं जैसे सेलखड़ी, मिट्टी पर मुहर का चिह्न, मिट्टी के बर्तन और मिट्टी के पकाए हुए

साँचे, ताँबे और मिट्टी की लघुशिलाओं (टैबलेट) पर उत्कीर्ण और धातु के शिल्प तथ्यों और मिट्टी के बर्तनों पर बने टेढ़े-मेढ़े अक्षर। यदि सिन्धु सभ्यता के लोगों ने कपड़े, वृक्ष की छाल, या पत्तियों पर लिखा होता तो यह सब नष्ट हो गया होता। लिखावट सामान्यत: दाहिनी तरफ से बाईं तरफ की गई है, यद्यपि दूसरी लाइन कभी-कभी बाएँ से दाएँ भी लिखी गई है।

जब तक लिपि की लेखकीय व्याख्या नहीं होती, तब तक शिलालेख पर उत्कीर्ण सामग्री में लिखी चीजों को सुनिश्चित नहीं किया जा सकता, जैसे कि इन मुहरों या लघुशिलाओं पर मालिक या शासक का नाम या सुरक्षा के लिए किसी देवी-देवता के लिए की गई प्रार्थना और मालों के मूल्य या भार के मापक आदि की सम्भावना व्यक्त की जाती है। इस लिपि की भाषा 'सरकारी' प्रतीत होती है जो सिन्धु के शासक वर्गों, व्यापारियों और धर्माचार्यों के बीच सर्वत्र समान रूप से प्रयोग होती थी। सम्भवत: सिन्धु सभ्यता के मूल केन्द्रक क्षेत्र को निर्धारित किए बगैर, जिन सीमाओं में इस लिपि का प्रयोग होता था वहाँ इसकी भाषा एक सी नहीं रही होगी। इस लिपि में कुछ खास संकेतों के लिए, जैसे 'मछली' के चिह्न का बार-बार प्रयोग देखने से ऐसा प्रतीत होता है, हालाँकि यह निश्चित नहीं है कि यह लिपि द्रविड़ भाषा परिवार की है। यह विचार मूल रूप से उत्तर पूर्वी बलूचिस्तान और इससे लगे हुए अफ़ग़ानिस्तान के इलाकों में ब्राहुई भाषा की उत्तरजीविता से प्रेरित है। ब्राहुई उत्तरी द्रविड़ भाषा है जो पहले सिन्धु घाटी के इलाकों में बोली जाती थी। ब्राहुई और प्राचीन इलेमाइट भाषा के बीच सम्बन्ध स्थापित किए गए हैं, और इसलिए यह सम्भावित है कि सिन्धु लिपि के लिए प्रोटोइलेमाइट मॉडल रहा हो और इस तर्क से द्रविड़ या इलामो द्रविड़ भाषा के साथ सिन्धु भाषा का सम्बन्ध दृढ़ता से स्थापित होता है। (देखें नोट 2.1, सिन्धु लिपि के अध्ययन के सम्भावित तरीके)।

जब सिन्धु लिपि की लेखकीय व्याख्या हो तब हम सिन्धु सभ्यता के लोगों के वैज्ञानिक ज्ञान के बारे में कुछ कह सकते हैं। उनकी नाप-तौल की प्रणाली के बारे में (देखें, अध्याय 2.3) प्रतीत होता है कि वे लोग द्विवर्णी (जोड़ेदार) प्रणाली (2, 4, 8, आदि पर आधारित) का और दशमलव प्रणाली, दोनों का प्रयोग करते थे। बड़ी संख्याओं के लिए वे विशेष रूप से दशमलव प्रणाली का और छोटी संख्याओं के लिए द्विवर्णी प्रणाली का प्रयोग करते थे। नाप-तौल के उत्तरजीवी अशंकित पैमाने दर्शाते हैं कि माप-तौल नियमनिष्ठ तरीके से भी होती थी। सिन्धु सभ्यता के लोगों के जटिल ज्यामितीय सिद्धान्तों के ज्ञान के बारे में अभी तक कोई प्रमाण नहीं मिला है।

खगोलीय निरीक्षण के बारे में कुछ निरीक्षण उपलब्ध हैं। चूँकि सिन्धु सभ्यता की लिपि की लेखकीय व्याख्या नहीं हो सकी है, अत: इस पर विश्वास के लिए पर्याप्त तथ्य हैं कि 'मछली' का चिह्न (सारिणी 2.2 में प्रथम चिह्न) एक चित्रलिपि

के रूप में नक्षत्र के लिए भी प्रयुक्त हुआ है। एक अति बारीक मुहर में मछली के निशान के साथ सात छोटी खड़ी लाइनों के चिह्न हैं। इसका अर्थ 'सात नक्षत्र' या ग्रेट बियर; सात चमकते हुए तारों का तारा मंडल है (देखें, टिप्पणी 2.1)। सिन्धु के लोग जब रात में नौकायन करते थे तो सम्भवत: वे केवल तारामंडल की पहचान से ही दिशा नहीं निर्धारित करते थे बल्कि दिशा निर्धारित करने के लिए अपने कम्पास का भी प्रयोग करते थे।

सिन्धु के लोगों के औषधियों और शल्यक्रिया सम्बन्धी ज्ञान के बारे में बहुत कम जानकारी प्राप्त है। केवल इतनी जानकारी है कि वे लोग भी खोपड़ी छेदने की शल्यक्रिया करते थे जिसके बारे में हम पहले ही काश्मीर की उत्तर पाषाण कालीन संस्कृति ('प्रागैतिहास', अध्याय 3.5) के साथ चर्चा कर चुके हैं। खोपड़ी की शल्यक्रिया सम्बन्धी दो मामलों की जानकारी से (लोथल और कालीबंगान से प्राप्त दो बच्चों की खोपड़ियों से) ज्ञात होता है कि सिन्धु सभ्यता से प्राप्त इस प्रकार के ऑपरेशनों से काफी लोगों की मृत्यु हो गई।

सिन्धु सभ्यता की प्रशंसा किसी कला के लिए नहीं की जा सकती। इसे अक्सर एक नीरस उपयोगितावादी संस्कृति के रूप में वर्णित किया गया है। परन्तु लगभग सभी समीक्षकों ने मोहनजोदड़ो के लोअर टाउन से प्राप्त प्रशंसा योग्य दो मूर्तियों को बिलकुल भुला दिया। पहली मूर्ति, 17 सेंटीमीटर ऊँची पत्थर की बनी है जिसके शरीर का निचला भाग खो गया (चित्र 2.16)। इस मूर्ति में चेहरे को

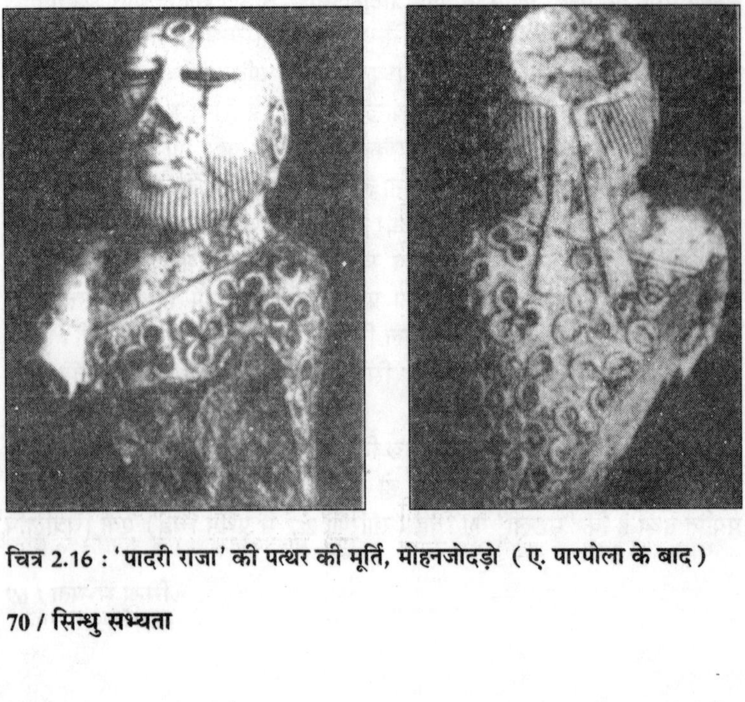

चित्र 2.16 : 'पादरी राजा' की पत्थर की मूर्ति, मोहनजोदड़ो (ए. पारपोला के बाद)

इतनी बारीकी से बनाया गया है कि यह वास्तव में एक छविचित्र प्रतीत होता है। इस मूर्ति के निर्माण में पिछले भाग को बहुत ध्यानपूर्वक निर्मित किया गया है। ऐसा लगता है कि इसे दोनों ओर से देखने के नजरिए से निर्मित किया गया है। इस मूर्ति में दाढ़ी की आकृति में बनाए गए बारीक चिह्न (कट) और एक कन्धे पर पड़ी हुई राज पोषाक में बनाए गए बेल बूटे आश्चर्यजनक हैं। यह दोनों मेसोपोटामिया के फैशन की याद दिलाते हैं। यदि यह एक छविचित्र है तो यह मूर्ति उस व्यापारी की है जो मेसोपोटामिया से भली प्रकार परिचित था और सामान्य रूप से इसे 'धर्माचार्य' या 'प्राइस्ट किंग' का नाम देना भ्रम उत्पन्न करनेवाला पदनाम है। इस मूर्ति में आधी बन्द आँखों के आधार पर ही इसे 'योगी' कह देना बिलकुल तर्कहीन है।

समाज के दूसरे तबके की विषयवस्तु पर आधारित कुछ कल्पनाशील एक और काँसे की मूर्ति नृत्य करती युवती की है (चित्र 2.17)। यह एक छोटी (10.3 सेंटी मीटर ऊँची) मूर्ति है। इसमें एक महिला अपना दाहिना हाथ कूल्हे पर रखे है, बायाँ हाथ उसके बाएँ पैर पर रखा है, हाथ और पैर थोड़ा सा मुड़े हुए हैं और वह दोनों पैरों को थोड़ा दूर-दूर करके खड़ी है (पैर के नीचे के हिस्से नहीं हैं)। चेहरे की आकृति भली प्रकार एक छविचित्र को प्रदर्शित करती है। वह नग्न है परन्तु उसके बाएँ हाथ में कड़ा, कंगन का आभूषण स्पष्ट दिखता है। उसकी भाव-भंगिमा में न सिर्फ जीवंतता है बल्कि विद्रोह का भाव भी स्पष्ट पढ़ा जा सकता है। इसके अतिरिक्त मोहनजोदड़ो से प्राप्त काँसे की बनी एक और मूर्ति ध्यान देने योग्य है। यह लम्बी टांगोंवाली, दुबली पतली, नग्न महिला की सम्पूर्ण मूर्ति है, हालाँकि यह काफी जंग लगी हुई है, यह भी बायाँ हाथ कूल्हे पर रखे है और कंगन

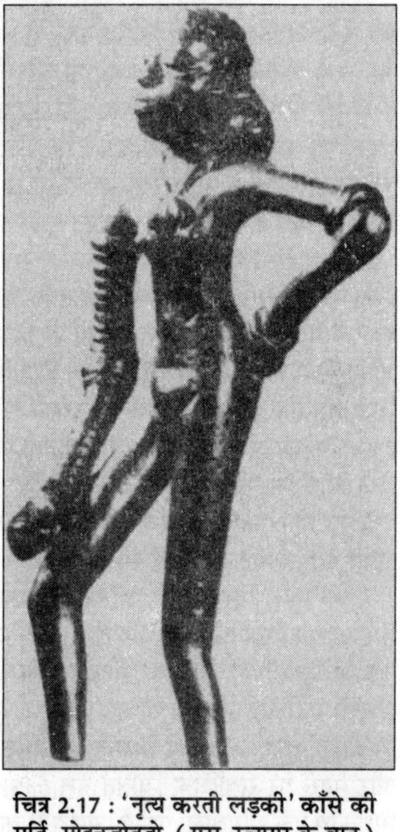

चित्र 2.17 : 'नृत्य करती लड़की' काँसे की मूर्ति, मोहनजोदड़ो (एस. रत्नागर के बाद)

और नूपुर पहने हुए हैं। यह मूर्ति भी बहुत ही आकर्षक और महत्त्वपूर्ण है।

सिन्धु सभ्यता के मूर्तिशिल्प की इन सुपरिचित मूर्तियों के अतिरिक्त कुछ और भी टूटी हुई मूर्तियाँ हैं जैसे एक पुरुष का आधा कटा हुआ भाग और एक सिर कटा हिरन (?)। यह दोनों मूर्तियाँ पत्थर की हैं और मोहनजोदड़ो से प्राप्त हुई हैं, यहाँ पर इनकी चर्चा भी आवश्यक और प्रासंगिक है। यहाँ पर आप को सिन्धु सभ्यता के शिल्पकारों की नम्यता और वास्तविकता के प्रति उनके जुड़ाव और क्षमता को समझने का अवसर मिलता है। यहाँ तक कि वह अपनी प्रभावशाली अभिव्यक्ति के लिए इन गुणों का आवश्यक हिस्सा बलिदान कर सकता था। इन गुणों की अभिव्यक्ति एक बार फिर भारतीय साँड़ (चित्र 2.3) या हाथीवाली मुहरों में देखी जा सकती है जहाँ पर उनकी शारीरिक शक्ति को प्रदर्शित करने के लिए मांसपेशियों को भली प्रकार उकेरा गया है।

पाठक यह देख सकते हैं कि सिन्धु सभ्यता के शिल्पकार व कलाकार विशेष रूप से छोटी कलाकृतियाँ निर्मित करते थे। उस समय हमको न कोई विशाल मूर्ति और न ही कोई स्मारक या मकबरे की कला देखने को मिलती है। सिन्धु सभ्यता की कला की यही पहचान इसे मिस्र और मेसोपोटामिया से भिन्न स्थापित करती है। इसका यह अर्थ लगाया जा सकता है कि कलाकार या शिल्पकार केवल व्यक्तियों के लिए कार्य करते थे, राज्य सत्ता या किसी धार्मिक संस्थान के लिए नहीं। इससे हमें सिन्धु सभ्यता के समाज को संगठित करने की प्रक्रिया की जानकारी प्राप्त होगी।

सिन्धु सभ्यता की लिपि का अर्थ न समझ सकने की स्थिति में हम आसानी से कला के बाद धर्म की चर्चा कर सकते हैं। सिन्धु के मुहर निर्माताओं और मिट्टी के बर्तन निर्माताओं द्वारा निर्मित वस्तुएँ ही सिन्धु सभ्यता के समय की धर्म सम्बन्धी जानकारियों के लिए सबसे बड़ा स्रोत हैं। हमें इमारतों के कुछ अवशेष भीं प्राप्त हुए हैं, जो धार्मिक अनुष्ठानों और परम्पराओं की पहचान के लिए महत्त्वपूर्ण हो सकते हैं। साक्ष्यों का अध्ययन करते समय हमको किसी भी प्रकार की कल्पना से दूर रहना होगा और इस पूर्वाग्रह से बचना होगा कि कोई एक आराधना पद्धति या परम्परा प्रचलित थी। इसकी पूरी सम्भावना है कि जनसंख्या के विभिन्न हिस्सों के अपने-अपने देवी-देवता और धर्म रहे हों।

यह मुहरें और इन पर अंकित लिखावट सम्भवत: इनके प्रयोगकर्ता शासक वर्ग, अधिकारियों और व्यापारियों के धार्मिक विश्वास का प्रतिनिधित्व करती हैं, या एक अधिकारी का गोत्र या परिमंडल के धर्म का प्रतिनिधित्व करती हों। सिन्धु सभ्यता की लगभग तीन चौथाई (75%) मुहरों पर केवल एक ही पशु का चित्र मिलता है, मुहर के छापे में जिसका मुँह हमेशा दाहिनी ओर है। ताँबे के कुछ ताबीजों और मुहरों पर सर्वाधिक चित्रित पशु (1524 मुहरों में से 1159 मुहरों पर) एक मिथकीय एक सींगवाला पशु है। यह बगैर कन्धेवाला एक सींगवाला साँड़ है जिसके

माथे पर आगे की तरफ उभरा हुआ एक लम्बा सींग है और हमेशा इसके सामने तीन मंजिला एक विचित्र 'नांद' दर्शाई गई है (चित्र 2.18)। बगैर कन्धेवाला साँड़ या जंगली साँड़ के चित्रवाली (95 मुहरें), हाथीवाली (55), भारतीय साँड़ या कन्धेवाला बैल (54), चीता (21), खरगोश (15), और भैंसा (14) परन्तु गाय के चित्रवाली एक भी मुहर नहीं है। (यह गणना आई. महादेवन के विश्लेषण पर आधारित है)। यह सर्वथा उचित है कि जिन पशुओं को मुहरों के मालिक सुरक्षा प्रदान करना चाहते थे उनको मूर्ति रूप देकर देवी-देवता के रूप में स्थापित किया गया हो।

चित्र 2.18 : मुहर पर चित्रित नाँद के साथ एक सींगवाला बैल, हड़प्पा (एस. पारपोला के बाद)

यह सत्य है कि मुहरों पर चित्रित पशु, मुहर मालिक के वंश जाति के टोटम का समान रूप से प्रतिनिधित्व करते हैं। परन्तु यह पूर्णतः सम्भावित है कि यह पशुचित्र उस जाति के देवी-देवताओं का रूप हों। जैसे कि हम आगामी पैराग्राफ में दूसरे सन्दर्भ में विचार करेंगे कि प्रतीक वस्तु (टोटम) रूप में पशुओं की कोई भूमिका नहीं दिखाई देती।

मोहनजोदड़ो से प्राप्त एक अद्वितीय मुहर में सम्भवतः तीन पार्श्ववाले एक मानव स्वरूप देव चित्र में एक तरफ गैंडा और भारतीय भैंसा और दूसरी तरफ हाथी और चीता (टाइगर) दर्शाया गया है। इस मानव-स्वरूपी देवता के सिर पर भैंसे के सींग दर्शाए गए हैं। (चित्र 2.19)। इस देवता की भाव मुद्रा तथाकथित योगी की तरह है। इसमें पैर के दोनों तलुए आमने-सामने हैं। यह

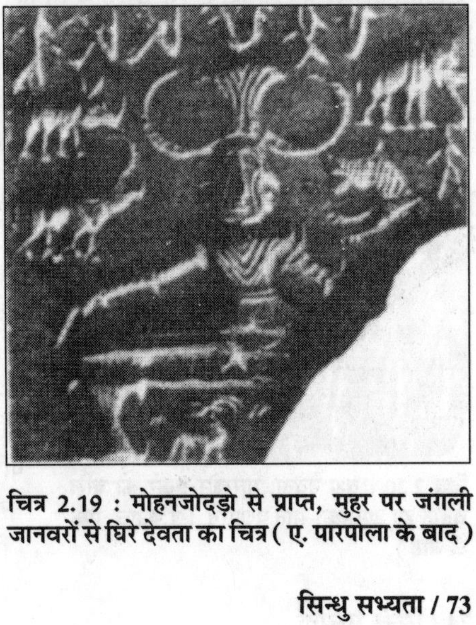

चित्र 2.19 : मोहनजोदड़ो से प्राप्त, मुहर पर जंगली जानवरों से घिरे देवता का चित्र (ए. पारपोला के बाद)

प्रोटोइलेमाइट प्रतिनिधित्व में साँड़वाले देवता का स्पष्ट आभास देता है। इसे एक देवता के रूप में देखना वैसे ही कठिन है जिस प्रकार शिव को पशुपति के रूप में देखना। 'जानवरों' का 'भगवान' या पशुओं का 'रक्षक' इनमें से कोई भी प्रतीक बाद में हिन्दुत्व से नहीं जुड़े हैं जिससे कि इसे मातृ देवी के रूप में चिह्नित किया गया है। कालीबंगान से प्राप्त एक बेलनाकार मुहर में एक देवी को दर्शाया गया है जोकि एक स्त्री के शरीर में है और भाले से लड़ते हुए दो पुरुषों को अलग कर रही है, इसके बाद भैंसे के सींगों से अलंकृत स्त्री को दिखाया गया है और उसका शरीर एक शेरनी का है (चित्र 2.23)। एक मुहर और दो ताबीजों पर बनी हुई आकृति में एक घड़ियाल मछली को निगलनेवाला है; शायद इस आकृति का मुख्य उद्देश्य यह बताना है कि घड़ियाल में दैवी आत्मा मौजूद है। सारणी 2.2 में पहले नम्बर पर चित्रित मछली का चिह्न निश्चय ही धार्मिक महत्त्व को दर्शाता है और केवल मछली ही नहीं बल्कि प्रकाश और तारे भी यही दर्शाते हैं (देखें, टिप्पणी 2.1)। इस प्रकार की सभी प्रतिमूर्तियों में पशु केवल देवी–देवताओं की आत्मा या शक्ति का अवतार मात्र हैं। इस प्रकार जीवों का अनुकूलन मनुष्य को भी अपने में समाहित कर सकता है, जैसे किसी लघुपट्टिका या मुहर पर कोई नायक (हीरो) या नायिका (हीरोइन) का चित्र जिसके दोनों तरफ शेर (टाइगर) खड़े हैं। दोनों तरफ जानवरों का ऐसा सन्दर्भ समानान्तर रूप से प्रोटोइलेमाइट सूसा (पश्चिम ईरान) में और मिसोपोटामिया में मिलता है। एक लघुपट्टिका (टैबलेट) पर भाले से एक व्यक्ति भैंसे को मार रहा है और उसी के पास भैंसे के सींगवाला देवता भी चित्रित है जो (बुल डिटी) की भंगिमा में बैठा है (चित्र 2.4)। यह दर्शाता है कि सम्भवतः देवता को बलि देने के लिए पशु सबसे उपयुक्त था।

चित्र 2.20 : वृक्ष देवता, मारखोर बकरे को बलि चढ़ाते हुए उपासक, सात पुजारिनें (ई.जे.एच. मैके के बाद)

एक पेड़ भी देवता की आत्मा का नियंत्रक (होस्ट) हो सकता है। पीपल की शाखाएँ मुहरों पर दिखाई देती हैं परन्तु मोहनजोदड़ो की एक मुहर पर अंकित एक विस्तृत चित्र में, पीपल वृक्ष में एक देवता 'मछली' के चिह्न और एक विशाल मारखोर (अफगानी जंगली बकरा) के साथ है। एक मनुष्य इस देवता की उपासना कर रहा है और सात महिलाएँ (सम्भवतः पुजारिनें) एक पंक्ति में नीचे खड़ी हैं। सम्भवतः यह एक बलि चढ़ाने का चित्र है (चित्र 2.20)। एक बहुत ही पसन्द

करने योग्य चित्र की विषय वस्तु में एक मुहर और एक मिट्टी की लघुपट्टिका पर एक शेर पीछे मुड़कर वृक्ष देवता की ओर देख रहा है। यह एक प्रकार से वृक्ष और पशु की आत्मा के मिलन का प्रतिनिधित्व है।

बलि चढ़ानेवाली जिस आकृति का वर्णन ऊपर किया गया है, जिसमें पीपल के वृक्ष देवता को सात पुजारिनों के साथ दर्शाया गया है; इसे बहुत से विद्वानों ने मनुष्य का सिर चिह्नित किया है। चान्हूदारों में उत्खननकर्ताओं ने ईंटों के बीच मजबूती से रखा हुआ एक जार प्राप्त किया। इस जार में करीब बीस वर्ष की एक युवती का सिर रखा था। इस सिर को केवल बलिवेदी पर चढ़ाई गई युवती के सिर के अतिरिक्त कुछ भी नहीं कहा जा सकता। इस सिर को जार में रखने का उद्देश्य संरक्षक देवता को तुष्ट करना था।

अपनी पशुचित्रात्मक आत्मा और पीपल के वृक्ष के साथ इस 'राजकीय' धर्म की जड़ें स्पष्ट रूप से प्राचीन काल के प्रकृतिवादी विश्वास में हैं। एक ऐसे काल में जब बस्तियाँ, झाड़ियों और जंगलों से बहुत दूर नहीं थीं और जंगली जानवरों से कभी भी मुठभेड़ हो सकती थी। ऐसे समय में इस प्रकार का धार्मिक विश्वास बिलकुल प्रासंगिक था। पौराणिक कथा शास्त्र और प्रतीकात्मकता के विकसित भंडार के साथ प्राचीन धार्मिक विश्वास को और मजबूती प्रदान की गई और इसका मौखिक संचारण हुआ जिसको आज खोज पाना असम्भव है। आज ऋग्वेद के धर्म और परम्पराओं के साथ किसी भी समरूपता की विवेचना नहीं की जा सकती और पहले से ही व्यवहार और धार्मिक मत की दावेदारी (योग, शैववाद) जोकि सिन्धु सभ्यता की समाप्ति के बाद आज से 1800 वर्ष पूर्व ही हिन्दुत्व में प्रवेश कर चुका है, इस पर विश्वास करना कठिन है (देखें, टिप्पणी 2.2)।

राजकीय धर्म का कोई मठ/मकबरा या मन्दिर था ऐसा कह पाने में हम असमर्थ हैं। व्हीलर ने मोहनजोदड़ो के लोअर टाउन में मिले एक दो दिशाओं से प्रवेश द्वार और सीढ़ीवाले घर को मन्दिर के रूप में चिह्नित किया है। यदि यह मन्दिर था तो यह एक सींगवाले देवता को अवश्य समर्पित होना चाहिए; एक सींगवाला (यूनीकॉर्न) देवता का ही चित्र अधिकांश मुहरों पर चित्रित है (देखें, ऊपर चित्र 2.4)। अक्सर यह कहा जाता है कि मोहनजोदड़ो में मिला विशाल स्नानागार (ग्रेट बाथ) भी एक राजकीय संरचना है और पारम्परिक धार्मिक स्नान के लिए निर्मित हुआ था। यह विचार भी मनगढ़ंत है, इसका कोई साक्ष्य नहीं मिलता। यह भी अप्रमाणित अनुमान है कि सिन्धु के लोग स्वच्छता के कार्यों की तुलना में धार्मिक कार्यों में जल के प्रयोग को प्राथमिकता देते थे।

कालीबंगान, लोथल, बनावली और नागेश्वर में सार्वजनिक स्थानों पर और घरों में भी मिट्टी का प्लास्टर किए हुए पक्के गड्ढे मिले हैं। इनमें से कुछ में चारकोल भी मिला है। यज्ञवेदी के रूप में इनका वर्णन किया गया है। इस प्रकार की

'यज्ञवेदियाँ' अन्य उत्खनन स्थलों पर प्राप्त नहीं हुई हैं। अगर यह गड्ढे किसी धर्म सम्प्रदाय की विशेषता होते या किसी आंचलिक धर्म का प्रतिनिधित्व करते तो यह मोहनजोदड़ो और हड़प्पा में अवश्य ही प्राप्त होते। कालीबंगान में भी एक गड्ढे में बैल की हड्डियाँ प्राप्त होने से इसे 'बलिवेदी' के रूप में चिह्नित किया गया है, और लोथल में एक मिट्टी के प्लेटफॉर्म पर एक घर में बैल का झुलसा हुआ जबड़ा मिलने मात्र से ही इसे 'बलिवेदी' कह दिया गया। पूरी सिन्धु सभ्यता में इस प्रकार के दो शंकनीय बलिवेदियों के आधार पर बैल की बलि चढ़ानेवाले सम्प्रदाय या इसके आधार पर इसकी वैदिक सम्बद्धता प्रतिपादित करने के लिए यह दो उपरोक्त तथ्य अपर्याप्त हैं।

निजी घरों से प्राप्त टेराकोटा और अन्य वस्तुओं के लघुचित्र या शिल्प कृत्यों को घरेलू अंधविश्वास और धार्मिक विश्वास का प्रमाण माना जा सकता है। 'मातृदेवी' के लघुचित्र काफी बड़ी संख्या में हैं (देखें, चित्र 2.21) और प्रजननशील पुरुष देवता के चित्र और मूर्तियाँ भी मिली हैं। इनकी उपासना सम्भवत: सन्तान प्राप्ति के लिए होती होगी। पत्थर के शंकु और पत्थरों के बड़े छल्ले, पुरुष और महिला के गुप्तांगों और लिंग पूजन का प्रतीक है यह निश्चित नहीं हो सका है। इस सम्बन्ध में यह उपयोगितावादी तर्क अधिक सटीक लगता है कि मूसल (शंकु) का प्रयोग बड़े और छल्लों का प्रयोग छोटे आभूषणों के निर्माण में होता था।

चित्र 2.21 : 'मातृ देवी' की मिट्टी की मूर्ति, मोहनजोदड़ो (जे.एम. केनोयर के बाद)

सिन्धु सभ्यता के शहरी लोग, मृतकों को जमीन में गाड़ देते थे। अन्तिम संस्कार के बारे में एक भी विवादास्पद साक्ष्य नहीं है। कालीबंगान, हड़प्पा और लोथल सभी स्थानों पर मृतकों को दफनाने की एक ही पद्धति थी। मृतकों का मुँह आसमान की ओर करके उत्तर-दक्षिण दिशा में लिटाया जाता था। मृतक का सिर सामान्यत: उत्तर दिशा की ओर रहता था। कुछ कब्रों की दीवारें मिट्टी से प्लास्टर की हुई थीं और कुछ शवों को ताबूत में दफनाया गया था।

शवों को दफनाते समय उनके साथ कुछ आभूषण और गैर-सजावटी बर्तन रखे जाते थे। हालाँकि पहले शवों को दफनाते समय सजावटी बर्तन रखे जाते थे। मृत्यु के बाद इसके भौतिक सम्बन्धों का विचार सम्भवत: धीरे-धीरे समाप्त हो रहा था और इसीलिए शव के साथ गाड़ा जानेवाला सामान कीमती नहीं होता था और धीरे-धीरे इसने मात्र एक प्रथा का स्वरूप ग्रहण कर लिया।

2.7 जनता, समाज और राज्यसत्ता

'प्रागैतिहास' के अध्याय 3.3 में हम लोगों ने देखा है कि कैसे मेहरगढ़ III (4300-3800 वर्ष ईसा पूर्व) में जो लोग सिन्धु घाटी के पश्चिमी तट पर ताम्र प्रस्तर युग के समय आए वे पंजाब चले गए और वहाँ पर उन्होंने 'हाकरा संस्कृति' स्थापित की। यह लोग, सिन्धु घाटी सभ्यता के समय हड़प्पा शहर के निवासियों के वंशज हैं। हड़प्पा से (सिमिट्री अंग 37) प्राप्त कंकाल के अनेक नमूनों के कपाल और दाँतों के अध्ययन से, मेहरगढ़ III की 1500 वर्ष ईसा पूर्व की जनता से इनका सजातीय सम्बन्ध स्थापित होता है और इन दोनों की तत्कालीन ईरानी पठार की जनता से समानता दिखती है। परन्तु सिन्धु सभ्यता आवश्यक रूप से पश्चिमी विस्थापितों द्वारा निर्मित नहीं थी क्योंकि मोहनजोदड़ो से प्राप्त कंकालों की सजातीय (समानता) हड़प्पा और मेहरगढ़ से प्राप्त कंकालों से नहीं है। अत: सिन्धु की जनसंख्या पहले से ही 'जैविक रूप से' (बायोलाजिकली) विविध थी। वास्तव में मिश्रण की क्रिया तभी से प्रारम्भ थी और हड़प्पा से प्राप्त कंकालों की 'आधुनिक पंजाबियों' से कोई भी समानता स्थापित नहीं होती।

विभिन्न तरह के दबावों और तनावों का प्रभाव शहरी जनसंख्या पर पड़ा। कृषि कार्य प्रारम्भ होने के बाद मानव की ऊँचाई (कद) और उसके दाँतों का आकार दोनों सिकुड़ने लगे। हड़प्पा से प्राप्त अनेक कंकालों के परीक्षण के आधार पर वयस्क पुरुष की औसत ऊँचाई 1.67 मीटर और महिला की 1.55 मीटर थी। उत्तर प्रदेश में सराय नाहर राय के मेसोलिथिक स्थल से प्राप्त कंकालों में पुरुष 1.80 मीटर और महिला 1.70 मीटर ऊँची थी। यह 8000 वर्ष ईसा पूर्व की बात है ('प्रागैतिहास', अध्याय 2.5)। पकाया हुआ (मुलायम) खाना और कृषि उत्पादित सामग्री के इस्तेमाल से दाँतों पर काफी असर पड़ा और इनका क्षरण हुआ। मोहनजोदड़ो के कंकालों के अध्ययन से पता चला है कि सिन्धु सभ्यता की जनसंख्या मलेरिया का भी शिकार हुई थी। इस महामारी की मौजूदगी के बारे में पहली बार भारत में प्रमाण प्राप्त हुए हैं। यह बीमारी सिन्धु के घनी आबादीवाले शहरों में निश्चय ही तेजी से फैली होगी। सिन्धु सभ्यता के लोगों की सामान्य आयु की अवधि का कोई स्पष्ट आकलन नहीं है। परन्तु हड़प्पा के कब्रिस्तान से प्राप्त 90 शवों में से 35 शव 17 से 34 वर्ष आयु वर्ग, 27 शव 35 से 55 आयु वर्ग और केवल तेरह शव 55 वर्ष

आयु वर्ग से थे। पन्द्रह शव नाबालिगों अर्थात् 17 वर्ष से कम आयु वालों के थे। अनेक बच्चों को दफनाया नहीं जाता था अत: वह हमारी गणना का हिस्सा नहीं हैं। इसके आधार पर आकलन करने से यह आश्चर्यजनक लगता है कि औसत आयु की अवधि मात्र 30 वर्ष से कुछ अधिक थी।

हड़प्पा में एक ही आनुवंशिकी लक्षण की महिलाओं को दफनाने के तरीके और घरों में मिट्टी की 'मातृदेवी' की मूर्तियों की प्रचुरता से यह चिह्नित किया गया है कि उस समय मातृ कुलीय व्यवस्था (जहाँ उत्तराधिकार और परिवार की पहचान माता के कुल से होती थी) प्रचलित थी। इसकी पड़ताल करने की आवश्यकता है। परन्तु यदि ऐसी व्यवस्था मौजूद थी तब भी महिलाएँ विशेषाधिकारहीन स्थिति में थीं। हड़प्पा से प्राप्त कंकालों के परीक्षण से ज्ञात हुआ है कि पुरुषों की तुलना में महिलाओं (बचपन से ही) की कम देखभाल होती थी और वे कम मांस खाती थीं। नौशारो से मिट्टी का एक लघुचित्र प्राप्त हुआ है जिसमें एक महिला समतल पत्थर पर अनाज पीस रही है (चित्र 2.22)। सिन्धु सभ्यता काल के घरों में सामान्य रूप से तकुए और फिरकी की उपस्थिति प्रमाणित करती है कि महिलाएँ घरों पर कताई का काम भी करती थीं। हस्तचालित चक्की (जाँत) और चरखे के विशेष प्रयोग ने महिलाओं के शारीरिक श्रम में काफी कमी कर दी।

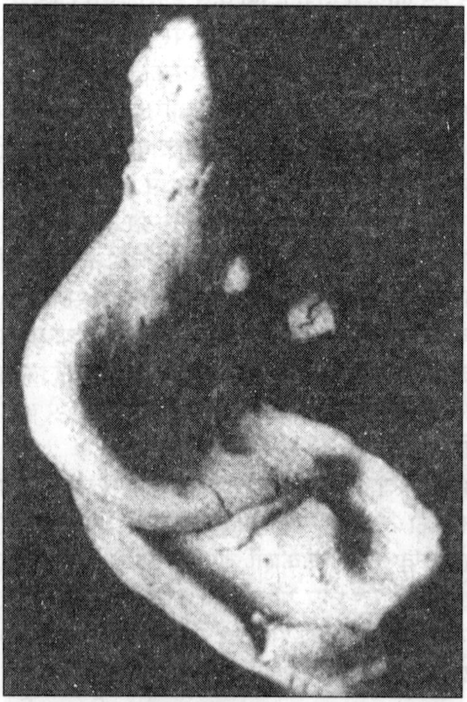

चित्र 2.22 : अनाज पीसते हुए औरत (मिट्टी की मूर्ति) नौशारो (जे.एम. केनोयर के बाद)

सिन्धु सभ्यता के घरों को देखने से लगता है कि इस समाज में अमीर और गरीब के बीच बड़ी दरार थी। एक तरफ सापेक्ष रूप से विशाल आँगन के साथ पक्की ईंट से बने घरों में अपना निजी कुआँ, स्नान घर, शौचालय, बड़े-बड़े कमरे और सम्भवत: नौकरों और दासों के लिए घरों वाली इमारतें थीं तो दूसरी तरफ

‘कुली लाइन’ बनाई गई थी। यह स्थिति मोहनजोदड़ो और हड़प्पा दोनों स्थानों पर देखने को मिलती है। सिन्धु की सीमाओं (मिलुहा) में दासों द्वारा निर्मित माल मेसोपोटामिया को निर्यात किया जाता था। इससे प्रमाणित होता है कि दासों की संख्या काफी बड़ी थी और यदि उस समय मानव बलि दी जाती थी तो इसका शिकार दास ही होते होंगे।

उस समय की सामाजिक संरचना के बारे में कुछ और भी सन्दर्भ खोजे जा सकते हैं। शहरों का अस्तित्व तभी कायम रह सकता था जब गाँवों पर भारी टैक्स लगाए जाते। हम कल्पना कर सकते हैं कि इस प्रकार कर (टैक्स) वसूली स्थानीय अधिपतियों के द्वारा होती होगी जो स्वयं भी साधन-सम्पन्न होंगे। कराची के समीप स्थापित एक छोटी ग्रामीण संरचना अल्लाहदीनो (आबादी का क्षेत्रफल 1.40 हेक्टेअर) में सोने के टुकड़े और आभूषण, चाँदी और चाँदी के गहने और गोमेद पत्थर के मनके, एक जार में भरे हुए प्राप्त हुए हैं। इससे प्रमाणित होता है कि स्थानीय अधिपतियों के पास भी काफी धन-सम्पत्ति थी।

प्रचुर मात्रा में मुहरों का मिलना प्रमाणित करता है कि व्यक्तिगत सम्पत्ति रखने की अवधारणा व्यापक रूप से थी और कोई भी सम्पत्तिवान व्यक्ति अपनी सम्पत्ति की पहचान के लिए एक मुहर को आवश्यक समझता था। लोथल के माल गोदाम में मिट्टी के कपों पर मुहर के चिह्न मिले हैं और वाणिज्यिक सामग्री से भरे मिट्टी के सील बन्द जारों पर मालिक की मुहर होना, व्यापारियों के मुहर बन्द माल को ले जाने की प्रक्रिया को प्रदर्शित करता है। सर्वाधिक मुहरें मात्र दो शहरों, मोहनजोदड़ो और हड़प्पा से प्राप्त हुई हैं। 1977 में प्रकाशित माहदेवन का संकलन दर्शाता है कि 68 प्रतिशत मुहरें मोहनजोदड़ो से और 19 प्रतिशत हड़प्पा से प्राप्त हुई हैं। यह तथ्य स्वयं यह संकेत देता है कि आवश्यक मुहर के निशानवाली चल सम्पत्ति शहरों में ही घनीभूत थी। यदि मुहर पर चित्रित पशु का विशेष चिह्न किसी जाति का चिह्न (टोटम) है तो यह प्रमाणित करता है कि सिन्धु समाज के उच्च वर्गों में जाति व्यवस्था दृढ़ता से स्थापित थी।

इस प्रकार के सम्पत्तिवान लोगों में व्यापारियों का होना कोई सम्भावना मात्र नहीं है बल्कि लोथल में प्राप्त मुहरबन्द सामग्री से यह प्रमाणित भी होता है। यदि मोहनजोदड़ो में मिले एक घर को व्हीलर द्वारा मन्दिर चिह्नित करना सही है तो एक सींगवाला पशु अंकित मुहर और वहाँ प्राप्त अन्य मुहरें भी किसी धर्माचार्य की होनी चाहिए। यद्यपि यह सुनिश्चित नहीं है परन्तु इसकी पूरी सम्भावना है कि वहाँ पर ‘राजकीय’ धर्म का पालन करनेवाला सम्पत्तिवान धर्माचार्यों का एक वर्ग था। इसका वर्णन हम पहले अध्याय 2.6 में कर चुके हैं।

अन्ततोगत्वा मुहरों के मालिक सबसे शक्तिशाली लोग शासक वर्ग के ही थे। पारपोला ने मोहनजोदड़ो और हड़प्पा से प्राप्त ताँबे के हथियारों और अन्य सामग्री के

दो जखीरों की ओर ध्यान आकर्षित किया है। वहाँ पर प्राप्त कुल्हाड़ी के दो ब्लेडों पर सात संकेतों (करेक्टर) का रेखांकन है जो अन्य स्थानों पर प्राप्त मुहरों से मेल खाता है, और दूसरी एक टेढ़ी कटार और कुल्हाड़ी का ब्लेड है जिस पर तीन संकेत चिह्न खुदे हैं। इन सामानों का मालिक सम्भवत: जिसका नाम और टाइटिल इस पर खुदा है, वह निश्चय ही सम्पत्तिवान व्यक्ति होगा और स्वयं इसके द्वारा या उसके अनुचरों द्वारा इन हथियारों का प्रयोग किया जाता होगा।

उपरलिखित प्रमाणों और हमारे द्वारा सिन्धु सभ्यता की अर्थव्यवस्था के बारे में दी गई जानकारी (देखें 2.2, 2.3 और 2.5 ऊपर) के आधार पर हम कह सकते हैं कि यह एक पूर्णत: विकसित वर्ग समाज था जिसमें किसान, पशुपालक, खानाबदोश, दास, शहरी गरीब, शिल्पकार, व्यापारी, धर्माचार्य या पुजारी और अपने आधीनस्थ योद्धाओं, मुंशी और दासों सहित शासक मौजूद थे।

अब हमारा ध्यान इस समाज को एक साथ रखनेवाली राज्य सत्ता की प्रकृति की ओर जाता है। इसे समझने के लिए सिन्धु सभ्यता के दो प्रमुख पहलुओं को अवश्य ही दिमाग में रखना चाहिए।

(1) राज्य नियंत्रण की सूक्ष्म दृष्टि। सीधी सड़कों, दीवारों से घिरा हुआ किला और लोअर टाउन और सड़कों पर अतिक्रमण पर रोक। सड़कों के किनारे नालियों और पानी निकासी की व्यवस्था आदि के साथ जिस प्रकार योजनाबद्ध तरीके से शहर बसाया गया था, वह सिन्धु सभ्यता के प्रमुख शहरों में एक उच्चकोटि के प्रशासकीय नियंत्रण को दर्शाता है। यह व्यस्था करीब 500 वर्ष कायम रही और जब ध्वस्त हो गई तो हड़प्पा की तरह पुनर्निर्मित भी की गई। शहरों के इस आकार के आधार पर गाँवों पर भी इसी प्रकार के अप्रत्यक्ष नियंत्रण को समझा जा सकता है। किसानों पर कठोर नियंत्रण और टैक्स के रूप में किसानों द्वारा उत्पादित अतिरिक्त अनाज के बड़े भाग को वसूले बगैर शहरी आबादी के लिए वस्त्र और अनाज की व्यवस्था करना अकल्पनीय है।

(2) एक संस्थागत एकरूपता, जो कि केवल एक केन्द्रीय नियंत्रण के द्वारा ही सम्भव थी। इस प्रकार की एकरूपता शहरों की एक समान योजना और म्युनिसिपलिटी के प्रशासन में दिखती है। एक मानक सिन्धु लिपि और नाप-तौल की एक समान प्रणाली, विभिन्न प्रकार की मुहरों का प्रयोग, मिट्टी के बर्तनों में एक समान स्टाइल और पकाई गई पक्की ईंटों का एक मानक साइज होना। इन सब व्यावहारिक पहलुओं या सांस्कृतिक लक्षणों के साथ सिन्धु घाटी के एक भाग में लगभग 600 वर्ष ईसा पूर्व इसका विकास हुआ और यह सौ वर्ष में पूरी सिन्धु घाटी में और गुजरात के कुछ भाग में फैल गया (देखें अध्याय 1.4)। इस प्रकार के विस्तार का एकमात्र तर्कसंगत घटक विजय है। हम कल्पना कर सकते हैं कि केन्द्रीय इलाके की सत्ता जिसमें बुनियादी रूप से यह गुण विद्यमान थे उसने अन्य क्षेत्रों को एक के बाद

एक अपने आधीन बना लिया, हर स्थान पर विभिन्न क्षेत्रों में विजेताओं ने अपने दृष्टिकोण के अनुसार शहरों का निर्माण किया और उपयोगी माल तथा विलासिता की सामग्री की अपनी आवश्यकता को विजित जनता पर थोप दिया।

इस प्रकार एक 'सिन्धु साम्राज्य' की स्थापना हो सकती थी। हालाँकि ऐसा सम्भव करने के लिए विजय हासिल करने और विजित जनता को अपने आधीन बनाए रखने के लिए मूल सिन्धु राज्य के पास सशस्त्र संसाधन चाहिए थे। भाले से (चित्र 2.23) और तीर कमान से (चित्र 2.24) लड़ने के प्रमाण मुहरों से मिले हैं। ताँबे के बने कुल्हाड़ी के ब्लेड प्रचुरता से प्राप्त हुए हैं। काँसे के अस्त्र-शस्त्र का निर्माण विशेष रूप से शहरों तक सीमित था। यह हथियार तीर-धनुष और मिजाइल के रूप में पत्थर फेंकनेवाले योद्धाओं पर निर्णायक साबित हो सकते थे। हल्की बैल गाड़ी को भी नजरंदाज नहीं किया जा सकता। घोड़े द्वारा खींचे जानेवाले रथ के पूर्व बैलगाड़ी ही तेज गति से दौड़ाई जा सकती थी और बैलोंवाले रथ से किया गया हमला पैदल सेना को तितर-बितर कर सकता था और अन्त में सिन्धु सभ्यता के शहरों के चारों ओर सुरक्षा की दीवार और किले, आदिकालीन विरोधियों के अचानक हमले से इनकी रक्षा करने के लिए पर्याप्त थे। इन प्रमाणों को ध्यान में रखते हुए इस विचार का समर्थन नहीं किया जा सकता कि सिन्धु राज्य के पास अपनी सत्ता कायम रखने के लिए पर्याप्त सैनिक शक्ति नहीं थी और इसलिए अपनी लोकप्रियता सुनिश्चित करने के लिए वह धर्माचार्यों के वर्ग और धार्मिक परम्पराओं पर निर्भर था। इसके बावजूद धर्म ने सिन्धु सत्ता के अधीन लोगों के मस्तिष्क में उसकी सत्ता को स्थापित करने में सहायता ही की होगी।

चित्र 2.23 : दो योद्धा एक-दूसरे पर भाले से प्रहार करते हुए, एक महिला उनको रोकती हुई, बाघ के शरीरवाली देवी देख रही हैं। कालीबंगान से प्राप्त बेलनाकार मुहर का चिह्न (ए. पारपोला के बाद)

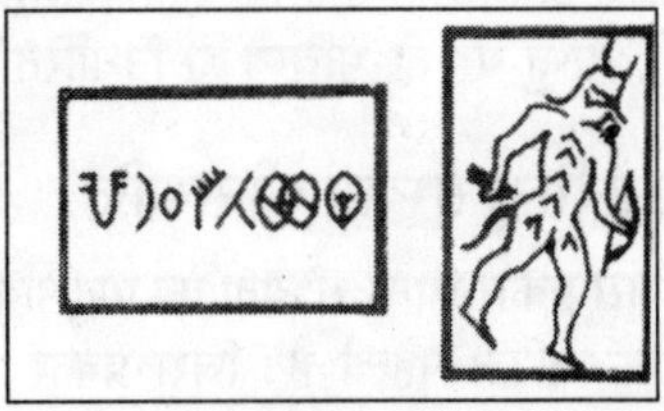

चित्र 2.24 : ताँबे की लघु पट्टिका पर, तीर-धनुष के साथ मनुष्य, मोहनजोदड़ो (ए. पारपोला के बाद)

जब सिन्धु सभ्यता की अपनी एक राज्य सत्ता थी तो इसका राजनीतिक इतिहास अवश्य होगा। जैसा कि हमने पहले संकेत दिया है (देखें अध्याय 1.4) कि सिन्धु सभ्यता के एक बड़े भाग पर पहले विजय हासिल की गई थी और कुछ समय तक यह केन्द्रित 'साम्राज्य' बना रहा। इसके बाद ,यह दो या इससे अधिक

हिस्सों में विभक्त हो गया और प्रत्येक एक अलग राजवंश के रूप में स्थापित हुआ। परन्तु यह सभी राजवंश उसी सांस्कृतिक परम्परा और अभिशासन में निष्ठा रखते थे। यह कहना उचित होगा कि मोहनजोदड़ो राजधानी थी और हड़प्पा, गनवेरीवाला, लखमीरवाला, और धौलावीरा प्रान्तीय पीठ या गद्दियाँ थीं जो कालान्तर में व्यावहारिक रूप से स्वायत्त हो गईं। दूसरी तरफ यह समझना काफी कठिन है कि ईरान–पाकिस्तान के सीमावर्ती क्षेत्र में किलेबन्द सुतकागेन–दौर की बस्ती किसी आवश्यक इच्छाशक्ति और साधनोंवाली राज्य सत्ता के बगैर इतने लम्बे समय तक, किस प्रकार कायम रही और इसका रख–रखाव किस प्रकार होता था। किसी सीमावर्ती क्षेत्र के एक छोटे साम्राज्य की स्वायत्तीकृत सत्ता की बहुत कम सम्भावना है।

दुर्भाग्य से हम लोग सिन्धु की राज सत्ता के बारे में मुश्किल से ही कुछ वर्णन कर सकते हैं। हम निश्चित रूप से यह नहीं कह सकते कि इसके विस्तार से पूर्व इसकी राजधानी कहाँ थी। सम्भव है कि इसकी राजधानी मोहनजोदड़ो या हड़प्पा रही हो। विभिन्न भूखंडों में प्राप्त 'किले' अनेक प्रान्तीक शहरों में 'सिंहासन की सत्ता' के उत्तराधिकार का संकेत देते हैं परन्तु यह ज्ञात नहीं है कि सत्ता का नियंत्रण किस माध्यम से होता था। सिन्धु राज सम्भवत: राजतंत्र था (और बाद में यह विभाजित राजतंत्र हुआ) परन्तु हम कुल तंत्र के अस्तित्व को एकदम नकार नहीं सकते। इस प्रकार की राजसत्ता के राजा या सम्राट के उपयुक्त स्मारकीय बिल्डिंग (महल, या मकबरा आदि) को अभी भी खोजना है। सम्भवत: जब कभी सिन्धु लिपि की लेखकीय व्याख्या होगी तो, सिन्धु राज सत्ता के तंत्र की कुछ जानकारी प्राप्त होगी, यहाँ तक कि इसके शासक और उपशासकों के नाम भी ज्ञात हो सकते हैं, परन्तु यह तो भविष्य ही निर्धारित करेगा।

2.8 सिन्धु सभ्यता की समाप्ति

जिस प्रकार सिन्धु सभ्यता का प्रादुर्भाव एक पहेली है उसी प्रकार इसकी समाप्ति भी एक जटिल पहेली है। जिस प्रकार आरम्भिक सिन्धु सभ्यता से पूर्ववर्ती अनेक आवश्यक पहलुओं का पूर्वानुमान या अनुमान नहीं लग सका ऐसा प्रतीत होता है कि इसी प्रकार इसकी समाप्ति पर इसकी अनेक विशेषताएँ व्यवहारत: उतनी ही तीव्रता से खत्म हो गईं। सर्वप्रथम 2000 वर्ष ईसा पूर्व समाप्त हुए शहर और कस्बों की अभी तक खोज नहीं हो सकी है। मोहनजोदड़ो, हड़प्पा और लोथल जैसे स्थलों पर प्रशासनिक क्षरण के चिह्न मिलते हैं जैसे मोहनजोदड़ो में निजी निर्माण द्वारा सड़कों पर अतिक्रमण, जल निकासी की व्यवस्था धीरे–धीरे अदृश्य होती जा रही थी और घरों को बिलकुल छोटे–छोटे भागों में विभाजित और उपविभाजित किया गया था। कालीबंगान और बनावाली ऐसे अनेक अन्य कस्बों में तो परित्यक्तता बड़ी तीव्रता

से अचानक ही आ गई। सम्पूर्ण सिन्धु घाटी में उत्तराधिकार की संस्कृतिवाला एक भी राज नहीं मिला है (न तो सिन्धु सभ्यता से पूर्व का और ना ही बाद का)। बहावलपुर जिले के कुदवाला थेर की शव भूमि-एच के स्थल से काफी अलग 40 हेक्टअर से कम एक अधिवासित क्षेत्र है। किसी भी शहर में सड़क और पानी की निकासी के सम्बन्ध में शहर की प्लानिंग के कोई साक्ष्य नहीं मिलते। पक्की ईंटें सिन्धु से गायब होती गईं और बर्तनों के टूटे हिस्सों पर लगा ग्रेफाइट तेजी से अप्राप्य हो रहा है। मुहरों और लघुपट्टिकाओं पर चित्रित पवित्र पशुओं और देवी-देवताओं की मूर्तियाँ और लघुचित्र बिलकुल गायब हो गए हैं, यहाँ तक कि गुजरात से भी जहाँ पर सिन्धु संकेतों के साथ मुहरों का निर्माण काफी समय तक जारी रहा। टेराकोटा की विशेष लघुमूर्तियाँ, विशेष रूप से सिन्धु की मातृदेवी की मूर्तियाँ अब एक भी नहीं है। मृतकों को दफनाने के व्यवहार में तीव्र परिवर्तन हुआ, इसलिए धार्मिक विश्वास में रेडिकल परिवर्तन का अनुमान किया जा सकता है। सेलखड़ी को काटना, और पत्थर के बर्तन बनाना या सोच-समझकर ताँबे के साथ टिन का मिश्रण कर मिश्रधातु (काँसे) का निर्माण अब पूर्णतः समाप्त हो गया। सिन्धु सभ्यता के बाटों का अब कोई इस्तेमाल नहीं होता। सिन्धु सभ्यता के विशेष चिकनी मिट्टी के बर्तनों का स्थान अधिक खुरदरे और साधारण बर्तनों ने ले लिया (बाद की सिन्धु सभ्यता के क्षेत्रीय वर्णन के लिए देखें अध्याय 3.2)।

इस प्रकार गैर-शहरी परिस्थितियों और अशिक्षा, धर्म में परिवर्तन, और शिल्पकारी में विशाल मात्रात्मक और गुणात्मक अन्तर्विरोध के साथ यह परिवर्तन एक पुनरावर्तन के रूप में आया। आगामी सभी संस्कृतियों में सिन्धु सभ्यता के अवशेष बहुत ही अल्प और गौण लक्षणों के रूप में हैं और यह भी बहुत ही जल्द इस परिदृश्य को छोड़ देते हैं।

इतने व्यापक स्तर पर सिन्धु घाटी की सभ्यता के विलुप्त होने के कारणों का पता लगाने के लिए अनेक बिन्दु सुझाए गए हैं। इन कारणों में भूकम्प से आई बाढ़ के निशानों का उल्लेख किया गया है। सिन्धु नदी के समीप के स्थल मोहनजोदड़ो और चान्हूदारो में उत्खननकर्ताओं ने विभिन्न समय के बाढ़ के निशानों का उल्लेख किया है और ऐसा ही गुजरात की नदी साबरमती और मोगावा के पास स्थित लोथल स्थल के बारे में उल्लिखित है। परन्तु यह प्रस्थापना कि कभी इतनी व्यापक और भयावह बाढ़ आई थी कि उसने पंजाब, सिन्धु और गुजरात में एक साथ शहरों को तहस-नहस कर दिया, विश्लेषक की श्रद्धालुता पर अविश्वास उत्पन्न करती है। इस प्रस्थापना के समर्थन में प्रस्तुत किए गए साक्ष्यों का एच.टी. लैंब्रिक ने बड़ी मेहनत और सावधानी से खंडन किया है। ठीक इसके विपरीत गुरदीप सिंह द्वारा निरन्तर बढ़ती जलशून्यता का सिद्धान्त प्रतिपादित किया गया है। उनके द्वारा उत्तरी राजस्थान की एक खारी झील से पराग के नमूने पर किए गए काम से यह दावा

किया गया है कि लगभग 2230 वर्ष ईसा पूर्व, एक वर्षा काल आया, इससे पूर्व निरन्तर कम वर्षा के कारण सरस्वती (गलती से घग्गर–हाकरा नदी को सरस्वती का नाम दिया है) सूख गई थी। ऐसी कल्पना की गई है कि इससे व्यापक स्तर पर प्राकृतिक तबाही हुई, इसने सिन्धु के भूभाग और घग्गर–हाकरा घाटी को अपनी चपेट में ले लिया और फिर यह सभ्यता पुनरुज्जीवित नहीं हो सकी। वी.एन. मिश्रा के इसी शोध पत्र के एक अन्य संस्करण में कहा गया है कि कम वर्षा के कारण नहीं बल्कि यमुना और सतलज ने घग्गर नदी को छोड़ दिया था जो सम्भवत: घग्गर–हाकरा नदी की सहायक नदियाँ थीं। परिणामस्वरूप घग्गर–हाकरा नदी सूख गई। (इस कल्पना के बारे में देखें 'प्रागैतिहास', नोट 3.1) राजस्थान की झीलों पर किए गए एक शोध में इन दोनों प्रस्थापनाओं को खंडित किया गया है और कहा गया है कि इस बड़े विनाश के लिए किसी भी प्रकार के जलशून्यता के काल या अति वर्षा के समय को चिह्नित नहीं किया जा सकता (जैसे पंचपद्र और थोब की घाटी) या वर्तमान समय का सूखा वास्तव में 4200 वर्ष ईसा पूर्व से चला आ रहा है (इस प्रकार के साक्ष्य लुंकारासर घाटी से मिलते हैं, जो 3500 वर्ष ईसा पूर्व से ही पूर्णत: सूखी है)। यदि कम वर्षा हुई या घग्गर–हाकरा नदी ने किसी भी समय बहुत विशाल रूप धारण कर लिया हो तब भी यह दोनों घटनाएँ सिन्धु सभ्यता से बहुत पहले की हैं और सिन्धु सभ्यता की समाप्ति में इनकी कोई भूमिका नहीं है।

डब्लू.ए. फेजरविस ने प्राकृतिक तबाही के तर्क के स्थान पर इसे मनुष्य द्वारा उत्पन्न तबाही बताया और कहा कि सिन्धु सभ्यता के लोगों ने जमीन को बहुत जोता, बहुत अधिक जानवरों को चराया, जंगलों को काटा और अन्त में वह भूमि वहाँ की जनसंख्या का, विशेषकर शहरी जनसंख्या का बोझ नहीं उठा सकी। हम लोगों ने देखा है कि सिन्धु सभ्यता की जनसंख्या का घनत्व मात्र 6 व्यक्ति प्रति वर्ग किलोमीटर था। और इस आधार पर यह कल्पना करना बहुत कठिन है कि इतनी कम जनसंख्या के लोगों ने किस प्रकार भूमि का अत्याधिक दोहन किया; लोग केवल एक स्थान से दूसरे स्थान को बदल–बदलकर निवास करते रहे होंगे जैसा कि हम 'झूम' खेती में देखते हैं। एक तर्क यह भी है कि 2000 वर्ष ईसा पूर्व मेसोपोटामिया के साथ व्यापार की समाप्ति के बाद सिन्धु घाटी में व्यापार और उद्योग में इतनी गिरावट आई कि शहर बरबाद हो गए। परन्तु पहली बात यह स्पष्ट नहीं है कि क्या सिन्धु और मेसोपोटामिया के बीच व्यापार इतने बड़े पैमाने पर था कि सिन्धु घाटी के शहरी शिल्प कृत्य का विशाल भाग वहाँ जाता था। दूसरी बात यह है कि पूरे विश्वास के साथ कोई यह भी तर्क पेश कर सकता है कि मेसोपोटामिया के साथ व्यापार समाप्त होने का कारण सिन्धु सभ्यता की शहरी अर्थव्यस्था का धराशायी होना था न कि इसके विपरीत, जैसा पहले कहा गया है।

बहिष्करण (इलिमिनेशन) की प्रक्रिया में हमने राजनीतिक कारकों को छोड़ दिया है, शायद इसी कारक से हमें अपना विश्लेषण प्रारम्भ करना चाहिए। हमने देखा है कि (अध्याय 1.4 में) सिन्धु घाटी में एक प्रारम्भिक मूल राज सत्ता (कोर-स्टेट) के केन्द्र द्वारा विजय हासिल किए बगैर सिन्धु सभ्यता का इतना विस्तार न हुआ होता और ना ही यह अपनी विशेषताओं को इतने व्यापक स्तर पर लागू कर पाती। यह भी स्पष्ट है कि सिन्धु की राजसत्ता या सत्ताओं द्वारा ग्रामीण समुदाय पर भारी टैक्स लगाए बगैर सिन्धु के शहरों का अस्तित्व में रहना सम्भव नहीं था। यदि राजसत्ता की यह शक्ति किसी भी प्रकार से चाहे शासक वर्गों के आन्तरिक मतभेद के कारण या सापेक्ष रूप से सशस्त्र शक्तियों की स्थिति में परिवर्तन के कारण (जैसे ग्रामीण सरदारों और समुदायों में ताँबे के हथियारों और बैलों से चालित रथों का विस्तार होने से) शहरों को वह टैक्स नहीं प्राप्त हो सका जिसके आधार पर शासक, व्यापारी, कारीगर और शिल्पकार तथा शहर के अन्य लोगों की आजीविका और सम्पन्नता कायम थी। जैसा कि मोहनजोदड़ो, हड़प्पा और लोथल में देखने को मिलता है, उस समय यही प्रशासनिक पतन इसके अन्त समय तक जारी रहा होगा।

सिन्धु 'साम्राज्य' की ऐसी कमजोर और विभाजित स्थिति में इसे ध्वस्त करने के लिए किसी बाहरी कारक से इनकार नहीं किया जा सकता। सिन्धु सभ्यता के पतन के साथ घटित होनेवाली दो घटनाएँ अत्यधिक प्रासंगिक हैं। 2200 वर्ष ईसा पूर्व के ठीक बाद, हेलमैंड सभ्यता जिसकी सुदृढ़ राजसत्ता के अवशेष प्राप्त हैं, शहरे-ए-सोखता और मुंदिगाक ऐसे प्रमुख शहरों में एकाएक यह सत्ता समाप्त हो गई और इन दोनों शहरों का पूणत: परित्याग हो गया (देखें अध्याय 1.2)। यहाँ तक कि सिन्धु सभ्यता की निकटतस्थ बची हुई कोट-डिजी सभ्यता जो अर्धशहरी व्यवस्था के रूप में रेहमान ढेरी (19 हेक्टेअर) में थी (देखें अध्याय 1.3) वह भी लगभग 2000 वर्ष ईसा पूर्व समाप्त हो गई और इसकी अनेक बस्तियों में से काफी सम्पन्न गुमला और रानाघुंडई की बस्तियाँ भी हिंसा का शिकार हुईं और तबाह हो गईं, इसके अवशेष पुरातत्व के रिकार्ड में मौजूद हैं। इसी प्रकार की आगजनी के अवशेष नाल के कुल्ली संस्कृति के स्थल से और सिन्धु सीमा पर स्थित डाबरकोट से भी प्राप्त हुए हैं। इससे अनिवार्य रूप से यह अर्थ निकलता है कि पश्चिम दिशा से आक्रमण हुए थे जिनमें हमलावरों ने सर्वप्रथम हेलमैंड सभ्यता का और अन्त में सिन्धु सभ्यता का विध्वंश कर दिया।

सिन्धु सभ्यता के अन्तर्गत आनेवाले मोहनजोदड़ो के अन्तिम काल में भी हिंसा के प्रमाण मिले हैं। वहाँ भी बहुत ही अस्वाभाविक स्थिति में पड़े हुए 38 कंकाल मिले हैं। यह कंकाल अलग-अलग घरों में और सड़कों पर अकेले और समूहों के रूप में पड़े मिले हैं, यह संकेत देता है कि वे (समय के एक अन्तराल

में) हमलावरों या लुटेरों के हमले का शिकार हुए थे। इस निष्कर्ष की बहुत आलोचना हुई परन्तु कोई समझाने योग्य वैकल्पिक हल नहीं प्रस्तुत किया गया है। हड़प्पा की शवभूमि-एच की संस्कृति के बलात प्रवेश के प्रमाणों के आधार पर व्हीलर ने प्रतिपादित किया कि सिन्धु सभ्यता पर आक्रमणकर्ताओं ने पश्चिम से हमला किया था। आज हमें हेलमैंड शहरों और कोट-डिजी की बस्तियों के बारे में जो जानकारी है उससे व्हीलर के इस तर्क को और अधिक बल मिलता है। हालाँकि काल निर्धारण की उन्नत विद्या की रोशनी में उसका यह अनुमान प्रतिपादनीय नहीं है कि आक्रमणकर्ता वैदिक आर्य थे। आज बड़ी संख्या में कार्बन विधि से अनुसंशोधित (कार्बन डेटेड) काल निर्धारण उपलब्ध है। सिन्धु सभ्यता के केन्द्रीय क्षेत्र में इसकी समाप्ति का समय 1900 वर्ष ईसा पूर्व के बाद नहीं हो सकता और यहाँ समय ऋग्वेद के प्राचीनतम तत्त्वों से बहुत पहले 400 वर्ष पूर्व है; ऋग्वेद सबसे प्राचीन वैदिक कृति है (देखें नोट 2.2)। आक्रमणकर्ता या उनमें से कुछ तो 'पूर्व-वैदिक आर्य' थे क्योंकि वे आदिम आर्यों की बोली बोलनेवाले थे, (इसी से ऋग्वेद की भाषा विकसित हुई) यह असम्भव नहीं है और इसे प्रमाणित किया जा सकता है। शव भूमि-एच के लोगों द्वारा और जुखार सभ्यता के लोगों द्वारा जो भाषा बोली जाती थी, और जो पंजाब और सिन्ध में सिन्धु सभ्यता के ठीक बाद फलीभूत हुई, हमारे लिए एक बन्द किताब है। इन संस्कृतियों पर काम करनेवाले लेखकों ने कोई भी ऐसा प्रमाण नहीं दिया है (जैसे घोड़े की उपस्थिति) जिसके आधार पर हम आर्यों (इंडो-ईरानी) के काल से सम्बन्ध स्थापित कर सकें (अध्याय 3.4 भी देखें)।

सिन्धु सभ्यता की समाप्ति के समय वहाँ के लोगों की स्थिति का वर्णन करना काफी कष्टप्रद है परन्तु इससे बचा भी नहीं जा सकता। जिस प्रकार शहर या कस्बों का परित्याग हो गया था या वे विरोधी तत्त्वों के हाथ में चले गए थे हर शहर के आदमियों की समस्त सम्पत्ति छूट गई होगी। मोहनजोदड़ो में बाद की खुदाई में प्राप्त सामानों के अम्बार, सम्भवत: लोगों द्वारा निजी खजाने को छुपाने का प्रयास है, हालाँकि वह फिर कभी लौटकर नहीं आ सके। आक्रमणकर्ताओं ने इससे कहीं अधिक धन-सम्पति पर कब्जा किया होगा और लोगों को गुलाम बनाया होगा, इसलिए वहाँ के लोगों द्वारा किसी दूसरे स्थान पर पुनः वैसे ही शहरों का निर्माण करने और व्यापार की पुरानी प्रणाली को लागू करने की कोई सम्भावना नहीं रही। हम महाराष्ट्र के अहमद नगर जिले गोदावरी के दक्षिण, दाइमाबाद की सिन्धु बस्तियों के सन्दर्भ से इन बदकिस्मत शरणार्थियों के बारे में कुछ धूमिल संकेत प्राप्त कर सकते हैं। यहाँ 1900-1700 वर्ष ईसा पूर्व सिन्धु के निवासियों ने मिट्टी की ईंट की और मिट्टी की दीवारें बनाईं। इन ईंटों के साइज का अनुपात (1 × 2 × 4) वही था जो सिन्धु सभ्यता में निर्मित ईंटों का था और यह भी सिन्धु के

संकेतोंवाली टेराकोटा की मुहरों का प्रयोग करते थे जो मिट्टी के टुकड़ों पर दिखाई देती है। यह सम्भव है कि अतीत की शहरी परम्पराएँ अब ग्रामीण गरीबों का कर्मकांड बन गए हों। स्पष्ट रूप से उसके द्वारा सुरक्षित रखी गईं काँसे की अति सुन्दर चार लघु मुर्तियाँ हैं। इनमें से एक सारथी सहित दो बैलों द्वारा खींचा जा रहा एक रथ है (चित्र 2.25) और अन्य तीन एक हाथी, गैंडा और भैंसे की मूर्तियाँ हैं। यह सभी जानवरों के चित्र यहाँ भी सिन्धु सभ्यता की मुहरों पर रेखांकित हैं। यह चारों काँसे की लघुमूर्तियाँ बस्ती से दूर एक स्थान पर जमीन में गाड़ दी गई

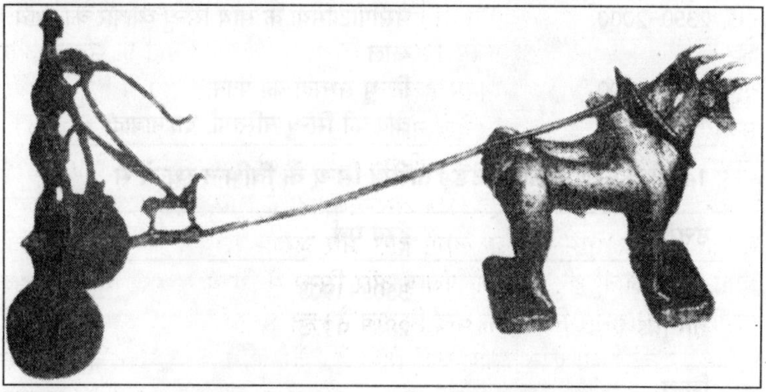

चित्र 2.25 : सारथी सहित काँसे का रथ, दाइमाबाद (एस.ए. साली के बाद)

थीं, परन्तु स्पष्ट रूप से यह मूर्तियाँ उनके द्वारा (विस्थापितों द्वारा) सिन्धु सभ्यता के अपने घरों से, यदि बहुत दूर से नहीं तो सम्भवतः समीप के गुजरात से लाई गई होंगी।

अत्यधिक टैक्स वसूलनेवाली सिन्धु राजसत्ता जब समाप्त हो गई होगी तो ग्रामीण जनसंख्या में कुछ वृद्धि हुई होगी। परन्तु इसके बाद के समय में मुख्य सिन्धु घाटी में, चाहे यह सिन्धु हो या पश्चिमी पंजाब, यहाँ जनसंख्या बहुत दूर-दूर और कुछ ग्रामीण बस्तियाँ ही मिली हैं। बहावलपुर के रेगिस्तान (चोलिस्तान) में एम.आर. मुगल ने अपने सर्वेक्षण में यह तथ्य उजागर किया है कि परिपक्व सिन्धु काल के 174 स्थलों में केवल 50 स्थल उत्तरवर्ती शवभूमि-एच की संस्कृति के हैं। शवभूमि-एच की समयावधि कम होने के कारण आंशिक रूप से ऐसा हो सकता है, परन्तु यह वास्तव में जनसंख्या के संकुचन को ही प्रदर्शित करता है। दूसरी तरफ पूर्वी पंजाब, हरियाणा और ऊपरी दोआब और सौराष्ट्र में (देखें अध्याय 3.2) बस्तियों की आबादी अधिक हो गई थी। सभ्यता के अन्त के समय उसके आँकड़ों पर जन्म-मृत्यु दर का प्रभाव भौगोलिक रूप से असमान हो सकता है, परन्तु स्थानीय जनसंख्या की

कमी और सम्भवत: पूर्व की ओर सतलज यमुना के जलविभाजक स्थल की ओर विस्थापन भारी जनहानि के बगैर नहीं हो सकता था।

सारणी 2:1 सिन्धु सभ्यता का कालानुक्रम

ईसा पूर्व	
2600–2500	सिन्धु सभ्यता की स्थापना और विस्तार
2500–2200	सिन्धु सभ्यता का मुख्य या परिपक्व काल
2350–2000	मेसोपोटामिया के साथ सिन्धु व्यापार का मुख्य काल
2000–1900	सिन्धु सभ्यता का पतन
1900–1700	बाद की सिन्धु बस्तियाँ, दाइमाबाद

14 सी का रेंज (कैलीब्रेटेड) तारीखें सिन्धु के विभिन्न स्थलों से

उत्तरी	**ईसा पूर्व**
हड़प्पा	3508–1905
शोरतुघई	2865–1975
सिन्धु	
जुकार	3660–3140
मोहनजोदड़ो	2650–1975
अल्लह दीनो	2550–2125
बलूचिस्तान	
बाला कोट	2890–2225
नौशारो	2865–2525
उत्तर पूर्व	
कालीबंगान	2875–1240
बनावली	2560–1250
मिताथल	2435–1860
गुजरात	
सुरकोटाडा	2940–1700

रोजदी	2680–1850
लोथल	2655–1570

नोट—बहुत पुरानी तारीखों को नहीं लिखा गया है।

नोट—2.1 सिन्धु लिपि

सिन्धु लिपि की प्रकृति को समझने के लिए (ऊपर 2.6 में वर्णित) हम प्राचीन काल में लिपि विकास सम्बन्धी कुछ प्रारम्भिक तथ्यों पर विचार करते हैं। हम कल्पना कर सकते हैं कि पहले यहाँ पर सन्देश केवल मौखिक रूप से संचारित होते थे, और फिर टेढ़े-मेढे चिह्नों के द्वारा सन्देश भेजना प्रारम्भ हुआ। एक कबीले के सरदार द्वारा अपने लोगों को एक सामूहिक शिकार के लिए सन्देश भेजने में, सम्भवतः एक सन्देशवाहक को मिट्टी की पट्टिका पर धनुष और तीर का चित्र उकेरकर भेजा जा सकता था, जो इसे देखनेवाले के लिए इसका अर्थ मात्र एक धनुष और तीर नहीं था बल्कि इसका अर्थ था कि 'सरदार ने आनेवाले दिन उनको सामूहिक शिकार के लिए बुलाया है।' यदि इसमें आधे सूरज की किरणें बिखेरते हुए निशान जुड़ा होता तो इसका अर्थ 'जल्दी प्रातः काल आना' होता। इस प्रकार के चित्रात्मक चिह्न या संकेतों को पिक्टोग्राफ्स (या पिक्टोग्राम्स) कहा जाता है। इन दो काल्पनिक उदाहरणों में पिक्टोग्राफ का सन्दर्भ और संकेत बताया है, चित्र में उन्होंने जो कुछ दर्शाया है उसका अर्थ उससे कहीं अधिक विस्तारित होता है। समय आया जब सन्देश भेजने के लिए गैर-चित्रात्मक चिह्नों का प्रयोग होने लगा। इन सन्देशों को चित्रों के द्वारा आसानी से अभिव्यक्त नहीं किया जा सकता था। उदाहरण के लिए एक गुणक चिह्न (क्रास-) का प्रयोग 'तुरन्त आओ' को संचारित करने के लिए हो सकता था। इस प्रकार के चिह्न को आइडिअग्राफ (या आइडिअग्राम) कहा जाता है। लोगोग्राम शब्द में पिक्टोग्राफ और आइडिअग्राफ दोनों शब्द समाहित हो जाते हैं।

चूँकि लोगोग्राम द्वारा शब्दों या वाक्यों दोनों का प्रतिनिधित्व होता है अतः इनका उच्चारण बोली (स्पीच) में होता है। लोगोग्राम, एक विशेष भावना को संचारित करने के साथ-साथ विशेष ध्वनि भी उच्चारित करे अर्थात् उसका एक (फोनेटिक वैल्यू) ध्वन्यात्मक महत्त्व भी होता है। कल्पना कीजिए कि वह भाषा अंग्रेजी थी, और आँख के लिए बनाया गया एक भद्दा सा चित्र 'आँख' 'eye' का पिक्टोग्राफ था। eye (आई) के लिए पिक्टोग्राफ का उच्चारण करने पर सुननेवाले को यह (प्रथम पुरुष-मैं-आई) 'I' भी संचारित कर सकता था क्योंकि अंग्रेजी के दोनों शब्द 'eye' और 'I' होमोफानिक (एक ही सी ध्वनिवाले शब्द) हैं। आँख eye के पिक्टोग्राफ में eye (मैं) का भी भाव हो सकता है। एक अतिरिक्त सम्वेदना (सेंस) के लिए प्रयुक्त लोगोग्राम को इसकी ध्वनि से समझा जा सकता है, इसे चित्र पहेली (रिबास) कहते हैं। अनेक लोगोग्राम एक अक्षर और अक्षरों के समूह

का प्रतिनिधित्व कर सकते हैं। ऐसे लोगोग्राम जो भिन्न अक्षरों की ध्वनि का प्रतिनिधित्व करते हैं, एक साथ मिलकर बिल्कुल भिन्न शब्द निर्मित की सकते हैं। उदाहरण के लिए अंग्रेजी का शब्द idol लें इसके दो शब्दांश हैं i-dol; दूसरे शब्दांश को dull (डल) की तरह उच्चारित किया जाता है। मान लीजिए कि शब्द dull को एक विस्मयादि बोधक चिह्न (!) के आइडिआग्राफ से प्रदर्शित किया जाए। इस प्रकार शब्द idol को अब आँख eye के चित्र के साथ dol यानी विस्मयादिबोधक चिह्न के साथ (!) दर्शाया जा सकता है। इस तरह के सम्मिलित चिह्नों को 'लिगट्यूरस' कहते हैं। जब कोई लिपि इस स्तर पर पहुँचती है तो उसे लोगो-सिलेबिक कहते हैं।

मिस्र की भाषा इजिप्टियन के बाद सुमारियन दुनिया की सबसे प्राचीन लिपि है। इसका उद्‌भव 3300 वर्ष ईसा पूर्व हुआ और लम्बी अवधि तक यह लोगो-सिलेबिक लिपि बनी रही और इसमें विभिन्न प्रकार के 1200 चिह्न थे। लेकिन यह संख्या चीनी लिपि के 40,000 करेक्टर से कहीं कम थी जो पूर्णत: आइडिअग्राफिक है। सुमेरियन में चित्रलिपि को और मुक्ताक्षरों को बढ़ाकर आइडिआग्राफ में कमी की जा सकी। जब यह प्रक्रिया पूरी हो जाती है और भाषा पूर्णत: सिलेबिक (अक्षर आधारित) हो जाती है जहाँ पर प्रत्येक चिह्न विशेष रूप से एक अक्षर की ध्वनि का प्रतिनिधित्व करता है जैसे 'आई'...'शोर', 'सन' आदि, तब चिह्नों की संख्या और कम की जा सकती है। पुरानी अकादिअन लिपि (2375 वर्ष ईसा पूर्व से प्रयुक्त) सिलेबिक थी और इसमें 120 चिह्न (ग्राफेमस) थे। (अल्फाबेट-वर्णों का विकास बहुत बाद में हुआ, और तब स्वर और व्यंजन अलग-अलग किए गए, अक्षरों (लेटर्स) की संख्या और घटाई गई; उदाहरण के लिए अंग्रेजी के वर्ण केवल 26 हैं।

सिन्धु लिपि के स्वरूप को इसके चिह्नों की संख्या या करेक्टर से समझा जा सकता है, क्योंकि कुछ करेक्टर में रूप भेद हो सकते हैं या संयोजन हो सकता है परन्तु उनकी ठीक-ठीक संख्या निर्धारित करना कठिन है। लेकिन कुल करेक्टरों की संख्या लगभग 400 है और जो 450 से अधिक नहीं है। यह संख्या दर्शाती है कि यह लिपि उस समय तक पूर्णत: अक्षर सूचक (सिलेबिक) नहीं थी; इसके बावजूद यह लिपि अपने करेक्टरों की संख्या घटाने में सफल रही। ऐसा करने के लिए चित्रलिपि और संयुक्ताक्षरों का व्यापक प्रयोग हुआ। दूसरे शब्दों में कहें तो यह एक अग्रणी लोगो सिलेबिक लिपि थी।

इस प्रकार का निष्कर्ष निकालने का मतलब है कि हमें पिक्टोग्राफ के रूप में जो करेक्टर दिखाई देता है, उसकी अपनी पिक्चर के अतिरिक्त और भी कई अर्थ हो सकते हैं।

सारिणी 2.2 में चिह्न नम्बर 1, 2, 3, 4, और 5 क्रमश: मछली, मनुष्य, बोझा ढोनेवाला (या मजदूर), जार और तीन जार के संकेत प्रदर्शित किए गए हैं। यह मछली का चिह्न वास्तव में मछली को ही दर्शाता है, इसे सिन्धु काल में घड़ियाल द्वारा मछली को खाते हुए चित्र से समझा जा सकता है जहाँ पर मछली को इसी चिह्न से दर्शाया

गया है। मछली का चिह्न एक लघुपट्टिका पर भी चित्रित है। इस चित्र में मछली की आँखें तक दर्शाई गई हैं परन्तु मछली के चित्रों में काफी भिन्नता भी है (सारिणी 2.2 में नम्बर 6, 7, और 8), मछली का चिह्न खुद इतनी बार प्रयुक्त हुआ है कि निश्चित रूप से इसके अलग-अलग मतलब रहे होंगे। वर्तमान में हम देखेंगे कि सिन्धु लिपि की भाषा को पहचानने में इसका उल्लेखनीय अभिप्राय हो सकता है।

अब हम सिन्धु लिपि को समझने के प्रयासों में इस लिपि की दिशा और विभिन्न शिलालेखों में रेखांकित करेक्टर के क्रम को समझने का प्रयास करेंगे ताकि बार-बार प्रयुक्त करेक्टर के ग्रुप को पहचान सकें और लेखन में प्रयुक्त विभिन्न संकेतों की स्थिति को स्थापित किया जा सके।

सिन्धु लिपि में कुछ करेक्टर के क्रम का जो अधिकृत स्थान है वास्तव में वही निर्णायक रूप से उसकी दिशा को स्थापित करता है। इस प्रकार सारिणी 2.2 में दर्शाए गए संकेत नम्बर 9 और 10 एक लाइन के शिलालेख में अक्सर दाहिने किनारे पर मिलते हैं, और नम्बर 11 और 12 बाएँ किनारे पर मिलते हैं। नम्बर 11 कभी भी दाहिने किनारे पर नहीं मिला है। ऐसी भी स्थिति मिलती है कि नम्बर 11 को दूसरी लाइन में कर दिया जाता है। यह तभी सम्भव है जब यह लाइन का आखिरी करेक्टर हो और वाक्य का पहला करेक्टर न हो। मुहरों की छाप में यह देखा गया है कि करेक्टर सामान्यतः बाईं तरफ सघन हो जाते हैं। ऐसा लगता है कि बाईं तरफ आते-आते उत्कीर्णक को उकेरने के लिए स्थान कम पड़ जाता है। इन दोनों मामलों में दाएँ से बाएँ लेखन का निष्कर्ष निकलता है; मुहर में उत्कीर्ण लेखन उलटा होता है, अतः वह बाएँ से दाहिनी ओर लिखा जाता है; परन्तु वास्तविक इच्छित लेखन तो मुहर की छाप में दिखता है जो कि दाहिने से बाईं ओर होता है। कालीबंगान से प्राप्त एक जार पर एक-दूसरे के ऊपर छपे चिह्न भी यही स्थापित करते हैं कि लेखन दाहिने से बाएँ होता था। महादेवन द्वारा रिकार्ड किए गए 3, 4, 6, 3, लाइन के शिलालेखों में (इसमें 190 एक लाइनवाले शिलालेखों की गणना नहीं है) 2, 9, 7, 4, लाइनें दाहिने से बाएँ लिखी गई हैं और केवल 2, 3, 5 लाइनें बाएँ से दाएँ लिखी हैं। अधिकांश शिलालेखों में दूसरी लाइन भी दाहिने से बाएँ लिखी गई है और केवल दस शिलालेखों में दूसरी लाइन का लेखन बाएँ से दाएँ है जबकि पहली लाइन दाहिने से बाएँ लिखी है। इस प्रकार के लेखन को दुतरफा लिखाई कहते हैं। सिन्धु लिपि के लेखन की दिशा का व्यावहारिक रूप से ब्राह्मी लिपि से कोई सम्बन्ध नहीं है। वह ब्राह्मी लिपि से बिलकुल अलग है। केवल इसलिए नहीं कि ब्राह्मी लिपि का उद्भव 1500 वर्ष बाद हुआ और ना ही इसलिए कि ब्राह्मी आवश्यक रूप से वर्णानुक्रमिक थी बल्कि इसलिए भी कि यह बाएँ से दाएँ लिखी जाती थी।

कुछ चिह्नों को दूसरे चिह्नों के सम्बन्ध से व्याख्यायित किया जा सकता है। हमने देखा सारिणी नम्बर 2.2 में चिह्न नम्बर 5 की 'तीन जार' के रूप में व्याख्या

की जा सकती है क्योंकि एक ही चिह्न को तीन बार लिखा गया है; जबकि नम्बर 13 में तीन खड़ी लाइनों के चिह्न जार के चिह्न से पहले चित्रित हैं। आप यह कह सकते हैं कि यह जार को लिखने का एक वैकल्पिक तरीका है। इस प्रकार की खड़ी लाइन के निशान किसी चित्र पत्र में वर्षा को प्रदर्शित नहीं कर सकते, परन्तु संख्या दर्शाने के लिए प्रयुक्त हो सकते हैं। सामान्य रूप से छोटे चिह्नों की संख्या 12 तक होती है, इसलिए बड़ी संख्या को निश्चय ही दूसरी तरफ लिखा जाता होगा। हालाँकि सिन्धु की भार मापने की प्रणाली दशांस की है (यद्यपि युग्मक प्रणाली भी) अत: चिह्न नम्बर 14 को 15 की संख्या पढ़ने का सुझाव है। इसमें नीचे की अर्धचन्द्राकार लाइन दस की संख्या को प्रदर्शित करती है।

कुछ संकेतों (करेक्टरों) की पहचान करने में सन्दर्भ भी मददगार हो सकता है। सारिणी 2.2 में चिह्न नम्बर 15 ग्यारह बार आता है (यह 10 बार प्रारम्भ में या अन्त में आता है)। यह चिह्न चान्हूदारो से प्राप्त मुहर में मिलता है परन्तु और कहीं नहीं मिलता। पारपोला चिह्नित करता है कि यह सिन्धु के अज्ञात स्थान चान्हूदारो को प्रदर्शित करता है। चिह्न नम्बर 9, हर जगह अपनी आरम्भिक स्थिति के अतिरिक्त मोहनजोदड़ो से प्राप्त कुल्हाड़ी के दो ब्लेडों पर अन्त में उत्कीर्ण है, ब्लेडों पर उत्कीर्ण लेख 'मालिकाना' हक प्रदर्शित करता है। एक छतरी के रूप में बना यह चित्र कुछ प्रतिष्ठा को चिह्नित करता है (या दो बार चित्रित किए जाने पर, जैसा इस उत्कीर्ण लेख में है, यह अधिक श्रेष्ठता को प्रदर्शित करता है।)

परन्तु इस सामयिक खोज से आगे जाना घातक होगा। हम इस लिपि से सिन्धु सभ्यता के बारे में जानने के इच्छुक हैं, परन्तु इसके संकेतों (करेक्टर) के बारे में हम जिस सामाजिक, धार्मिक विशेषता और परम्परा को सोचते हैं उसे आरोपित नहीं करेंगे। सिन्धु सभ्यता पर वैदिक या आर्य परिधान ओढ़ाने के विभिन्न प्रयास जारी हैं, सिन्धु लिपि की लेखकीय व्याख्या करने के दावे हो रहे हैं (उदाहरणस्वरूप एस.आर. राव, सुभाष सी. काक, एन. झा और एन.एस. राजाराम) जो कि आपस में मेल नहीं खाते और उनके अनुमान की निरंकुश प्रकृति के कारण नकार दिए गए हैं। यह भी आंशिक सत्य है कि आदिम द्रविड़ ध्वनि के मूल्यों को सम्पूर्ण रूप से सिन्धु लिपि के चिह्नों पर पढ़ने का प्रयास हुआ है (जैसे फादर एच. हरोस और डब्ल्यू.ए. फेयरसविस)। परन्तु आदिम द्रविड़ का मामला भी शायद किसी गुण-दोष के बगैर नहीं है।

आइए हम मछलीवाले चिह्न (सारिणी 2.2 में नम्बर 1 चिह्न) पर वापस आते हैं। जैसा कि हम लोगों ने देखा है, सिन्धु लिपि में यह चिह्न अक्सर प्रयुक्त होता है तो हर बार इसका मतलब मछली नहीं हो सकता। यह ध्यान से देखा गया है कि इसकी सबसे अच्छी व्याख्या इसे मीन शब्द की ध्वनि से उच्चारित किया जाना है, जोकि द्रविड़ भाषा में (और पुनर्निर्मित आदिम या द्रविड़ भाषा) 'मछली', 'चमक' और तारे या 'नक्षत्र' के लिए समध्वनिक शब्द है। मुहरों पर उत्कीर्ण देवताओं के

चित्र में मछली को जो स्थान प्रदान किया गया है, इसके लिए नक्षत्र या तारों का अर्थ, सबसे अधिक उपयोगी है, और सारिणी 2.2 में नम्बर 16 पर चित्रित मुहर के सम्पूर्ण लेख को पारपोला ने 'सात तारे' या 'सात नक्षत्र' या भालुओं के समूह बताया है। मछली शब्द के तदनुरूप ऐसा कोई भी शब्द आदिम-सिन्धु-ईरानी (प्रोटो-इंडो-ईरानियन) भाषा में नहीं है जिसे पुनर्निर्मित प्रारम्भिक 'आर्य' भाषा कहा गया है। पुनः आदिम द्रविड़ भाषा में (प्रोटो-द्रविड़ियन) तीर (कैंपू) एक गैर-पुरुषोचित प्रत्यय के रूप में प्रयोग होता है, यहाँ चिह्न नम्बर 12 को वाक्य के सबसे अन्त तें प्रयुक्त होने के कारण हमारी व्याख्या तर्कसंगत है।

सारिणी 2.2 उत्कृष्ट सिन्धु संकेत (करेक्टर)

1.		मछली
2.		आदमी
3.		बोझा ढोनेवाला / मजदूर
4.		जार
5.		तीन जार
6.		(संकेत नम्बर 1) से भिन्न मछली
7.		(संकेत नम्बर 1) से भिन्न मछली
8.		(संकेत नम्बर 1) से भिन्न मछली
9.		लेख के बिलकुल दाहिने किनारे पर प्राप्त संकेत
10.		बिलकुल बाएँ किनारे पर प्राप्त संकेत
11.		बिलकुल बाएँ किनारे पर प्राप्त संकेत
12.		बिलकुल बाएँ किनारे पर प्राप्त संकेत
13.		तीन जार (नम्बर 5 से तुलना करे)
14.		पन्द्रह?
15.		चान्हूदारो
16.		सात तारे (नक्षत्र) या बड़ा भालू

यह सपना देखा जा रहा है कि एक दिन सुमेरियन या पुरानी अक्कादियन भाषा के सूत्र के साथ सिन्धु लिपि का कोई द्विभाषीय उत्कीर्ण लेख दक्षिण पश्चिम ईरान या इराक में खोजा जाएगा। शायद उस समय हम सिन्धु लिपि के कुछ संकेतों (करेक्टरों) के ध्वन्यात्मक महत्त्व को समझ पाएँगे, जिसके आधार पर हम अन्तिम रूप से सिन्धु लिपि के परिवार को निर्धारित कर सकेंगे। यह सम्बन्ध स्थापित हो

गया तो और गूढ़ लेखकीय व्याख्या करना सम्भव हो जाएगा। इस स्थिति में आई. महादेवन और ए. पारपोला की टीम द्वारा एकत्र और वर्गीकृत की गई विशाल सामग्री इस प्रकार की गूढ़ लेखकीय व्याख्या के परीक्षण और निर्देशन के लिए अपरिहार्य होगी। अभी तो यह केवल हवाई किले बनाना है परन्तु दूसरी लिपियों के साथ अतीत में ऐसा घटित हो चुका है।

नोट—2.2 सिन्धु सभ्यता और ऋग्वेद

1990 के दशक में व्यापक स्तर पर यह दावा पेश किया जाने लगा कि सिन्धु सभ्यता न केवल आर्यों की सभ्यता है, बल्कि वैदिक है या यहाँ तक कि उत्तर वैदिक है। इस दावेदारी को अत्यधिक सरकारी प्रोत्साहन भी मिला। कुछ पेशेवर (प्रोफेशनल) पुरातत्ववेत्ताओं ने जो कुछ पहले कहा था, उसके ठीक प्रतिकूल होते हुए भी इस विचार को गले लगाया। इस बारे में प्रमुख तर्क यह दिया गया कि सिन्धु सभ्यता की प्रमुख विशेषताएँ ऋग्वेद से प्राप्त समाज और संस्कृति के बिलकुल अनुरूप हैं, और ऋग्वेद स्वयं ही आज तक का काफी पुराना ग्रन्थ है ऐसा विश्वास किया जाता है, और सिन्धु सभ्यता के समकालीन या और ठीक से कहा जाए तो 3500 वर्ष ईसा पूर्व काल का है।

सर्वप्रथम हम सिन्धु सभ्यता के बारे में जो कुछ जानते हैं उससे ऋग्वेद की समन्वयशीलता के प्रश्न पर विचार करेंगे। चूँकि ऋग्वेद प्रधानतः एक धार्मिक ग्रन्थ है जिसमें प्रमुखतः देवी-देवताओं की स्तुतियाँ हैं, इसलिए तुलना का निर्णायक क्षेत्र निश्चित रूप से धार्मिक होना चाहिए। हमने पहले ही (देखें 2.6) सार रूप में, सिन्धु सभ्यता के लोगों के धार्मिक विश्वास के बारे में साक्ष्य प्रस्तुत किए हैं। मुहरों और ताँबे की लघुपट्टिकाओं से हमें ज्ञात हुआ है कि सिन्धु सभ्यता के अधिकांश देवी-देवता पशुचित्रात्मक थे, विभिन्न जानवरों के चित्रों से इन्हें प्रदर्शित किया जाता था। इनमें, एक सींगवाले बगैर कन्धेवाले साँड़ का चित्र प्रमुखता से मिलता है। यह एक मिथकीय पशु है, अन्य पशुओं में क्रमशः जंगली साँड़, हाथी, कन्धेवाला साँड़ और गैंडा मिलते हैं। (देखें 2.6) ऋग्वेद के सभी महान देवता अवधारणागत रूप से मानव रूपी हैं (अर्थात् उनको मनुष्य या मनुष्येतर रूप में निरूपित किया गया है) और देवताओं के लिए पशुचित्रात्मकता, व्यवहारतः अनुपस्थित है। ऋग्वेद के अन्तिम चरण के सूक्तोच्चारण में कुत्ते के स्वरूपवाली एक देवी सरमा का सन्दर्भ आता है, परन्तु यहाँ भी विरोधाभास बना रहता है। सिन्धु की मुहरों पर इसके समान एक भी देवता के चिह्न नहीं मिलते और न ही किसी मुहर पर कुत्ते का कोई चित्र मिलता है। इस तथ्य पर ध्यान देना चाहिए कि ऋग्वेद में गाय को अत्यधिक महत्त्व प्रदान किया गया है और एक स्थान पर इसे देवरूप भी प्रदान किया गया है। परन्तु सिन्धु सभ्यता की मुहरों में गाय का एक भी चित्र नहीं मिलता और केवल साँड़ को ही सम्मान मिला है। ऋग्वेद के ऋषियों को उपहार में मिले घोड़े और ऊँट

एक सिरे से गायब हैं, दूसरी तरफ ऋग्वेद में मिथकीय एक सींगवाले साँड़ या हाथी और शेर ऐसे जानवरों के प्रति कोई धार्मिक अनुभूति दिखाई नहीं देती। ऋग्वेद में 'संयुक्त' पशु (शेर का शरीर और बैल के सींगोंवाला रूप या हाथी की सूँड़वाला शरीर) के समान कुछ भी नहीं मिलता। जबकि संयुक्त पशु शरीरवाली आकृतियाँ सिन्धु की मुहरों पर मिलती हैं। सिन्धु के निजी घरों से प्राप्त लघुमूर्तियों में 'मातृदेवी' की अनेक मूर्तियाँ प्राप्त हुई हैं। परन्तु ऋग्वेद में कोई भी स्त्री देवी नहीं मिलती या किसी उर्वर शक्ति से सम्बन्धित कोई धार्मिकता नहीं मिलती। ऋग्वेद की एक भी देवी शेर के शरीरवाली नहीं है जैसाकि सिन्धु की बेलनाकार मुहरों पर मिलती हैं। मृतकों की अन्तिम क्रिया में भी कोई समानता नहीं दिखती। सिन्धु के लोग शव को दफना देते थे और वहाँ शवदाह का एक भी प्रमाण नहीं मिलता। दूसरी तरफ ऋग्वेद में शवदाह अन्तिम क्रिया को 'गैर-शवदाह' (अनग्नि दागघाह Anagni dagdhah)कहा गय. है।

ऐसी अनेक भिन्नताओं के बावजूद कालीबंगान और लोथल से बैलों की हड्डी सहित प्राप्त दो बलिवेदियों और 'अग्नि कुंडों' के प्रमाणों पर और अमरी, बनावली और नागेश्वर से प्राप्त एक-एक 'अग्नि कुंडों' पर जोर दिया गया है। इसे वैदिक युग के साथ सम्बन्ध स्थापित करने के लिए प्रस्तुत किया गया है। पशुओं की बलि चढ़ाना और 'हवन कुंड' को रखना ऋग्वेद की पूजाविधि का एक मुख्य भाग बताया गया है। उत्खननकर्ताओं द्वारा जिस प्रकार पाँच सिन्धु स्थलों का उत्खनन किया गया है और वे इस व्याख्या को प्रस्तुत करने में यदि सही हैं इस पर भी यह स्पष्ट है कि 'अग्नि कुंड' और बलिवेदियाँ केवल स्थानीय परिघटना हैं। इस प्रकार की समान वस्तुएँ सिन्धु सभ्यता के प्रमुख शहर मोहनजोदड़ो और हड़प्पा और इसी प्रकार के अन्य उत्खनन स्थलों पर नहीं मिलतीं। लोथल में इस प्रकार के कथित 'अग्नि कुंड' को दुर्ग में तब स्थापित किया गया जब सिन्धु के मुख्य काल के बाद इसे परित्याग कर दिया गया था और उत्खननकर्ताओं ने यह माना कि यह 'अग्नि कुंड' सिन्धु के अधिकृत धर्म-सम्प्रदाय के नहीं हैं। यह भी स्पष्ट नहीं है कि इनमें से कितने निजी घरों के अन्दर और कितने बाहर से प्राप्त हुए हैं, यह एक या दूसरे प्रकार की भट्ठियाँ भी हो सकती हैं। जो भी हो, यह किसी भी तरह से सिन्धु धर्म के साथ वैदिक सम्बन्ध स्थापित नहीं करता है। सिन्धु सभ्यता की तरह के प्रकृतिवादी धर्म ने अपने आधार पर ही (जैसे जंगलों और झाड़ियों को जलानेवाला, जंगली जानवरों से रक्षा करनेवाला, पका हुआ मुलायम भोजन प्रदान करनेवाला) अग्नि को एक धार्मिक मत के रूप में स्थापित किया होगा।

जहाँ तक बैलों की बलि चढ़ाने की बात है, हम पहले ही बता चुके हैं (देखें 3.6) कि इस सम्बन्ध में सिन्ध में बहुत ही कम, लगभग नगण्य, प्रमाण हैं जिसके आधार पर इसे ऋग्वैदिक धर्म से जोड़ने का दावा जताया जा सके।

आई. महादेवन ने चिह्नित किया है कि सिन्धु की एक मुहर पर चित्रित एक

सींगवाले पशु के सामने रखी 'नांद' ऋग्वेद में वर्णित सोमा फिल्टर की शैली की है। महादेवन स्वयं यह विश्वास करता है कि इस बात से यह प्रमाणित नहीं होता है कि सिन्धु सभ्यता वैदिक थी, परन्तु सोमा की धार्मिकता भारत और ईरान में (जहाँ अवेस्ता में इसे होमा कहते हैं; एस (S) व्यंजन को सामान्य तौर पर एच (H) में उच्चरित किया जाता है) सिन्धु सभ्यता से आई है। यहाँ तक कि इस व्याख्या की अतार्किकता के बावजूद एक सींगवाले पशु (यूनीकार्न) के साथ सम्बद्धता की व्याख्या नहीं हो सकी और ऋग्वेद के साथ इसका सम्बन्ध बहुत ही नाजुक और परिकल्पित है।

वैदिक धर्म के साथ सिन्धु सभ्यता के सम्बन्ध को लेकर व्यापक रूप से की जा रही एक और दावेदारी भी विश्वसनीय नहीं है। मोहनजोदड़ो की एक मुहर पर सींगोंवाले देवता का बैठे हुए चित्र, इस स्थल के प्रथम उत्खननकर्ताओं की याद ताजा करता है, इसे भगवान शिव का पशुपति रूप कहा गया था। वैदिक काल में पशु जानवर को कहते थे। इसमें सभी चौपाए शामिल हैं, परन्तु शिव को पशुपति कहने के सन्दर्भ में यह शब्द जानवरों के बारे में विशेष आशय दर्शाता है। हालाँकि सिन्धु की मुहर पर रेखांकित देवता जानवरों से नहीं बल्कि जंगली पशुओं से घिरा है। जिस प्रकार से देवता दोनों तलुओं को मिलाकर, आसन मारकर बैठे हैं उसकी तुलना 'योगी' की स्थिति से की गई है। परन्तु ए. पारपोला ने दर्शाया है कि सिन्धु की मुहरों पर यह बैठने की मुद्रा और टेराकोटा की लघुपट्टिकाओं (टैबलेट्स) पर यह चित्र सूसा (3000–2750 वर्ष ईसा पूर्व) के प्रोटोइलेमाइट की मुहर पर बने कन्धेवाले बैल देवता के चित्र से लिया गया है और इसलिए इसकी किसी 'योगी' परम्परा से कोई सगोत्रता नहीं है। योग का अभ्यास और शिव के अनेक धार्मिक मतों का स्वयं ही सत्यापन दो सौ वर्ष ईसा पूर्व से पहले नहीं होता, इसलिए सिन्धु सभ्यता जो करीब 1800 वर्ष पूर्व विलुप्त हो गई उससे इसका कोई भी सम्बन्ध पूर्णतः अविश्वसनीय है।

सिन्धु सभ्यता के ऋग्वैदिक होने का दावा करने के पीछे यह कारण है कि ऋग्वेद में नदियों की स्तुति में किसी किताब में सिन्धु घाटी की नदियों के नामों का उल्लेख है। इसे ही आर्यों का मूल कहा जा रहा है। यह तर्क दिया जाता है कि क्या सिन्धु सभ्यता ऋग्वेद से पूर्ववर्ती थी और गैर-आर्य थी। यह अनुमान है कि जब भाषा बदलती है तो भी नदियों के नाम नहीं बदलते परन्तु आप आसानी से देख सकते हैं कि हमेशा ही ऐसा नहीं होता। हमारे पड़ोस में ही काराकोरम रेंज के उत्तर तारिम घाटी में टर्किश भाषा का प्रारम्भ छठी शताब्दी में हुआ और नौवीं शताब्दी तक वह पूर्णतः स्थापित नहीं हो सकी। इसके बावजूद व्यावहारिक रूप से सभी नदियों के टर्किश नाम हो गए जैसे—युरयुंग काश, कारा काश, किजिल सू आदि। वहाँ नदियों के पुराने नाम साका, सोगदियाँ और तोचारियन भाषा में नहीं मिलते। यह सभी भाषाएँ इंडो-यूरोपियन परिवार की हैं। कोई भी यह आशा कर सकता है

कि इसी प्रकार की प्रक्रिया में जब सिन्धु घाटी में इंडो-आर्यन भाषा स्थापित हुई होगी तो सिन्धु घाटी की नदियों के नामों का भी आर्यीकरण किया गया होगा। इसलिए ऋग्वेद में मिलनेवाले आर्यों द्वारा दिए गए सिन्धु घाटी की नदियों के नाम इसका प्रमाण नहीं हो सकते कि सिन्धु सभ्यता आर्यन या वैदिक थी।

ऋग्वेद के काल का प्रश्न भी महत्त्वपूर्ण है। अन्य ग्रन्थों के काल निर्धारण के साथ-साथ ऋग्वेद के बारे में भी काफी शोध हुआ है। इन मूल लेखों (टेक्स्ट) में सर्वाधिक महत्त्वपूर्ण लघुपट्टिकाओं (टैबलेट्स) पर लिखी सामग्री बोगाजकोए (टर्की) से प्राप्त हुई है जिसमें से कुछ पर हुर्रियत टेक्स्ट मौजूद है जो 14वीं सदी ईसा पूर्व का है, जिसमें इंडो-आर्यन भाषा के बहुत से शब्द आते हैं जो भाषा उत्तरी सीरिया के मितान्तियों की भाषा थी (देखें अध्याय 3.4)। हुर्रियन भाषा द्वारा ऐसे नामों और शब्दों को अपना लेना यह दर्शाता है कि मितान्ती शासकों की भाषा बिलकुल ऋग्वेद की भाषा की ही तरह थी। लम्बी अवधि के बाद उनको एक-दूसरे से अलग करने की किसी भी सम्भावना पर सोचा भी नहीं जा सकता। इस तथ्य के आधार पर ऋग्वेद का समय 2000 से 800 वर्ष ईसा पूर्व की अवधि के बाहर असम्भव है। अवेस्ता भाषा के साथ ऋग्वेद की भाषायी सन्निकटता (शब्द भंडार और व्याकरण दोनों के रूप में) उसके काल का एक और संकेत है। सबसे पुराने ईरानी ग्रन्थ, ऋग्वेद के समय का एक और संकेतक है। अनेक प्रकार के साक्ष्य जैसे पुरानी अवेस्ता भाषा की अखैमिनिद के शिलालेखों से समरूपता, मेसोपोटामिया के शिलालेखों में ईरानी नामों का मिलना, यहाँ तक कि यंग अवेस्ता में भाषायी परिवर्तन, और अवेस्ता भाषा का भौगोलिक क्षेत्र, यह सारे तथ्य दर्शाते हैं कि *पुरानी अवेस्ता* का समय 1300 वर्ष पूर्व से पहले नहीं हो सकता और सम्भवत: 1000 वर्ष ईसा पूर्व रहा होगा। अवेस्ता की यह कालावधि निर्धारित होने और इसकी ऋग्वेद से सगोत्रता यह प्रमाणित करती है कि ऋग्वेद का कोई भी भाग 1500 वर्ष पूर्व से पहले नहीं हो सकता।

ऋग्वेद के काल निर्धारण के लिए पुराविद्या द्वारा प्रदान की गई एक अन्य सामग्री, घरेलू घोड़ा है। रथ खींचते हुए घोड़ा ऋग्वेद में प्रमुखता से विद्यमान है। सिन्धु घाटी के किनारे पालतू घोड़ों की उपस्थिति को दृढ़ता से 1700 वर्ष ईसा पूर्व (बी. सी.) के बाद स्थापित किया गया है। तभी 1700 बी.सी. के बाद ऋग्वेद के क्षेत्र में (अफ़ग़ानिस्तान, दि पंजाब और गंगा की घाटी के ऊपरी भाग) व्यापक रूप से घोड़े रहे होंगे, अत: ऋग्वेद की रचना इससे पूर्व नहीं हो सकती।

'आर्यों की' सिन्धु सभ्यता के प्रस्तावक सामान्य रूप से काल निर्धारण के लिए प्रयुक्त भाषाओं की तुलना करनेवाली विधि को पूर्णत: अस्वीकार करते हैं। जैसे, वे सिन्धु सभ्यता में घोड़े की उपस्थिति पर जोर देते हैं (इस विषय पर 2.2 देखें)। यहाँ तक कि दो उत्साही लोगों ने एक खंडित सिन्धु मुहर के ऊपर घोड़े की एक कूट रचना कर साक्ष्य भी गढ़ लिया। एक परिश्रमी, सचेत विद्वान ने इस धोखाधड़ी का पर्दाफाश किया। इन खेदजनक तरीकों के अतिरिक्त सकारात्मक तरीके से ऋग्वेद

का काल निर्धारण बहुत पहले करने के लिए दो स्तरों पर तर्क दिए जाते हैं। एक सरस्वती नदी के आधार पर और दूसरा खगोल विद्या के आँकड़ों के आधार पर।

यह तर्क दिया जाता है कि ऋग्वेद सरस्वती को बड़ी नदी मानता है। यदि उस समय वहाँ पर भारी वर्षा हुई होगी तब भी यह एक धारा मात्र रही होगी या फिर यमुना और सतलज इसकी शाखा नदियाँ रही होंगी। गुरदीप सिंह द्वारा राजस्थान की सारीप झीलों में भूमि के अन्दर के परागण के अध्ययन के अनुसार वर्तमान सूखे के दौर (2230 बी.सी.) के बाद कोई भी ऐसी अतिवृष्टि की स्थिति नहीं आई होगी। और इसलिए ऋग्वेद का समय इससे पूर्व ही होना चाहिए। हालाँकि हमने देखा है (देखें 2.8) कि यह सूखे और अतिवृष्टि द्वारा निर्धारित समय किसी भी प्रकार से निर्णयात्मक नहीं है और इसके आधार पर कोई तर्क विकसित नहीं किए जा सकते। इसके अतिरिक्त यह प्रमाणित करने के लिए कि सरस्वती कभी कोई विशाल नदी नहीं रही, अनेक तर्क हैं। यह देवी सरस्वती के नाम पर एक मिथकीय नदी थी। यह शिवालिक पहाड़ियों की कोई धारा नहीं थी (देखें 'प्रागैतिहास' का नोट 3.1)

दूसरा तर्क वैदिक ग्रन्थों में वर्णित या अन्तर्निहित वक्तव्यों के आधार पर निर्मित खगोल विद्या का सहारा लेता है। यह तर्क तमाम समकालीन प्रमाणों के खिलाफ लम्बी अवधि से एक सी ही कल्पित शब्दावली का प्रयोग करता है (उदाहरण के लिए नक्षत्र, तारे (स्टार्स) जिसका अर्थ बाद में चन्द्रकलाओं से है) और वैदिक ग्रन्थों की सबसे अविश्वसनीय बाजीगरी खगोल शास्त्रीय पर्यवेक्षण है। (जैसे—विषुवत रेखा की एकदम सही जानकारी) ताकि खगोलशास्त्रीय परिघटना के आडम्बरपूर्ण सन्दर्भों को प्राप्त कर इसे प्राचीनतम बताया जाए और इस प्रकार स्वयं इन ग्रन्थों का भी समय निर्धारित किया जाए। यह सब कितना अवास्तविक है, इसका निर्णय इस तथ्य के आधार पर किया जा सकता है कि न तो चारों वेदों (संहिताओं में) और न ब्राह्मणों में, विषुवत रेखा का कोई भी उल्लेख है। बाद के समय के एक अन्य 'वैदिक' खगोलशास्त्रीय ग्रन्थ *वेदांग ज्योतिष* में स्थापित किया गया है कि सबसे बड़े और सबसे छोटे दिन के समय में 3:2 का अनुपात होता है। यह बिलकुल अविवेकपूर्ण है, समय का अनुपात अक्षांश के साथ बदलता है। इसलिए विभिन्न खगोलशास्त्रीय प्रयोगों के लिए बड़ा लम्बा समय सम्भव है, इसलिए यह आश्चर्यजनक नहीं है कि विभिन्न खगोलशास्त्रीय प्रयोगों के लिए एक लम्बा समय चाहिए और यह कतई अविश्वसनीय भी नहीं है। इन तथाकथित खगोलीय स्थितियों के तर्क के द्वारा ऋग्वेद का समय 4500 बी.सी. (अर्थात ताम्रयुग से भी पूर्व) और ऐतरेय ब्राह्मण का समय 3500 बी.सी. निर्धारित किया गया है, उसी पद्धति की अन्य गणनाओं में वैदिक संग्रहों का काल निर्धारण 500 बी.सी. के बहुत बाद किया गया है।

स्वीकृति योग्य साक्ष्यों के आधार पर यह बिलकुल स्पष्ट है कि सिन्धु धर्म में

ऋग्वेद के धार्मिक विश्वासों के कोई चिह्न नहीं हैं और ऋग्वेद स्वयं ही विश्वसनीय रूप से सिन्धु सभ्यता के बाद का ग्रन्थ है।

सन्दर्भ ग्रन्थ सम्बन्धी नोट

सिन्धु सभ्यता सम्बन्धी ताजा पुस्तकों में बी.बी लाल की पुस्तक *दि अरलिएस्ट सिविलाइजेशन ऑफ साउथ एशिया : राइज, मेच्योरिटी एंड डिक्लाइन,* नई दिल्ली, 1997 (इसके अधीन पूर्वग्रह को सतर्कता से पढ़ना चाहिए); जोनाथन मार्क केन्वायर, *एंसिएंट सिरीज ऑफ दि इंडस सिविलाइजेशन,* कराची, 1998; शिरीन रत्नागर, *अंडरस्टैंडिग हड़प्पा, सिविलाइजेशन इन दि ग्रेटर इंडस बैली,* नई दिल्ली, 2001; जी.एल. फाजेल, *दि इंडस सिविलाइजेशन : ए केटमप्रेरी पर्सपेक्टिव,* नई दिल्ली, 2002; और डी.पी. अग्रवाल, *दि इंडस सिविलाइजेशन : ऐन इंटरडिसिप्लिनरी पर्सपेक्टिव,* नई दिल्ली, 2007।

विगत 25 वर्षों में इस विषय पर अनेक सम्पादित पुस्तकें प्रकाशित हुई हैं। इनमें बी.बी. लाल और एस.पी. गुप्ता (सम्पादित) *फ्रंटियर्स ऑफ इंडस सिविलाइजेशन,* नई दिल्ली, 1984; मिशेल जॉनसेन, मेरी मुल्लाम और गुंटूर अरबन (सम्पादित) *फारगाटेन सिटीज ऑन दि इंडस,* मेंज 1987, एस. सिट्टार और आर. कोरिसटार (सम्पादित), *प्रोटोहिस्ट्री एंड आर्कियोलाजी ऑफ दि हड़प्पा सिविलाइजेशन,* नई दिल्ली, 2002 और साउथ एशियन आर्कियालोजी के यूरोप के विभिन्न स्थानों से प्रकाशित द्विवार्षिक वाल्यूम।

गुजरात में सिन्धु संस्कृति पर, एम.के. धवलिकर की पुस्तक, *कल्चरल इम्पीरियलिज्म : इंडस सिविलाइजेशन इन वेस्टर्न इंडिया,* नई दिल्ली 1995, यह पुस्तक महत्त्वपूर्ण प्रासंगिक आँकड़ों को एक साथ प्रस्तुत करती है। सिन्धु सभ्यता की राजनीतिक संरचना पर पढ़ें, *इन्क्वायरीज इंटू दि पालिटिकल आर्गेनाइजेशन ऑफ हड़प्पा सोसाइटी,* पूना, 1991, इसकी प्रौद्योगिकी के बारे में इनकी ही पुस्तक, *मेकर एंड शेपर्स अरली इंडियन टेक्नालाजी,* नई दिल्ली 2007 और इसके बाहरी सम्बन्धों पर, इनकी ही पुस्तक *ट्रेडिंग इनकाउंटर्स बिटविन दि इंडस एंड दि यूफ्रेटस इन दि ब्रांज एज,* नई दिल्ली 2041 इसके साथ साथ दिलीप के. चक्रवर्ती की पुस्तक, *दि इक्सटर्नल ट्रेड ऑफ दि इंडस सिविलाइजेशन,* नई दिल्ली 1990, नयन जोत लाहिरी द्वारा (सम्पादित) *दि डिक्लाइन एंड फाल ऑफ दि इंडस सिविलाइजेशन,* दिल्ली 2000 यह पुस्तक इस विषय पर प्रासंगिक पेपर्स और रिपोर्टों का प्रतिनिधि संग्रह है।

सिन्धु लिपि के बारे में, ग्रिगोरी एल. पाजेल की पुस्तक, *इंडस एज : दि राइटिंग सिस्टम,* नई दिल्ली 1996, पुस्तक में बहुत अच्छा सर्वेक्षण प्रस्तुत किया गया है। अशोक पारपोला की पुस्तक, *डिसाइफरिंग दि इंडस स्क्रिप्ट,* कैंब्रिज 1994/2000 यह एक भली प्रकार किया गया उल्लेखनीय शोध कार्य है हालाँकि

शोधकर्ता जिन उपभागों को खोजता है उन पर जाने से हिचकता है। गूढ़ अर्थ निकालनेवाले महत्त्वाकांक्षियों को एक पुस्तक में व्यवस्थित ढंग से प्रस्तुत सम्पूर्ण सामग्री इरावथम महादेवन की पुस्तक, *दि इंडस स्क्रिप्ट कांकरडेंस एंड टेबिल्स,* नई दिल्ली 1977, और ए. पारपोला (जे.पी. जोशी और जी.एस. साह के साथ), *कारपस ऑफ इंडस सीलस एंड इंस्क्रिप्शंस,* 2 वाल्यूम, हेलसिंकी 1987 और 1991।

जान मार्शल द्वारा सम्पादित *मोहनजोदड़ो एंड दि इंडस सिविलाइजेशन,* 3-वॉल्यूम में लन्दन 1931 (पुनर्मुद्रण दिल्ली, 1973) में सिन्धु की उत्खनन सम्बन्धी रिपोर्टों में पुरावशेषों का विस्तार से वर्णन किया गया है। यद्यपि अनुसन्धानों की रिकॉर्डिंग के बारे में इसकी काफी आलोचना हुई है, इसके बावजूद यह बुनियादी महत्त्व का काम है। अर्नेस्ट जे.एच. मैके ने इस काम को अपनी पुस्तक *फरदर इक्सकेवेशन ऐट मोहनजोदड़ो* 2 वाल्यूम, दिल्ली 1938 में और आगे बढ़ाया है। इस शहर के और ताजा सर्वेक्षण और अनुसन्धान के बारे में, एम. जानसेन और जी. अरबन सम्पादित, इंटरिम रिपोर्ट्स : *रिपोर्ट्स आन फील्डवर्क कैरीड आउट ऐट मोहनजोदड़ो, पाकिस्तान 1982-83* (और) 1983-84, 2 वॉल्यूम में अच्छेन और रोम, 1984, और 1987 हड़प्पा उत्खनन के सम्बन्ध में रिपोर्टें *एम.ए. वाट्स* की पुस्तक *इक्सकेवेशन ऐट हड़प्पा,* 2 वॉल्यूम दिल्ली 1940 में भी शामिल हैं। मोर्टिमर व्हीलर 'हड़प्पा' 1946। *एंशिएंट इंडिया* नम्बर 3, दिल्ली जनवरी, 1947 पृष्ठ 58-130, और रिचर्ड एच. मीडो, सम्पादित, *हड़प्पा इक्सकेवेशंस 1986-1990; ए मल्टी डिसिप्लनरी एप्रोच टू थर्ड मिलेनियम अर्बनाइजेशन,* मेडिसन 1991।

इसी प्रकार की सिन्धु बस्तियों पर प्रकाश डालती हुए ई.जे.एच. मैके की पुस्तक, *चान्हूदारो इक्सकेवेशन, 1935-36* न्यू हेवेन 1943 है। दूसरे स्थलों के बारे में बाद की रिपोर्ट एस.आर. राव के दो वाल्यूम में लिखे ग्रन्थ *लोथल हड़प्पन पोर्ट टाउन (1955-62),* नई दिल्ली, 1979 और 1985 (राव द्वारा लोथल लिपि के बारे में की गई लेखकीय व्याख्या को नजरंदाज कर देना चाहिए)। जी.एल. पाजेल और एम.एच. रावल की *हड़प्पन सिविलाइजेशन एंड रोजदी,* नई दिल्ली 1989, जे.पी. जोशी की, *इक्सपलोरेशन इन कच्छ,* नई दिल्ली 1990, और वसन्त सिन्दे, तोसकी ओसादा तथा अन्य की ताजा रिपोर्ट *हड़प्पन निक्रोपोलिस ऐट फरमान इन घग्गर बेसिन,* नई दिल्ली 2009, हरियाणा में की गई एक सनसनीखेज खोज पर।

आर्कियोलाजिकल सर्वे ऑफ इंडिया के वार्षिक प्रकाशन *इंडियन आर्कियालाजी ए रिविव* में उत्खनन और अनुसन्धान पर प्रकाशित रिपोर्ट तो अनिवार्य है। इसके समान ही पाकिस्तान से भी *पाकिस्तान आर्कियोलाजी* प्रकाशित होती है। इन वार्षिक प्रकाशनों को भी देखना चाहिए।

अध्याय-3

गैर शहरी ताम्र-पाषाणीय (कैल्कोलिसिक) संस्कृति, 1500 बी.सी. तक; भाषा परिवर्तन

3.1 शहरों के अदृश्य होने के बाद

हमने देखा है कि (अध्याय 2.8 में) 2000 बी.सी. के बाद भारत के पुरावशेष (आर्कियोलाजिकल) के नक्शे (मानचित्र) से शहर अदृश्य हो गए। सिन्धु सभ्यता के समय के ठीक बाद, बहावलपुर में कुदवाला थेर (40 हेक्टेअर से कम) से बड़ी कोई बस्ती नहीं थी और इसकी तुलना में किसी दूसरी बस्ती की जानकारी नहीं मिलती है। सिन्धु घाटी के क्षेत्र के बाहर, सबसे बड़ी बस्ती का आकार भी बहुत छोटा था और इन बस्तियों में से किसी को वास्तव में टाउन कह पाना भी सम्भव नहीं लगता।

शायद यह सर्वथा उपयुक्त है कि हम सिन्धु सभ्यता के पतन और उसके साथ ही साथ शहरों के विलुप्त होने के बाद के 500 वर्षों में भौतिक रूप से हुए परिवर्तनों के बारे में उपलब्ध जानकारी का सार संकलन करें। यह सार संकलन वास्तव में अध्याय 3.2 और 3.3 में प्रस्तुत की जा रही जानकारी का पूर्वानुमान है।

(1) 2000 से 1500 बी.सी. का समय भारत में अतीत की तुलना में काफी विशाल क्षेत्र में कृषि फसलों के उत्पादन के लिए चिह्नित किया जाता है। इस समय उन क्षेत्रों में भी कृषि प्रारम्भ हुई जहाँ पहले कृषि नहीं होती थी। इस प्रकार की सभी फसलों का उल्लेख, उनके वैज्ञानिक नामों के साथ सारिणी 3.1 में किया गया है ताकि उनको पहचानने और तुलना करने में सहायता मिले।

विभिन्न ताम्र-पाषाणीय संस्कृतियों का मूल्यांकन करते समय (अध्याय 3.2 और 3.3 में) हम देखेंगे कि सारिणी 3.1 में सूचीबद्ध की गई अनेक खाद्य फसलें, विशाल क्षेत्र में उत्पादित होने के बावजूद, सिन्धु सभ्यता के समय से इनमें निर्णायक परिवर्तन हुआ था। यदि 2000 बी.सी. से पूर्व चावल का उत्पादन पूर्वी विंध्यक्षेत्र, बिहार और बंगाल में होता था ('प्रागैतिहास', अध्याय 3.4) तो अब इसकी खेती पश्चिमी मध्य प्रदेश, राजस्थान, पश्चिमी उत्तर प्रदेश, दि पंजाब, कच्छ के मैदानी

क्षेत्र, कश्मीर और स्वात में भी होने लगी थी। गुजरात, महाराष्ट्र और दक्षिण भारत में खरीफ फसल में मोटा अनाज विशेष रूप से रागी की खेती होती थी। 'रबी' की मुख्य फसल गेहूँ और जौ का भी समान रूप से दूसरे क्षेत्रों में (बंगाल, गुजरात और दक्षिण भारत के अतिरिक्त) विस्तार हो गया था। हालाँकि बंगाल में चावल की फसल साल में दो से भी अधिक बार होती थी, इसलिए वहाँ पर रबी की फसल की आवश्यकता ही नहीं थी और गुजरात में मसूर और मटर 'रबी' की मुख्य फसलें थीं। दक्षिण की स्थितियों की जानकारी नहीं है। (देखें मानचित्र 3.1)

सारिणी 3.1 : उत्पादित फसलें, 2000–1500 वर्ष ईसा पूर्व

रबी—	
गेहूँ	**ट्रिटाइकम बलगोरी** जिसमें **ट्रिटाइकम सटाइवम** शामिल होता है। गेहूँ की अन्य उत्पादित किस्मों में **ट्राइटिकम कम्पेटुकम,** छोटा या बौना गेहूँ और **ट्राइटिकम स्फेरिकोम,** सार्ट व्हीट शामिल है।
जौ	**हार्डियम वलगारे** साथ में **हार्डियम वलगारे नूडम,** दोनों छह कतारोंवाले, और **हार्डियम स्फेरिकोकम**' (छह कतारोंवाला' छोटा' जौ)
ओटस	**एवीना सटाइमा** साधारण चना, चना, छोटी मटर, **साइसर एरीटिनम।**
मसूर	**'मसूर' लेस कलीनरिस्ल स्कुलेटा** मटर–खेतों में उत्पादित मटर, **फाइजम सटीवम।**
घासवाली मटर	**'खेसारी' लैथी रस सटाइवस।**
सेम	बागीचेवाली सेम **बीसिआ फाबा।**
अलसी/तीसी	**लिन्म उसीटाटीसिमम।**
सरसों	**'सरसों' ब्रासिय कैम्पिस्ट्रिस।**
खरीफ—	
चावल	**ओराइजा सटाइवा।**
हरा चना	मूंग–मूंग **फेजुलस रेडीटस।**
'चीना'	सामान्य मोटा अनाज **पैनिकम मिलेसियम।**
ज्वार	भारतीय या बड़ी ज्वार **सोरुघम वलगेर।**
रागी–मडुआ	**इल्सिना काराकोना।**
बाजरा	**बाजरा—पेनीसिटम टाइफ्रपडिपम।**
सावा	'फिंगु' पैनिकम मिलिआरे।

फाक्सटेल या	
इटैलियन मिलेट	'काउन' **सेटारिया इटालिका।**
हार्स ग्राम	'कुलथी' **डोली कोस बाइफोरस** इसकी एक और किस्म काला चना, **डोलीकोस यूनीफोरस।**
काउ पी	'लोविया' **विगना कैटजंग।**
(काटन) रुई	कपास-**गोसीपियम।**
सेसमि	'तिल' **सेसॅमि इंडिकम।**

नोट—फाक्सटेल मिलेट (काउन) की खेती बलाथल में 2000 बी.सी. के पहले से ही होती थी। यह काफी रुचिकर है कि मोटे अनाज (ज्वार और बाजरा) का सिलसिला अफ्रीका तक मिलता है। इससे भिन्न 'टेम्परेट' मिलेट शीतोष्ण मोटा अनाज के उत्पादन का मूल केन्द्र उत्तरी चीन था जहाँ इसकी खेती 5000 बी.सी. के लगभग प्रारम्भ हुई थी।

नक्शा 3.1 : दो फसलोंवाली कृषि, 2000-1500 वर्ष ईसा पूर्व

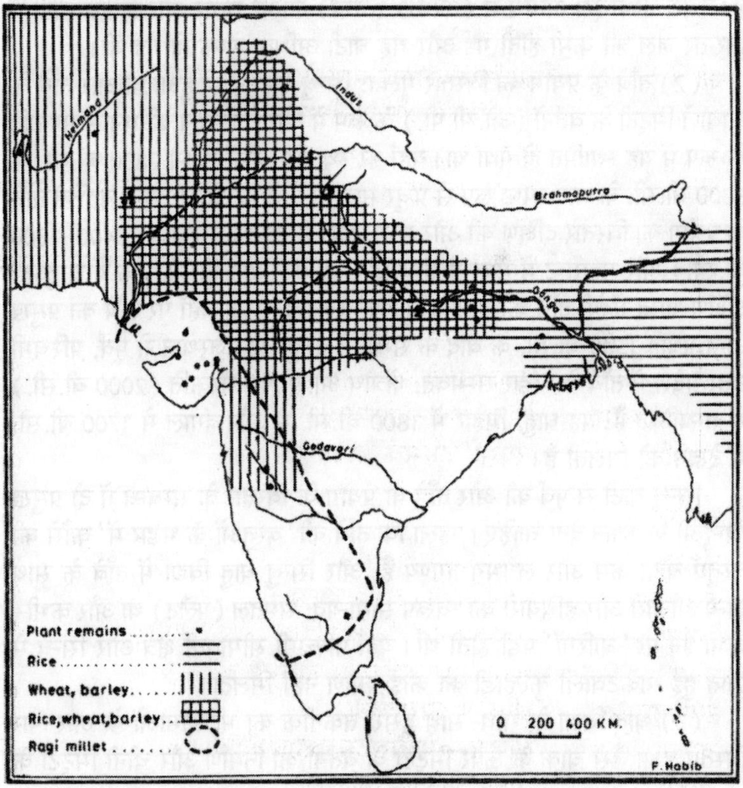

इससे पूर्व हमने देखा है (अध्याय 2.2 में) कि सिन्धु सभ्यता में कृषि उत्पादन के लिए सीमित फसलों की उपलब्धता के कारण 'रबी' और 'खरीफ' की फसलों में सम्भवत: समुचित सन्तुलन स्थापित नहीं हो सका। जिस मौसम में खाद्य फसलों को नहीं बोया जाता था उस मौसम में भी उन फसलों को बोया जाता था। इस परिस्थिति में विशाल स्तर पर सुधार हो गया था। जब भूमि बहुत अधिक थी तब सामान्य रूप से 'रबी' और 'खरीफ' की फसलों का अलग-अलग उत्पादन होता था और एक फसल के खेतों को आगामी फसल के लिए परती (खाली) रखा जाता था। इस समय तक किसी जटिल फसल चक्र के संकेत नहीं मिलते हैं। ऐसी स्थिति में यह कल्पना की जा सकती है कि उस समय प्रत्येक किसान के पास 'रबी' और 'खरीफ' की फसलों के उत्पादन योग्य पर्याप्त भूमि थी। शायद इस परिस्थिति और साथ ही साथ धान जैसी अधिक पानी की आवश्यकता वाली फसलों के कारण, जनसंख्या तत्कालीन कृषि क्षेत्रों से नए क्षेत्रों में जाने के लिए उत्साहित हुई हो; सतलज और गंगा के बीच उप पहाड़ी मार्गों के पास अधिक बस्तियों के स्थापित होने की यह एक व्याख्या हो सकती है। दूसरी तरफ इस अवधि में (आगे 3.2 देखें) लोअर घग्गर और हाकरा घाटी में निरन्तर जल की कमी होती गई और यह घाटी अधिक शुष्क हो गई थी।

(2) ताँबे के प्रयोग का विस्तार मूलत: सिन्धु घाटी से ही हुआ था और ताँबे के रंगवाले मिट्टी के बर्तनों (ओ.सी.पी.) के रूप में और राजस्थान की बनास संस्कृति के रूप में यह स्थापित हो गया था। यहाँ पर स्थानीय स्रोतों से भी 2800 बी.सी. या 3000 बी.सी. के बाद स्पष्ट रूप से प्रचुर मात्रा में ताँबे का दोहन हुआ। यहाँ से ताँबे के प्रयोग का विस्तार दक्षिण की ओर मध्य प्रदेश में कयाथा संस्कृति (2400-1800 बी.सी.) और महाराष्ट्र में मालवा संस्कृति (1800-1400 बी.सी.) के बीच हुआ। दक्षिण भारत में भी ताँबे की कुछ वस्तुएँ प्राप्त हुई हैं, परन्तु वहाँ पर ताँबे का प्रमुख अन्त:प्रवाह 1500 बी.सी. के बाद के समय में ही हुआ। राजस्थान से पूर्व, पश्चिमी उत्तर प्रदेश में ताँबे के भंडार सम्भवत: क्षेत्रीय ओ.सी.पी. संस्कृति (2000 बी.सी.) से सम्बन्धित हैं; यह धातु, बिहार में 1800 बी.सी. में और बंगाल में 1700 बी.सी. में देखने को मिलती है।

सिन्धु घाटी से पूर्व की ओर ताँबे के प्रयोग के विस्तार के सम्बन्ध में दो प्रमुख बिन्दुओं पर ध्यान देना चाहिए। पहला कि ताँबे की 'वस्तुओं के भंडार में' काँसे की वस्तुएँ बहुत कम और लगभग नगण्य हैं, और सिन्धु धातु विद्या में ताँबे के साथ अन्य औजारों और हथियारों का स्वरूप सामान्यत: समतल (फ्लैट) था और कभी-कभी इन पर 'धारियाँ' पड़ी होती थीं। यहाँ पश्चिमी सीमावर्ती क्षेत्र और सिन्ध में प्राप्त हुई साकेटवाली कुल्हाड़ी का कोई प्रमाण नहीं मिलता।

(3) धातु विद्या के साथ-साथ दूसरी तकनीक का भी सीमाओं के आर-पार विस्तार हुआ जैसे चाक के ऊपर मिट्टी के बर्तनों का निर्माण और चीनी मिट्टी के

बर्तनों का उत्पादन लेकिन सिन्धु सभ्यता की तुलना में यह उत्पादन बहुत ही निम्न स्तर का था। घरों के निर्माण में पक्की ईंट का प्रयोग बहुत ही कम (यदा-कदा) ही हुआ है और सिन्धु सभ्यता की संरचनाओं से किसी भी निर्माण की तुलना नहीं की जा सकती। अनेक शिल्प जैसे—पत्थरों के बर्तनों का निर्माण, मूल्यवान पत्थरों से मनकों (बीड) का निर्माण, बिलकुल समाप्त हो गए। सेलखड़ी की मुहरों का स्थान टेराकोटा की मुहरों ने लिया और यह भी स्पष्ट नहीं है कि इन मुहरों का प्रयोग पूर्ववत होता था या नहीं। मेसोपोटामिया के साथ व्यापार पूर्णत: अंधकार में चला गया और देश के अन्दर भी लम्बी दूरी के व्यापार के कोई प्रमाण नहीं मिलते।

इस प्रकार सिन्धु सभ्यता की समाप्ति के फलस्वरूप घटित हुई परिस्थितियाँ प्रगति और ह्रास दानों ही लक्षणों को दर्शाती हैं। फसल उत्पादन के क्षेत्र में हुई खोज और ताम्र पाषाणीय संस्कृति के विस्तार से पूर्ण रूप से दो फसलों (रबी और खरीफ) का उत्पादन और इस प्रकार पूरे देश में इसका विस्तार और कुछ शिल्प और तकनीक का भी विस्तार हुआ। इस समय के ह्रास को शहरी जीवन में गिरावट (गैर-शहरीकरण), शिल्प के कौशल में ह्रास और व्यापारिक माध्यमों का समाप्त होना के रूप में देखा जा सकता है। हमने शहरी क्रान्ति (अरबन रिवोल्यूशन) का वर्णन करते हुए (अध्याय 1.1) में लिखा है कि जब गाँवों में अतिरिक्त उत्पादन होने लगता है, तभी शहरी क्रान्ति सम्भव होती है। परन्तु कृषि क्षेत्र में दो फसलों द्वारा अधिक उत्पादन होने और ताँबे के प्रयोग के बावजूद शहरी जीवन में इस प्रकार का ह्रास आश्चर्यजनक है। इसलिए हमें याद रखना चाहिए कि अत्यधिक अतिरिक्त कृषि उत्पादन और शिल्प की तकनीक का विस्तार, यद्यपि शहरों के विकास के लिए आवश्यक शर्तें हैं परन्तु इतनी ही शर्तें और परिस्थितियाँ शहर की स्थापना के लिए प्रचुर और सम्पूर्ण नहीं हैं। जैसाकि हमने अध्याय 1.4 में देखा है कि सिन्धु सभ्यता को अपने सम्पूर्ण ढाँचे के लिए राजनीतिक पुनर्गठन की आवश्यकता थी, और यह सम्भवत: अपना स्वरूप ग्रहण कर रहा था। सम्भवत: एकाएक विशेष प्रकार की सामाजिक संरचना और एक प्रकार के धार्मिक विश्वास और परम्पराएँ अपना स्थान ग्रहण कर रही थीं। यदि वहाँ के लोगों की संस्कृति और ऊपरी संरचना दोनों में भिन्नता थी, उदाहरणार्थ यदि शासक और उनके प्रमुख का प्रभुत्व केवल एक छोटे समुदाय पर था तो यह बिलकुल सम्भव है कि किसानों से वसूली गई सीमित अतिरिक्त फसल के आधार पर शहर के व्यापार और शिल्प को प्रोत्साहन देना सम्भव न हो।

दुर्भाग्य से पुरावशेषों के द्वारा हमें केवल भौतिक जीवन की ही जानकारी मिलती है और यह समाज और राजसत्ता का खाका खींचने के लिए नाकाफी है। उस समय राजसत्ता और शासक थे इसमें तनिक भी सन्देह नहीं किया जा सकता। राजस्थान में बलाथल (3000-2000 बी.सी.) की गर्वोक्ति है कि करीब 500 वर्ग मीटर में करीब 5 मीटर मोटी मिट्टी की दीवारों से बना उसका किलेबन्द क्षेत्र था।

परन्तु सामान्य रूप से ऐसे स्थानों पर निर्मित स्मारक चिह्नों का पूर्णतः अभाव दिखता है। इसलिए जो रियासतें या राजसत्ताएँ थीं वह बहुत छोटी, स्थानीय, या क्षेत्रीय स्तर तक सीमित थीं, आर्थिक रूप से आपस में उनका कोई सम्बन्ध नहीं था और व्यापार बहुत सीमित था। उस समय की सामाजिक व्यवस्था के बारे में भी बहुत कम जानकारी है। समाज समतामूलक नहीं था। विभिन्न आकार के घर, मकान और झोपड़ियाँ सामाजिक विषमता के साक्ष्य प्रस्तुत करते हैं। परन्तु विभिन्न वर्गों के सामाजिक संरचना के यथार्थ की कोई जानकारी नहीं है। यह बहुत सम्भव है कि स्थानीय स्तर पर लोगों के धार्मिक विश्वास अलग-अलग हों, और मिट्टी की लघुमूर्तियों और अन्तिम क्रिया के विभिन्न मॉडलों के बारे में प्राप्त सांस्कृतिक जानकारी के आधार पर एक सुगठित सांस्कृतिक सामाजिक तस्वीर बनाना बहुत ही अवास्तविक होगा।

नक्शा 3.2 : ताम्रकालीन संस्कृति, 2000-1500 वर्ष ईसा पूर्व; प्रमुख शहर

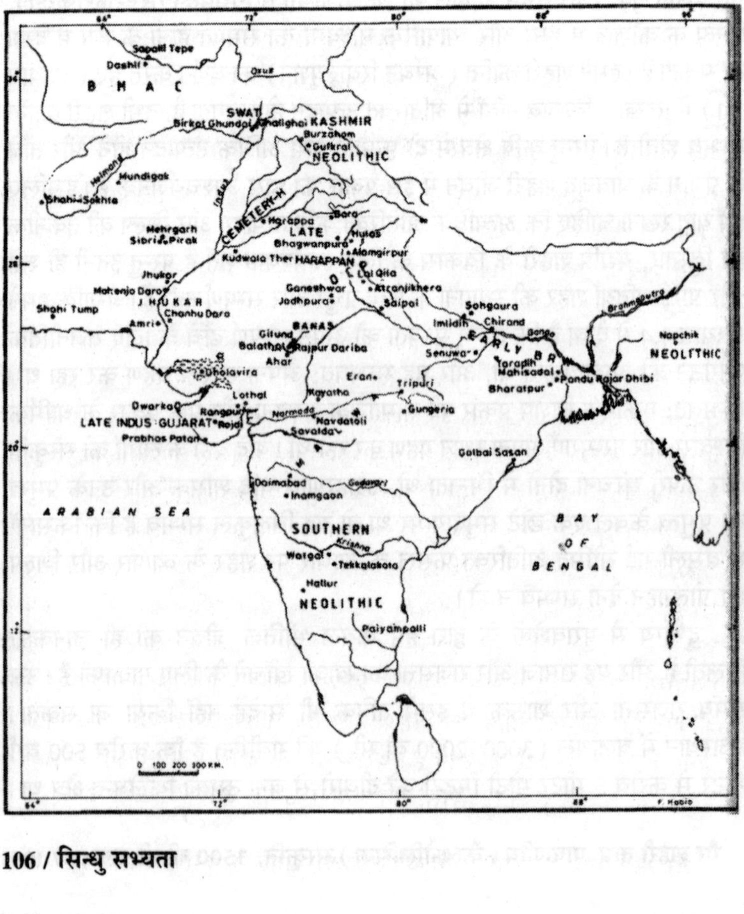

यदि इस काल के आरम्भ में ही सिन्धु सभ्यता का अध:पतन हुआ होता तो इसकी समाप्ति पर समान रूप से महत्त्वपूर्ण एक और परिवर्तन, इंडो-आर्यन भाषा का आगमन घटित होता। पश्चिमी सीमावर्ती क्षेत्रों में इसके सन्दर्भ पूर्णत: तैयार थे जहाँ तीन नए पालतू बनाए गए पशुओं का उपयोग प्रारम्भ हो चुका था। दो कन्धेवाला ऊँट का पालन शायद पहले ही प्रारम्भ हो चुका था परन्तु पिराक में ऊँट और गधे को पालने के प्रचुर साक्ष्य मिले हैं। 1500 बी.सी. आते-आते स्वात और साथ ही साथ पिराक से घोड़ा पालने के साक्ष्य प्राप्त होते हैं। इन पशुओं ने भारवाहक की भूमिका निभाई और घोड़े का सैनिक महत्त्व भी कम नहीं था। घोड़ा एक रथ को तेजी से खींच सकता था और एक घुड़सवार को तेजी से ले जा सकता था। शायद अब साकेटवाली कुल्हाड़ी का भी प्रयोग प्रारम्भ हो गया था (देखें आगे 3.2) इस प्रकार के विकास ने सैनिक रूप से शक्तिशाली कबीलों को सम्भवत: पूरब दिशा की ओर प्रवेश के लिए उत्साहित किया हो। इन कबीलों के पास विशेषकर घोड़े होने के कारण इनको तार्किक रूप से इंडो-आर्यन भाषा बोलनेवाला कहा जा सकता है, ठीक उसी प्रकार से जिस प्रकार मितान्नी, जो कि ऊपर मेसोपोटामिया में (1500-1300 बी.सी.) इंडो-आर्यन भाषा रही है। (देखें, आगे 3.4)

3.2 सीमावर्ती क्षेत्रों की ताम्र-पाषाणीय संस्कृतियाँ और सिन्धु घाटी

हेलमैंड सभ्यता जो सिन्धु सभ्यता से पहले ही समाप्त हो गई (देखें अध्याय 2.2) उसका चिह्नित करने योग्य एक भी उत्तराधिकारी नहीं है। शहर-ए-सोखता में यह बस्ती मात्र 5 हेक्टेअर तक सीमित हो गई थी और 'शहरों की स्थापना से पहले' (पोस्ट-अर्बन) की यह बस्ती (2000 बी.सी.) भी शीघ्र ही अदृश्य हो गई। मुंदिगाक में पाँचवें दौर में कच्ची ईंट के द्वारा निर्माण के लिए काफी स्रोत उपलब्ध होने के बावजूद आबादी बहुत छोटे इलाके में सिमट गई। हालाँकि एक प्रौद्योगिकीय पुनरावर्तन में हाथों से निर्मित और काले और लाल रंग के रँगे हुए मिट्टी के बर्तनों ने (पोटरी) चाक द्वारा बनाए मिट्टी के बर्तनों का स्थान ले लिया। लेकिन पूरब में भारतीय सीमावर्ती क्षेत्र के बारे में कहानी कुछ अधिक जटिल है।

उत्तरी पश्चिमी फ्रन्टियर प्राविंस (एन.डब्लू.एफ.पी.) की स्वात घाटी में, सांस्कृतिक परिवर्तन की अभिव्यक्ति व्यवस्था में होती है जिसे आप या तो स्वात संस्कृति IV कह सकते हैं या गांधार ग्रेव कल्चर का प्रारम्भिक (कांस्य) युग कह सकते हैं। रेडियो कार्बन विधि से इस संस्कृति का समय 1800-1400 बी.सी. निर्धारित हुआ है। पत्थर के औजारों के साथ-साथ ताँबे के पिटवाँ और ढलवाँ औजार और हथियार भी हैं। यहाँ धीमी और तेज गति से चलनेवाले चाक से निर्मित दोनों प्रकार के मिट्टी के बर्तन हैं। घर पत्थर की दीवारों से निर्मित हैं। गेहूँ, जौ, धान, ओट्स, मसूर और अलसी की फसलें उगाई जाती थीं और अंगूर का भी

उत्पादन होता था। यहाँ के लोग पशुपालन करते, बकरी, भेड़ और सुअर पालते तथा इनका मांस भी खाते थे। बीर कोट घुंडई से प्राप्त बर्तनों के टुकड़ों पर लाल और काले से बनी पेंटिग स्पष्ट रूप से घोड़े का चित्र है (चित्र 3.1) और इसी स्थल से पालतू घोड़ों और गधों की हड्डियाँ भी प्राप्त हुई हैं। शवों को क्षैतिज स्थिति में और कोहनी ऊपर की ओर करके दफनाया गया था। यहाँ पर प्राप्त मिट्टी के बर्तन, उत्तरी अफ़ग़ानिस्तान (2500-1500 बी.सी.) के दासली ब्रोंज कल्चर के स्थल से प्राप्त बर्तनों से समरूप हैं और शव को दफनाने की पद्धति भी उत्तरी अफ़ग़ानिस्तान (1500 बी.सी.) के समान ही है।

चित्र 3.1 : स्वात संस्कृति के पात्र खंड पर घोड़े का चित्र, बीरकोट, घुंडई (जी. स्टकल के बाद)

उत्तर पश्चिम बलूचिस्तान के काच्छी के मैदान में दक्षिण की तरफ सिबरी स्थल की संस्कृति भी मेहरगढ़ VIII के शव स्थल (2100-1400 बी.सी.) की संस्कृति के समान ही है, वहाँ से काँसे की एक कुल्हाड़ी और बसूला प्राप्त हुआ है जिसमें बेंट (हैंडिल) लगाने के लिए छेद भी है। क्वेटा के भंडार में इसी संस्कृति की तमाम वस्तुओं में उल्लेखनीय शिल्पकारी और कला-कौशल की सोने की वस्तुएँ प्राप्त हुई हैं। सिन्धु बस्तियों को छोड़ देने के बाद समीप के स्थल पिराक में एक अन्तराल आया। इसके बाद एक नई संस्कृति दिखाई दी, 1800 बी.सी. से पहले इसकी कांस्य संस्कृति के दो दौर 1300 बी.सी. तक समाप्त हो चुके थे। यहाँ मुंदिगाक V की ही तरह अधिकांशतः हस्तनिर्मित मिट्टी के बर्तन मोटे और धूसर थे।

सिबरी और पिराक दोनों स्थलों पर अनेक फसलों को बोने के प्रमाण मिले हैं। 'रबी' की फसल में गेहूँ (दो प्रकार का), जौ तीनों प्रकार का, ओट्स, मटर और मसूर और 'खरीफ' की फसल में धान, ज्वार और चना और अंगूर की पैदावार होती थी। पालतू जानवरों में पालतू साँड़, बकरी, भेड़ थे। पिराक के काल (1600-1400 बी.सी.) की लघुमूर्तियों से दो कन्धेवाले ऊँट और घोड़े की उपस्थिति की जानकारी मिलती है, यद्यपि वहाँ से प्राप्त घोड़ों की हड्डियाँ पीरियड III (1300-800 बी.सी.) की हैं।

सिन्धु सभ्यता के मुख्य क्षेत्र (पाकिस्तान के सिन्धु और पंजाब प्रान्त) में सिन्धु सभ्यता की उत्तराधिकारी संस्कृति, जुखार संस्कृति (सिन्धु) और पंजाब के शव स्थल एच की संस्कृति है।

जुखार संस्कृति का नाम, मोहनजोदड़ो के उत्तर में थोड़ी दूर पर स्थित जुखार, चान्हूदारो, अमरीनाल और मोहनजोदड़ो स्वयं भी इसी का प्रतिनिधित्व करते हैं। यह स्थल काफी छोटे हैं और इनमें से प्रत्येक स्थल पर पूर्ववर्ती सिन्धु सभ्यता के घरों और पक्की ईंट दोनों का प्रयोग व्यापक स्तर पर किया गया है। इसका अर्थ है कि सिन्धु सभ्यता की समाप्ति और जुखार संस्कृति के उदय के बीच बड़ा अन्तराल नहीं रहा है। इसके बावजूद जुखार संस्कृति ने अपनी पूर्ववर्ती सिन्धु संस्कृति से बहुत कम लिया है। इसके चिकने मिट्टी के बर्तन (पोटरी) अमरीनाल परम्परा की याद दिलाते हैं परन्तु इसकी डिजाइन बिलकुल भिन्न है और इसकी बनावट बहुत धूसर, बेडौल है हालाँकि इनमें से अधिकांश चाक पर निर्मित हैं। उठे हुए भाग के साथ मुहरों का आकार गोल हो गया है और अधिकांश मुहरों का स्थान मुख्य रूप से टेराकोटा, पत्थर और चीनी मिट्टी से निर्मित गंडा-ताबीज ने ले लिया है। मुहरों और ताबीजों दोनों पर रेखकीय डिजाइन सिन्धु करेक्टर की संपूरक हैं और पशुओं के कुछ चित्र, ताँबे के कुछ औजार भी हैं। परन्तु साकेटवाली कुल्हाड़ी (चित्र 3.2) जो चान्हूदारो के समान है, यह ऑक्सस पर स्थित सपाल्ली टेपे से प्राप्त काँसे की साकेटवाली कुल्हाड़ी (2190-1690 बी.सी.) और मुंदिगाक (देखें अध्याय 1.2) और पश्चिमी बलूचिस्तान के शाही टम्प शव स्थल (ई. 1500) से प्राप्त ऐसी ही कुल्हाड़ी और सिबरी (1500 बी.सी. से पूर्व) की तुलना करने की आवश्यकता है और यह संकेत देता है कि मोहनजोदड़ो से (देखें अध्याय 2.3) प्राप्त स्तरहीन साकेटवाली

चित्र 3.2 : सॉकेट युक्त ताँबे की कुल्हाड़ी, चान्हूदारो (ई.जे.एच. मैके के बाद)

कुल्हाड़ी और बसूला भी जुखार संस्कृति के दौर के हो सकते हैं। यदि ऐसा है तो इन कमजोर साधनोंवाली संस्कृति ने भारतीय उपमहाद्वीप में एक नया प्रभावशाली औजार (और हथियार) दिया। यहाँ पर बोई जानेवाली फसलों की कोई सूचना नहीं है लेकिन पिराक के किसान जिन फसलों को जानते थे उनको सिन्धु के किसान न जानते हों यह विश्वास करना कठिन है। यह बता पाना अभी भी बहुत कठिन है कि जुखार संस्कृति बहुत ही छोटी बस्तियों और गिने-चुने थोड़े से लोगों तक क्यों सीमित रही और सिन्ध में बहुत ही विरल ग्रामीण जनसंख्या के रूप में रही। कार्बन विधि से काल निर्धारण न होने के कारण यह सुनिश्चित नहीं है कि क्या यह संस्कृति 2000 बी.सी. से प्रारम्भ हुई और 1500 बी.सी. तक जीवित रही, और अगर इसका अस्तित्व नहीं रहा तो हम नहीं जानते कि ठीक इसके बाद इस क्षेत्र में (पिराक फेज का सिन्ध में कोई साक्ष्य नहीं मिलता) कौन सी संस्कृति आई।

शवस्थल-एच संस्कृति का नाम हड़प्पा के शव स्थल (सेमेटरी-एच) के नाम पर पड़ा है जहाँ से सर्वप्रथम इससे सम्बन्धित मिट्टी के बर्तन (पोटरी) प्राप्त हुए थे। इस शवस्थल और इंडस सेमेट्री आर-37 (सिन्धु शव स्थल आर-37) के बीच कुछ कूड़ा-करकट भर जाने के कारण दोनों के बीच स्पष्ट रूप से समय का अन्तराल था। परन्तु समय का यह अन्तराल बहुत अधिक नहीं है क्योंकि शव स्थल-एच के लोगों ने हड़प्पा के ध्वस्त किले के अवशेषों पर पुन: घर बनाना प्रारम्भ कर दिया था। उन लोगों ने सिन्धु सभ्यता की ईंटों की तुलना में छोटी पक्की ईंटों का प्रयोग कर पानी निकासी की कुछ नालियाँ भी निर्मित की थीं, परन्तु यह एक ईंट की दीवारवाला कमजोर निर्माण था। यहाँ प्राप्त मिट्टी के बर्तन बिलकुल भिन्न परम्परा के हैं। इनका रूपाकार काफी पतला (फाइन) है और प्रयुक्त रंग में लाल रंग का प्रभाव अधिक है। सिन्धु सभ्यता की अधिकांश शिल्पकारी और लेख, मुहरों और उस पर उत्कीर्ण लेख आदि गायब हो गए हैं। हालाँकि विलासिता की एक वस्तु पर किया गया सलमे-सितारे का काम अभी बचा है।

हड़प्पा से प्राप्त एक छोटे बर्तन पर लाल और भूरे रंग का एक छोटा सीसे का मनका जड़ा है। यह मेसोपोटामिया से आयातित हो सकता है क्योंकि वहाँ 2100 बी.सी. में सीसे का निर्माण होने लगा था। ताँबे की वस्तुएँ भी मौजूद हैं परन्तु यह निश्चित नहीं हो सका कि ताँबे के साथ टिन को मिलाकर काँसे का बड़े पैमाने पर निर्माण होता था या नहीं। हड़प्पा के शव स्थल-एच से प्राप्त मिट्टी के बर्तनों के नमूनों (सैंपल) के आधार पर जापानियों की एक टीम के अन्वेषण के आधार पर उत्पादित फसलों में चावल, मोटा अनाज (रागी और मड़ुआ) को भी शामिल किया गया है। शवों को दफनाने का स्वरूप और कब्रों से प्राप्त रंगीन मिट्टी के बर्तन, सिन्धु सभ्यता के समय के बाद हुए धार्मिक विश्वासों में परिवर्तन को दर्शाते हैं। शव स्थल-एच की प्राचीन सतहों पर सिन्धु सभ्यता के तरीके से दफनाने की निरन्तरता

है। हालाँकि शवों को भिन्न प्रकार से रखा गया है परन्तु बाद की सतहों से प्राप्त शवों में आंशिक रूप से दफनाने की क्रिया प्रभावी है अर्थात शव को प्रारम्भ में अनावृत अवस्था में रखने के बाद, उसे एक बड़े अस्थि कलश में रखा गया था क्योंकि हमें वहाँ से दफनाई हड्डियाँ एक जगह पर एकत्रित मिली हैं। शव स्थल से प्राप्त मिट्टी के बर्तनों पर पशुओं के चित्र बेहद कलात्मक हैं, इनमें से कुछ की थीम तो बिलकुल मेल खाती है परन्तु पशुओं के संयुक्त चित्र सिन्धु के बर्तनों से बिलकुल भिन्न हैं, जैसे उड़ते हुए मोर के साथ हिरन के सींगों का चित्रण। (चित्र 3.3) बहावलपुर जिले के एक सर्वेक्षण में शव स्थल-एच की संस्कृति वाले पचास स्थलों को चिह्नित किया गया है। परिपक्व सिन्धु संस्कृति के 174 स्थलों की इससे तुलना करने पर जनसंख्या और बस्तियों के संकुचन के संकेत मिलते हैं। सूखी हुई हाकरा नदी की अन्तिम शाखा पर स्थित कुडवाला थेर के सबसे बड़े स्थल का क्षेत्रफल 38 हेक्टेअर है और सिन्धु सभ्यता काल के बाद का शायद यही बचा हुआ एक ज्ञात स्थल है (देखें 3.1)।

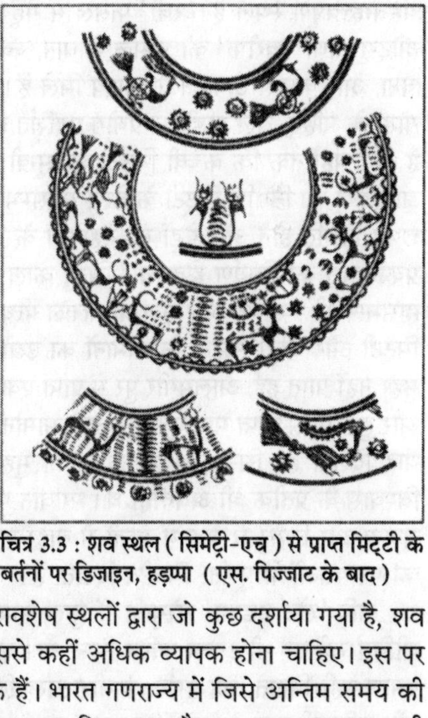

चित्र 3.3 : शव स्थल (सिमेट्री-एच) से प्राप्त मिट्टी के बर्तनों पर डिजाइन, हड़प्पा (एस. पिज्जाट के बाद)

पाकिस्तान स्थित पंजाब के पुरावशेष स्थलों द्वारा जो कुछ दर्शाया गया है, शव स्थल-एच की संस्कृति का क्षेत्र उससे कहीं अधिक व्यापक होना चाहिए। इस पर विश्वास करने के लिए मजबूत तर्क हैं। भारत गणराज्य में जिसे अन्तिम समय की हड़प्पा संस्कृति (लेट हड़प्पन) का नाम दिया गया है, यह शवस्थल-एच की संस्कृति के समान है या उससे मजबूती से जुड़ी है और यह उत्तर सिन्धु की (पोस्ट इंडस) संस्कृति है न कि सिन्धु सभ्यता के अन्तिम काल की (लेट इंडस) संस्कृति है। शव स्थल-एच के मिट्टी के बर्तन बह।वलपुर और मिताथल (हरियाणा) के स्थलों पर मिले हैं, स्पष्ट रूप से यह निम्नकोटि और सस्ते मिट्टी के बर्तन हैं। इसे 'लेट हड़प्पन' का नाम दिया गया है। यह लाल, प्लेन और रँगे हुए बर्तन थे। इन पर सिन्धु संस्कृति का कुछ प्रभाव दिखता है, परन्तु प्रमुखता से रँगे गए सलमे-सितारे, पेड़-पौधे और ज्यामितीय चित्र सामान्य रूप से उससे बहुत भिन्न हैं। इसकी समानता पंजाब के बारा स्थान के नाम पर बनी मिट्टी के बर्तनों की बारा परम्परा से की जाती

है और यह पंजाब, हरियाणा और उत्तर प्रदेश के ऊपरी दोआब के अनेक स्थानों पर चिह्नित की जा सकती है। इसका काफी लम्बा समय भी है। रेडियो कार्बन विधि और थर्मो लुमेनेसेंस विधियों से निर्धारित समय में काफी अन्तर है परन्तु इन मिट्टी के बर्तनों के लिए 2000–1000 बी.सी. का काल निर्धारित किया जा सकता है।

इस संस्कृति के उत्खनित स्थलों में हुलास स्थल का समय अपवादस्वरूप पहले निर्धारित किया गया है परन्तु बड़ी संख्या में फसलों के उत्पादन के साक्ष्यों के कारण यह महत्त्वपूर्ण स्थल है। 'रबी' फसल में गेहूँ (दोनों प्रकार का) जौ, चना, मसूर, ओट्स, तथा 'खरीफ' की फसल में धान, ज्वार, रागी, लोबिया, हरा चना, काला चना, और कपास उत्पादन के साक्ष्य मिले हैं। खिलौने के रूप में टेराकोटा के बने गाड़ी के पहिए, बैल गाड़ी का प्रयोग प्रदर्शित होता है परन्तु पक्की ईंट नहीं मिलती है और यहाँ तक कि कच्ची मिट्टी की सूखी ईंटें भी दुर्लभ हैं। इस समय घरों या झोंपड़ियों का निर्माण मिट्टी के ढेलों या सम्भवत: बाँस से होता था। घास–फूस से छप्पर निर्मित होने और पेड़ों की टहनियों के फ्रेम पर मिट्टी पोती जाती थी। इस प्रकार घरों का निर्माण होता था। सिन्धु काल की कला और शिल्प स्पष्ट रूप से ह्रासमान थी : गोमेद और मूल्यवान लाल पत्थर के मनके दुर्लभ हो गए थे, केवल मिट्टी और चीनी मिट्टी के सामानों का उद्योग बचा था। इस समय की कोई भी मुहर नहीं प्राप्त हुई, आलमगीर पुर में प्राप्त एक बर्तन पर कुछ लिखावट (करेक्टर) और हुलासा से प्राप्त मात्र एक मुहरबन्द सामान हमें सिन्धु सभ्यता की लिखावट की याद दिलाते हैं। सिन्धु सभ्यता काल की मुहर और चित्रों द्वारा प्रदर्शित धार्मिक विश्वास के प्रतीक भी अब नहीं थे। भगवान पुरा में बस्ती के अन्दर शव स्थल की सूचना और सिन्धु सभ्यता में बस्ती से बाहर शव स्थल में शवों के अन्तिम संस्कार की परम्पराओं से पूर्णत: विच्छेद दिखता है।

यदि 'लेट हड़प्पा' संस्कृति में कुछ समय तक सभ्यता की कुछ विशेषताएँ जीवित रहीं तो भी इनका चरित्र भिन्न था। यहाँ व्यापार और उद्योग के कोई भी प्रमाण नहीं मिलते, यह पूर्णत: ग्रामीण संस्कृति थी। भारत स्थित पंजाब, हरियाणा और पश्चिमी उत्तर प्रदेश में अब तक इस संस्कृति के 500 से अधिक पुरा स्थल चिह्नित किए गए हैं। यद्यपि इनमें से अनेक एक–दूसरे से इतने भिन्न हैं कि कुछ टूटे बर्तनों के टुकड़ों के अतिरिक्त उनमें अन्य कोई सन्निकटता नहीं है। इस सबके बावजूद इस अवधि में जब पाकिस्तान स्थित पंजाब और सिन्धु में बस्तियाँ इतनी दूर–दूर मिलती हैं तब इसकी तुलना में यहाँ इतनी प्रचुर संख्या में बस्तियों का होना इस क्षेत्र में इस संस्कृतिवाली जनसंख्या में वास्तविक वृद्धि को दर्शाता है। जनसंख्या में वृद्धि का आंशिक कारण लोगों का पलायन करके आना भी हो सकता है। सम्भव है नई फसल के रूप में धान के आने से हाकरा और घग्गर नदियों के किनारे बसे कुछ समुदाय सतलज–यमुना के जल विभाजन के क्षेत्र और ऊपरी दोआब में जहाँ

अधिक वर्षा होती थी बस गए हों और नदियों में आनेवाली बाढ़ भी धान की खेती के लिए उपयुक्त जलवायु प्रदान करती थी।

गुजरात में पुरावशेष के साक्ष्य काफी जटिल और विवादित भी हैं। पुरावशेष के महत्त्वपूर्ण स्थल रंगपुर में किया गया स्तर विन्यास (स्ट्रेटीफिकेशन) प्रश्नों के घेरे में है। मध्य (सेंट्रल) सौराष्ट्र में स्थित रोजदी का पुरावशेष स्थल आज भी विवादित है। रोजदी में सिन्धु सभ्यता के मिट्टी के बर्तन हैं परन्तु एक भी मुहर नहीं है। इसके आरम्भिक काल निर्धारण के आधार पर उत्खननकर्ताओं ने इसे सिन्धु सभ्यता के काल में ही एक उप-संस्कृति (सौराष्ट्र-हड़प्पन) माना, दूसरे पुरातत्वशास्त्रियों ने उसे मात्र परिपक्व सिन्धु सभ्यता (मेच्योर इंडस साइट) का स्थल माना, दूसरे लोग इसके काल निर्धारण (कार्बन डेट) की उपेक्षा करते हुए इसे 'लेट इंडस' संस्कृति मानते हैं। इसलिए गुजरात में जिन पुरावशेष स्थलों के सांस्कृतिक आँकड़े अधिक दृढ़ता के साथ स्थापित किए हैं उनके द्वारा वहाँ पर सिन्धु सभ्यता की समाप्ति के प्रभावों को समझना सर्वोत्तम प्रतीत होता है। लोथल V स्थल स्पष्ट रूप से अभिव्यक्त करता है कि एक समय की अस्तित्वमान राजनीतिक व्यवस्था के भंग हो जाने पर सिन्धु समुदाय की कैसी स्थिति हुई होगी। दुर्ग में निवास करनेवालों (सम्भवतः अधिकारियों, पुजारी, पादरियों और दुर्ग रक्षकों) द्वारा इसका परित्याग कर दिया गया था। हड्डी एकत्र करनेवाले या इसी प्रकार के गरीब लोगों द्वारा इस पर कब्जा कर लिया गया, जिन्होंने पुरानी ईंटों से घटिया घरों का निर्माण किया। भंडार नष्ट हो गए। दूसरे दौर में (लोथल V या बी) मुहरों का प्रयोग जारी रहा परन्तु उन पर पशुओं के चिह्न नहीं होते थे। मिट्टी और तरकुल से घरों का निर्माण होता था और मूल्यवान लाल पत्थर या गोमेद से निर्मित होनेवाले मनकों के उद्योग का कोई नामोनिशान नहीं था। ऐसी ही स्थिति धौलावीरा में भी विकसित हुई। इसके पाँचवें चरण में नागरिक प्रशासन के ध्वस्त होने के चिह्न मिलते हैं और कुछ समय के लिए शहर का ही परित्याग कर दिया गया। जब इस पर पुनः कब्जा किया गया (स्टेज VI) तो छठे चरण में सिन्धु लोथल (करेक्टर) के साथ मुहरों का प्रयोग हुआ परन्तु लोथल V की ही तरह उन पर चित्रों का प्रतिनिधित्व नहीं था। सिन्धु सभ्यता के मिट्टी के बर्तनों का प्रयोग जारी रहा लेकिन कुछ बर्तनों के आकार में परिवर्तन आया जो जुखार संस्कृति के बर्तनों के अधिक अनुरूप थे। लगभग सौ वर्षों तक एक और परित्याग का समय आया। सातवें चरण में (स्टेज VII में) घरों का आकार गोल हो गया (जबकि सिन्धु सभ्यता के समय यह आयताकार था) और इनका निर्माण उन्हीं पुरानी प्रयुक्त ईंटों से हुआ। हालाँकि मिट्टी के कुछ बर्तनों का प्रयोग जारी था परन्तु मुहरों का प्रयोग समाप्त हो गया। सौराष्ट्र के उत्तरपूर्वी सिरे पर एक तीसरा स्थल बेत द्वारका है यह केवल 'लेट इंडस' दौर के ही लिए जाना जाता है। थर्मोलुमेनेसेंस विधि से इसका काल निर्धारण 1570 बी.सी. किया गया जो उत्तर

सिन्धु सभ्यता का बर्तन है। यहाँ से प्राप्त एक जार पर द्विकृत सिन्धु चिह्न (करेक्टर) अंकित है और तीन सिरोंवाली जानवर की आकृति उत्कीर्ण की गई एक मुहर भी मिली है।

सिन्धु घाटी में सिन्धु सभ्यता के पतन की तुलना में गुजरात में इसकी समाप्ति काफी धीरे-धीरे प्रतीत होती है। इसका कारण दूसरी संस्कृति द्वारा बलपूर्वक उसका स्थान ले लेने के बजाय, सिन्धु सभ्यता के मूल केन्द्रीय क्षेत्र (कोर एरिया) से सम्बन्ध टूटना अधिक प्रतीत होता है। इसके अतिरिक्त वहाँ पर 1600 बी.सी. के आसपास काफी आन्तरिक उथल-पुथल हुई और ग्रामीण संस्कृति ने कब्जा जमा लिया। इस प्रकार की दो संस्कृतियों को चिह्नित किया गया है। एक तो अभी-अभी उद्धृत चमकीले लाल बर्तनवाली और दूसरी प्रमास पाटन या सोमनाथ स्थल के नाम पर है।

गुजरात में 'लेट इंडस' की अवधि या पोस्ट इंडस की अवधि में धान की खेती (चावल) का कोई प्रमाण नहीं मिलता। रोजदी से प्राप्त साक्ष्यों के अनुसार आकलन से मुख्य फसलें मोटा अनाज (रागी, बाजरा, ज्वार) की थी, यह सभी 'खरीफ' की फसलें हैं परन्तु इनको मसूर और मटर की 'रबी' की फसलों से सम्पूरित किया जा सकता था।

3.3 ताम्र पाषाणीय (कैल्कोलिथिक) संस्कृतियाँ (1500 बी.सी. तक)

सिन्धु घाटी के उत्तर तक, कश्मीर की नवपाषाणकालीन संस्कृति (नियोलिथिक कल्चर) जिसका वर्णन 'प्रागैतिहास' के अध्याय 3.5 में किया जा चुका है, अपने अन्तिम चरण (तीसरे चरण) में (2000-1500 बी.सी.) प्रवेश कर चुकी थी। यह समय लगभग सिन्धु सभ्यता के अधोपतन का था। खुरदुरे भद्दे लाल बर्तनों ने पुराने मिट्टी के बर्तनों का स्थान ले लिया था, और बुर्जाहोम में विशाल पत्थरों से निर्मित एक घेरा (सर्किल) मिला है। बुर्जाहोम से प्राप्त एक तीर का अगला भाग दूसरे दौर (2000 बी.सी.) की समाप्ति दर्शाता है। और गुफकराल से प्राप्त एक बालोंवाली चिमटी (हेयर पिन) ताँबे के प्रवेश का द्योतक है। पहले से ही उत्पादित गेहूँ, जौ, मसूर और मटर की फसलों में चावल की एक और फसल जुड़ गई। गुफकराल में इसकी खेती के प्रमाण हैं।

'प्रागैतिहास' के अध्याय 3.4 में पढ़ा है कि सिन्धु सभ्यता के क्षेत्र के ठीक पूरब में राजस्थान और गुजरात के कुछ क्षेत्र अभी भी मध्य प्रस्तर कालीन (मेसलिथिक) थे और इन्होंने नवपाषाण युग के स्तर में भी प्रवेश नहीं किया था। इनके पुरावशेष स्थल बागोर और लनझन है। परन्तु इन स्थलों ने पूर्व सिन्धु संस्कृति का प्रतिनिधित्व और फिर सिन्धु सभ्यता में ताँबे के प्रयोग का विस्तार होने में सहायता की और इसके आधार पर ओ.सी.पी. और बनास की दो नई संस्कृतियों का उदय हुआ।

ओ.सी.पी. संस्कृति, जिसका नाम गेरू के रंग के मिट्टी के बर्तनों (ओकर

कलर पाटरी) के नाम पर पड़ा, इसके मुख्य पुरावशेष स्थल उत्तर पूर्वी राजस्थान के जोधपुर और गनेश्वर में हैं, जबकि इस प्रकार की पाटरी (मिट्टी के बर्तन) पश्चिमी उत्तर प्रदेश के अतरंजी खेड़ा और लालकिला स्थलों पर भी प्राप्त हुई है। कार्बन और थर्मोलूमेनेसेंस विधि से इसका काल निर्धारण 2800–1500 बी.सी. किया गया है। गनेश्वर स्थल से स्थापित किया गया क्रम दर्शाता है कि ओ.सी.पी. संस्कृति के पहले चरण के मिट्टी के बर्तनों में मध्य प्रस्तर कालीन दौर का कम ही प्रभाव है। यहाँ अधिकांश मिट्टी के बर्तन हाथ से ही निर्मित हैं और कुछ बर्तनों को चाक से निर्मित किया गया है। परन्तु ओ.सी.पी. संस्कृति के आखिरी चरण में सम्भवत: सिन्धु सभ्यता के प्रारम्भ काल या इससे पूर्व, 90 प्रतिशत शिल्प तथ्य ताँबे से निर्मित हैं (इसमें जरा सा भी टिन मिश्रित नहीं है)। इसी क्षेत्र में बैरात–सिंहना की प्रसिद्ध ताँबे की खान होने से उक्त तथ्य असंदिग्ध है।

इस संस्कृति की खोज ने ताँबे की वस्तुओं के भंडार के रहस्य को उद्घाटित कर दिया। पश्चिमी और मध्य उत्तर प्रदेश के इलाकों में विभिन्न स्थलों से बड़ी संख्या में ताँबे के चौरस (फ्लैट) औजार और हथियार, धारदार तलवारें और भाले का अग्रभाग आदि प्राप्त हुए हैं और यह ओ.सी.पी. संस्कृति से सम्बद्ध है।

ओ.सी.पी. संस्कृति से इसके सम्बन्ध सैपई स्थल (पश्चिमी उत्तर प्रदेश) से विश्वसनीय तरीके से स्थापित हुए हैं (देखें चित्र 3.4)। अतरंजी खेड़ा में पक्की ईंट और साथ ही साथ कच्ची ईंट का प्रयोग और मिट्टी के बर्तनों की कुछ आकृतियाँ प्रारम्भिक सिन्धु सभ्यता के बर्तनों के समरूप हैं। यह सिन्धु सभ्यता के अप्रत्यक्ष प्रभाव का संकेत देती है। जौ, चना और खेसारी का उत्पादन 'रबी' की फसल में और 'खरीफ' की फसल में प्रमुख रूप से धान की खेती होती थी। चम्बल नदी की शाखा नदी बनास की घाटी के एक सिरे पर स्थित, दक्षिण मध्य राजस्थान का स्थल अहार बनास संस्कृति का प्रतीक स्थल (टाइप साइट) हैं। कार्बन विधि से निर्धारित इसका समय 3000–1300 बी.सी. है। बलाथल स्थल में इसका काल निर्धारण 3000–2000 बी.सी. किया गया

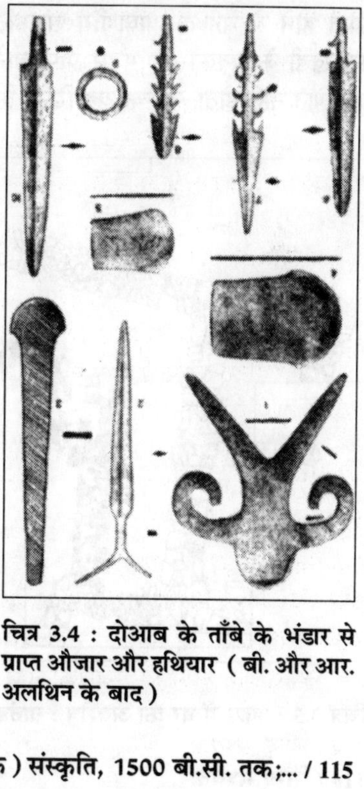

चित्र 3.4 : दोआब के ताँबे के भंडार से प्राप्त औजार और हथियार (बी. और आर. अलथिन के बाद)

है। इस संस्कृति के मिट्टी के बर्तनों की लाक्षणिक विशेषता काले और लाल बर्तनों पर सफेद रंग से सजावट है। अहार में औजारों के लिए मात्र एक धातु ताँबा ही है और वहाँ पर ताँबा पिघलाने के भी प्रमाण मिले हैं। इस स्थल के समीप ही राजपुर दरीबा में ताँबे की खदानें थीं जहाँ से 1345–1100 बी.सी. के दौरान निर्धारित समय में ताँबा निकाला जाता था। गिलुंड में आज भी कठोर पत्थर का उद्योग प्रतीत होता है अत: पत्थर के औजारों का प्रयोग अवश्य होता होगा। बलाथल से प्राप्त साक्ष्य 2000 बी.सी. से पूर्व गेहूँ, जौ, चना और काउन काला और हरा चना, मटर, और अलसी की खेती का प्रमाण देते हैं। जबकि अहार में धान, ज्वार और बाजरा की खेती के प्रमाण मिले हैं जिसमें केवल धान को छोड़ सभी अनाजों की खेती 2000 बी.सी. से पूर्व होती थी। उस समय पत्थर मिट्टी, मिट्टी की ईंटों के साथ छप्पर आदि से घरों का निर्माण होता था। (चित्र 3.5)

इससे आगे दक्षिण में (पश्चिमी मध्य प्रदेश) में ऊपर चम्बल की घाटी में, मालवा में कयाथा (Kayatha) संस्कृति की खोज हुई, इसका समय 2400–2100 बी.सी. निर्धारित किया गया है। यहाँ आदिकालीन मिट्टी के बर्तन प्राप्त हुए हैं, इनमें 85 प्रतिशत बर्तन हस्तनिर्मित हैं परन्तु काफी संख्या में ताँबे के शिल्प तथ्य प्राप्त होने से यह ताम्रपाषाणीय संस्कृति है। मूल्यवान लाल पत्थर, गोमेद और सेलखड़ी के मनकों का भंडार प्राप्त होने से स्थानीय स्तर पर व्यापारिक उत्पादन प्रमाणित नहीं होता, बल्कि यह सिन्धु के सीमावर्ती इलाकों से आयात किया गया

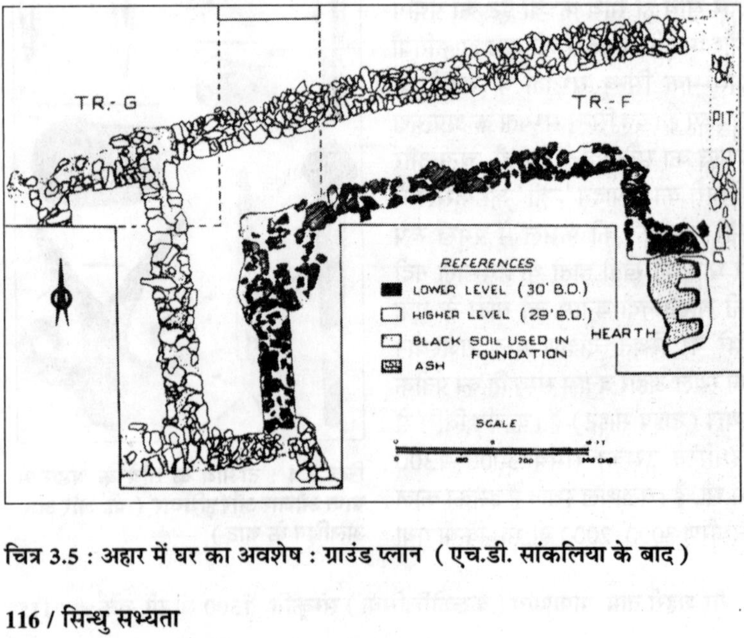

चित्र 3.5 : अहार में घर का अवशेष : ग्राउंड प्लान (एच.डी. सांकलिया के बाद)

था। इसके बाद कयाथा में एक 'बनास का दौर' (बनास फेज) 2100–1800 बी.सी. के बीच आया। इस काल में बनास संस्कृति की मिट्टी के बर्तन दिखाई देते हैं, टेराकोटा की लघुमूर्तियाँ, साँड़वाले धार्मिक मत का संकेत देती हैं।

मध्य प्रदेश और महाराष्ट्र के विशाल भाग में 2000 बी.सी. के बाद फैलनेवाली एक प्रमुख ताम्र-पाषाणीय संस्कृति को मालवा संस्कृति का नाम दिया गया। इसका क्षेत्र एक विशाल अर्धचन्द्राकार रूप में महाराष्ट्र के इनामगाँव से उत्तर की ओर झुकते हुए नर्मदा के ऊपर नावदा टोली को समेटते हुए उत्तर पूर्व की ओर मध्य प्रदेश में अरन और त्रिपुरी तक फैला हुआ है। महाराष्ट्र में यह सवालदा संस्कृति की उत्तरजीवी संस्कृति है जो ताँबे के कुछ औजारों और धीमी गति के चाक पर निर्मित मिट्टी के बर्तनों (2000–1700 बी.सी.) के साथ नवपाषाण कालिक संस्कृति थी। इसलिए मध्य प्रदेश में मालवा संस्कृति का काल (लगभग 2000–1400 बी.सी.) महाराष्ट्र की मालवा संस्कृति (1800–1400 बी.सी.) से पहले है।

मालवा संस्कृति के क्षेत्र में 'रबी' और खरीफ' की दोनों फसलें बोई जाती थीं। गेहूँ, जौ, मसूर, धान (थोड़ी देर से इसकी खेती शुरू हुई) रागी, बींस, खेसारी, काला, हरा और घोड़ेवाला चना और अलसी का उत्पादन होता था। महाराष्ट्र में, इनामगाँव के अतिरिक्त किसी भी स्थल पर धान के उत्पादन के प्रमाण नहीं मिलते। इनामगाँव में धान उत्पादन के साक्ष्य मिलते हैं, वहाँ मालवा संस्कृति सम्भवतः इसी क्रम में जोरवी संस्कृति का रूप होगी। कपास के कोई भी साक्ष्य नहीं प्राप्त हुए, हालाँकि बड़ी संख्या में उपलब्ध मिट्टी के निर्मित छिद्रित पहिए किसी खिलौने के पहिए नहीं हैं बल्कि तकुए के पहिए हैं तो वहाँ कपास उत्पादन की सम्भावना हो सकती है। मालवा की पॉटरी की विशेषता चाक से निर्मित अनेक प्रकार के आकार और डिजाइन में लाल रंग पर काले से रँगे बर्तन हैं। इस पर की गई पेंटिंग ज्यामितीय पद्धति से उच्चकोटि की शैली में ढली है और पशुओं तथा मनुष्य के रूप में बने चित्र नगण्य हैं। नावदाटोली में प्राप्त पनालीदार टोंटीवाला प्यालानुमा बर्तन (चित्र 3.6), पश्चिमी एशिया का प्रोत्साहन हो सकता है परन्तु इनामगाँव से प्राप्त चीनी मिट्टी से निर्मित लम्बी नलीवाला बर्तन

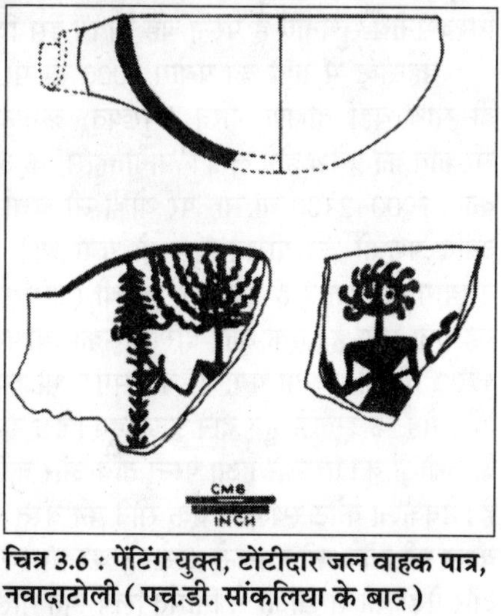

चित्र 3.6 : पेंटिंग युक्त, टोंटीदार जल वाहक पात्र, नवादाटोली (एच.डी. सांकलिया के बाद)

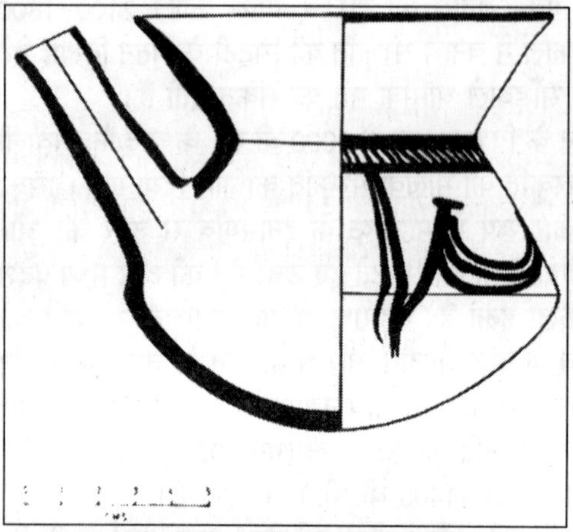

चित्र 3.7 : टोंटीदार पात्र (सिरामिक), इनामगाँव
(एम.के. धवलीकर के बाद)

(लोटा) अपनी तरह का सबसे पुराना बर्तन है। यह एक देशज बर्तन लगता है और यह सम्भवतः हस्तनिर्मित विभिन्न बर्तनों का एक उदाहरण है जिसके बारे में दक्षिण भारतीय नवपाषाण कालीन संस्कृति के स्थल टेक्कला कोट से रिपोर्ट प्राप्त हुई है। इनामगाँव और दाइमाबाद में बने घर सामान्यतः आयताकार थे। इन्हें नीचे मिट्टी की ऊँची दीवार पर पेड़-पौधों की शाखाओं, घास और मिट्टी की लिपाई कर दीवारें बनाई गई थीं। उत्खननकर्ताओं ने एक घर में खोदकर मन्दिर, अग्निकुंड, और जला हुआ अनाज प्राप्त किया। कुछ शवों के साथ सेलखड़ी के मनके, सलमे सितारे और कुछ अन्य सामग्री प्राप्त हुई जो या तो दफनाए गए थे या अस्थि कलश या गड्ढे में गाड़े गए थे।

महाराष्ट्र में 1500 बी.सी. के बाद मालवा संस्कृति का स्थान धीरे-धीरे जोरावी संस्कृति लेती है जो खुद भी एक नवपाषाणीय संस्कृति थी। इस विषय में हमारे पास विश्वसनीय सूचनाएँ हैं परन्तु यह विषय इस विनिबंध की सीमा से बाहर है।

महाराष्ट्र में ताँबे का प्रयोग 2000 बी.सी. के बाद प्रारम्भ हुआ। इसके साथ ही साथ यहाँ दक्षिण भारत (मुख्यतः कर्नाटक और आन्ध्र) की नवपाषाणीय संस्कृति का प्रवेश होने लगा। 'प्रागैतिहास' के अध्याय 3.5 में हमने इसके प्रारम्भिक काल 3000-2100 बी.सी. पर थोड़ी सी चर्चा की है। इस समय तक भेड़, बकरी आदि पशुओं का पालन शुरू हो गया था। अनाज पीसनेवाले यंत्र अनाजों के उपयोग को दर्शाते हैं और जौ, कुल्थी (हार्स ग्राम) के अवशेषों को स्पष्ट रूप से पहचाना गया है। एक और दौर जिसका विभिन्न प्रकार से काल निर्धारण 2100-1700 बी.सी. किया गया है, यह समय भी ध्यान देने योग्य है। इस दौर में रागी, और गेहूँ के झुलसे हुए दाने प्राप्त हुए। इस समय अनाज पीसनेवाले यंत्रों, पत्थर के हथौड़ों का विस्तार हुआ परन्तु ताँबे और काँसे के भी कुछ शिल्प तथ्य प्राप्त हुए हैं। टेक्कला कोट स्थल से एक सोने की वस्तु भी प्राप्त हुई है। इस क्षेत्र में प्राचीन काल की सोने की खान से उत्खनन का प्रमाण माना जा सकता है। मिट्टी के गारे और पेड़ों की शाखाओं से निर्मित लिपे-पुते गोल घर, प्रारम्भिक नवपाषाण कालिक

दौर से अधिक स्थायित्व की स्थिति दर्शाते हैं। वाटगल स्थल पर अस्थि कलश में और बिखरे रूप में शवों को दफनाने की मालवा संस्कृति के प्रतीक बस्ती के अन्दर आवासीय क्षेत्र में मिले हैं। इसी समय में पत्थर की शिला पर पशुओं और अन्य जानवरों के लघुचित्रों के साथ नृत्य करते हुए लघुचित्रों की उपस्थिति इस काल में पत्थर की शिलाओं पर कला (रॉक आर्ट) के विकास का प्रमाण है हालाँकि इस प्रकार एक-एक वस्तु का काल निर्धारण करना कठिन है। परन्तु दक्षिण भारतीय नवपाषाण काल को केवल 1500 बी.सी. के बाद ही चिह्नित किया जा सकता है और इसे ताँबे के औजारों और कुछ अन्य विशेषताओं के साथ महाराष्ट्र की जोरवी संस्कृति से सम्बद्ध किया जा सकता है।

ऊपर गंगा बेसिन की आरम्भिक ओ.सी.पी. संस्कृति स्पष्ट रूप से 500 बी.सी. पूर्व पूर्वी भारत में फैल चुकी थी और इसी के साथ पूर्वी भारत में ताँबे का भी प्रयोग आरम्भ हो गया। पूर्वी उत्तर प्रदेश में अब तक उत्खनित स्थलों से अभी तक इसका सही काल निर्धारण नहीं हो सका है। इमली डीह स्थल से हाथ से निर्मित मिट्टी के बर्तनों की उपस्थिति 1500 बी.सी. तक प्रतीत होती है और नवपाषाण काल से इसके सूत्रों को जोड़ती है। परन्तु 'रबी' और 'खरीफ' दोनों फसलों में उत्पादित अनाजों की सूची काफी प्रभावशाली है। धान (चावल), जौ, गेहूँ (दोनों प्रकार का), ज्वार, बाजरा, मसूर, चना, मटर, खेसारी, सरसों, और तिल सभी फसलें बोई जाती थीं। भेड़, बकरी, सुअर और अन्य जानवर घरों में पाले जाते थे। घरों का निर्माण पेड़ों की शाखाओं, घास-फूस और मिट्टी से होता था, इसका काल निर्धारण समीप के पुरावशेष स्थल सोगौरा में ताम्र-पाषाण दौर के, चाक से निर्मित काले और लाल रंग के मिट्टी के बर्तनों से होता है जो यहाँ पर 1500 बी.सी. तक पहुँचे हैं। बिहार में सेनुवार और चिराद तथा सम्भवत: ताराडीह स्थलों पर नवपाषाण कालीन संस्कृति के समय ही, 1800 बी.सी. के प्रारम्भ में ही ताँबे का प्रयोग शुरू हो गया था। नवपाषाण काल में ही यहाँ पर धान (चावल) जौ, गेहूँ (दोनों प्रकार का), मसूर, खेसारी की खेती पहले से ही होने लगी थी। चाक द्वारा निर्मित मिट्टी के बर्तनों (विशेष रूप से लाल और स्लेटी रंग के पकाए हुए बर्तन) का प्रयोग प्रमुखता से होता था, जबकि विन्ध्य के नवपाषाण कालीन रस्सियों से सजे हुए बर्तन भी दिखाई देते हैं (इसके लिए देखें 'प्रागैतिहास' पुस्तक का अध्याय 3.4)

पश्चिम बंगाल में प्रवेश करते ही हमें भरतपुर और महिषादल में ताम्र पाषाण काल का समय करीब 1700 बी.सी. निर्धारित मिलता है। यद्यपि हाटकीरा और पांडु राजार धीबी का काल थोड़े बाद में निर्धारित किया गया है। ताँबे के साथ चाक से निर्मित पके हुए काले, लाल रंग के मिट्टी के बर्तन भी सामान्य रूप से मिले हैं। धान (चावल) का उत्पादन होता था और पशुओं को घरों में पाला जाता

था। ओडिसा का पुरावशेष स्थल गोलाबी सासन का विवरण भी इसी प्रकार है। नवपाषाण काल के मिट्टी के बर्तन देखने में ताम्र पाषाण काल के हैं।

पूर्वी भारत में ताँबे का स्रोत सम्भवत: दक्षिणी झारखंड के डलभूम और सिंघभूम के भंडार थे जहाँ से काफी ताँबा निकाला गया है। प्रतिनिधि के रूप में यह भंडार, झारखंड और छत्तीसगढ़ में ताँबे के विशाल भंडारों की मौजूदगी को प्रमाणित करते हैं। 424 ताँबे की वस्तुओं (कुल भार 200 किलोग्राम) 102 चाँदी के हल्के टुकड़ों का एक उल्लेखनीय भंडार मध्य प्रदेश में जबलपुर से दक्षिण गंगेरिया स्थल से (एक मुखिया के भंडार और खजाने से) प्राप्त हुआ है।

दुर्भाग्य से इनका काल निर्धारित नहीं हो सका, यद्यपि इनका आदिकालीन स्वरूप ताँबे के आरम्भिक प्रयोग के समय का संकेत देता है।

उत्तर पूर्वी भारत में ताँबे का प्रयोग आरम्भ होने का समय बिलकुल अनिश्चित है। मणिपुर में नैपचिक स्थल से, शुद्ध रूप से ताम्र पाषाण काल के औजार और हस्तनिर्मित रस्सियों से बँधे हुए मिट्टी के बर्तन प्राप्त हुए हैं। थर्मोलुमेनिसेंस विधि से इनका काल 2000–1300 बी.सी. निर्धारित किया गया है। इस समय तक वहाँ ताँबे की कोई भी वस्तु प्राप्त नहीं हुई है।

3.4 1500 बी.सी. से पहले भाषा परिवर्तन

'प्रागैतिहास' के अध्याय 2.1 में हमने देखा है कि करीब दो मिलियन वर्ष पहले होमोहैबलिश के अपने मस्तिष्क के ब्रोका क्षेत्र में इतना प्रचुर विकास हो गया कि उसमें बोलने की क्षमता आ गई। परन्तु उसकी (बोली) में शब्दों की अपेक्षा मुद्राओं, किलक, गुर्राहट और चीख ही अधिक थे। वह अभी भी शरीर विज्ञान के अनुसार बोलने के लिए आवश्यक श्वास लेने या श्वासोच्छ्वास क्रिया पर पर्याप्त नियंत्रण नहीं रखता था। होमो इरिक्टस ने इसके ऊपर कितनी क्षमता विकसित की है यह आज भी एक ज्वलन्त प्रश्न है। सबसे नीचे की वर्टिब्रा का छेद जिसके द्वारा रीढ़ की हड्डी पार होती है अभी भी बहुत छोटा था। शरीर विज्ञान के अनुसार यह एक आधुनिक मनुष्य था, जो लगभग 100,000 वर्ष पहले अफ्रीका में अपना विस्तार करता रहा और अन्त में उसने बोलने की क्षमता विकसित कर ली। अब वह शब्दों को गढ़ सकता था और उनके वाक्यों की रचना कर सकता था। मनुष्य की सभी ज्ञात भाषाओं का यह एक सामान्य स्वरूप है, इसके बोलनेवाले चाहे जितने भी आदिम क्यों न हों। नवपाषाण कालिक क्रान्ति से पूर्व बोली जानेवाली भाषाओं की संख्या अवश्य ही बहुत रही होगी, जैसाकि हमें आधुनिक अध्ययन से ज्ञात हुआ है। जितना प्राचीन मानव समाज था उसमें उतनी ही अधिक भाषाएँ बोली जाती थीं। इस प्रकार पापुआ के मूल निवासियों की संख्या दो मिलियन थी और वे 60 भाषा परिवारों की 750 भाषाएँ बोलते थे।

जैसे-जैसे मनुष्यों के बीच आपसी मेल-मिलाप और आदान-प्रदान बढ़ा, व्यापार का विस्तार हुआ, प्रत्येक स्टेट अधिक से अधिक क्षेत्रों पर नियंत्रण करती गई। आधीन लोगों के बीच एक ही भाषा के प्रयोग पर जोर दिया जाता। इस प्रक्रिया में कम संख्यावाले लोगों की भाषा विलुप्त होने लगी। पलायन के कारण भी पुरानी देशज (नेटिव) भाषाओं को अप्रवासियों की भाषाओं ने समाप्त कर दिया या जनसंख्या के एक प्रभावशाली हिस्से (शाही/बुर्जुआ वर्ग) ने सम्भवतः अपनी भाषा दूसरों पर आरोपित कर दी। इस प्रकार नवपाषाण कालीन क्रान्ति के समय से ही भाषाओं की संख्या में निरन्तर भारी कमी होती रही, भारत में भी यही सामान्य प्रक्रिया रही है।

समय के साथ भाषाएँ स्वयं भी बदलती हैं। परन्तु उनकी पहली स्थिति के अनेक अवशेष और अपनी पितृभाषा का प्रभाव उनके साथ जुड़ा रहता है। इस प्रकार के अवशेष हमें एक ही पैतृकता, एक ही परिवार और उपपरिवार (फेमिली और सब फेमिली) की भाषाओं को चिह्नित करने में मददगार होते हैं (देखें नोट 3.1)।

भारतीय गणतंत्र के संविधान में जिन भाषाओं को सूचीबद्ध किया गया है, भारत में केवल वह प्रमुख भाषाएँ नहीं हैं बल्कि अनेक कम जनसंख्यावाले लोगों द्वारा बोली जानेवाली भाषाएँ भी हैं। अधिकांश भाषाओं को निम्नलिखित चार समूहों (चार परिवारों) में विभाजित किया जा सकता है :

1. सिनो-तिब्बतन : तिब्बती-बर्मी शाखा
2. आस्ट्रो-एशियाटिक : मुंडा और मोन-खमेर शाखा
3. द्रविड़ियन दक्षिणी, मध्य, दक्षिण मध्य और उत्तरी शाखा
4. इंडो-यूरोपियन : इंडो आर्यन या इंडिक, दारदिक ईरानिक और नूरी सेटानी शाखा (देखें, नक्शा 3.3)

सिनो-तिब्बतन भाषा परिवार के अन्तर्गत आनेवाली सभी भाषाएँ उत्तर पूर्वी भारत और हिमालय के सीमावर्ती क्षेत्र, जहाँ तिब्बती-बर्मीज शाखा की भाषाएँ बोली जाती हैं। मुख्य रूप से यह भाषाएँ चीन, भूटान और म्यांमार (बर्मा) के तिब्बती क्षेत्र में बोली जाती हैं। केवल पश्चिमी मेघालय में बोली जानेवाली गारो भाषा को मुख्य तिब्बती जोन से अलग किया जा सकता है जहाँ कि इंडो-आर्यन भाषाओं (बांग्ला और असमी) भाषा की पतली सी बेल्ट है और इस क्षेत्र में तिब्बनो-बर्मीज भाषा के प्रवेश के काफी बाद इस इंडो-आर्यन भाषा का प्रवेश हुआ है।

दूसरी तरफ आस्ट्रो-एशियाटिक परिवार की पूर्वी मेघालय में बोली जानेवाली, मोन-खमेर शाखा की असली भाषा खासी है और यह दक्षिण पूर्व एशिया की अन्य मिलती-जुलती भाषाओं से अलग-थलग है। मुंडा शाखा की भाषाओं में झारखंड, बिहार और ओडिसा में बोली जानेवाली मुंडारी, और संथाली भाषा है तथा दक्षिण ओडिसा में सवारा, मध्य प्रदेश-महाराष्ट्र सीमा पर कुछ और पश्चिम में दो छोटे-

नक्शा 3.3 : भाषा और भाषा परिवार

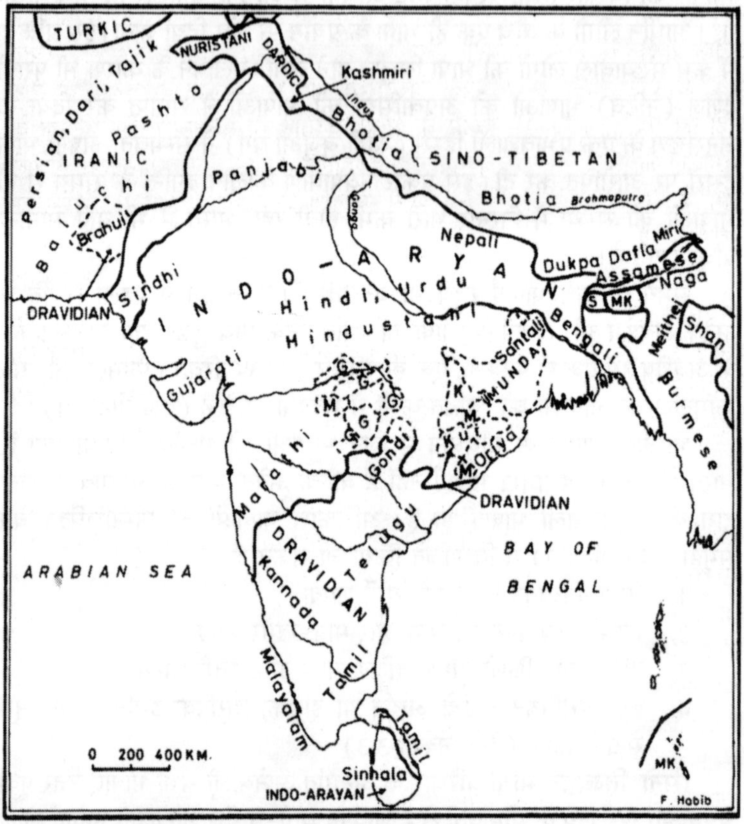

G= Gondi (DRAVIDIAN) K = Kurukh (DRAVIDIAN) M = MUNDA MK = MON-KHMER
S= Garo (SINO-TIBETAN)

छोटे इलाकों में कोरकी भाषा के इलाके हैं। मुंडा शाखा की भाषा भारत तक ही सीमित है जबकि मोन–खमेर शाखा की भाषाएँ भारत से बाहर वियतनाम, खमेर (कम्बोडिया में), मोन (म्यांमार, या बर्मा और थाइलैंड) में बोली जाती हैं। आस्ट्रो–एशियाटिक परिवार के विभाजन से यह बिलकुल सम्भव है कि दक्षिण पूर्व एशिया में बोली जानेवाली पैतृक भाषा और 5000 बी.सी. के बाद जैसे धान (चावल) की खेती का विस्तार हुआ, आस्ट्रो–एशियाटिक भाषा बोलनेवाले किसान समुदायों ने अपना विस्तार किया। इन किसानों ने स्थानीय पुरापाषाणिक (पैलियोलिथिक) या मध्य पाषाणकालिक (मेसोलिथिक) शिकारी समुदायों को या तो अपने में समाहित कर लिया या उनको छोड़कर वे 3000 बी.सी. से पूर्व, पूर्वी

और मध्य भारत में आ पहुँचे। इस प्रकार का भाषा विस्तार कालिनरिनफ्यू की इस मूल कल्पना से मेल खाता है कि कृषि के विस्तार से एक प्रभावशाली भाषा ने अनेक प्राचीन बोलियों का मूलोच्छेदन कर दिया। (देखें 'प्रागैतिहास' का अध्याय 3.4) धान की खेती के प्रारम्भिक विस्तार के बारे में इस बात को दृढ़ता के साथ कहा जा सकता है कि इस प्रकार के भाषा विस्तार का मतलब विभिन्न नस्ल के लोगों का जैविक समागम आवश्यक नहीं है। हालाँकि आस्ट्रो-एशियाटिक बोलीवाले लोगों के अपने विस्थापन के हर चरण में स्थानीय जनता के साथ आपसी सम्मिलन अवश्य हुआ होगा।

भारत में इंडो-आर्यन भाषा-भाषी लोगों के बाद दूसरे नम्बर पर द्रविड़ भाषा परिवार है। इंडो-आर्यन भाषा के बाद सर्वाधिक लोग द्रविड़ परिवार की भाषा बोलते हैं। तमिल, मलयालम और कन्नड़ दक्षिण के एक भाषा-भाषी समूह का निर्माण करती हैं। तेलुगू आन्ध्र प्रदेश में बोली जाती है और गोंडी, मध्य प्रदेश के व्यापक क्षेत्रों और दक्षिण मध्य क्षेत्र में बोली जाती है। कोलमी, महाराष्ट्र से मध्य भारत तक; कुरुख-झारखंड, छत्तीसगढ़ और नेपाल में और ब्राहुई, बलूचिस्तान से लेकर उत्तर पूर्व तक बोली जाती है। इन विभिन्न भाषा समूहों के साथ अनेक गौण भाषाएँ भी जुड़ी हुई हैं। तमिल भाषा का लम्बा साहित्यिक इतिहास है। इसका आरम्भ लगभग प्रथम शताब्दी ईसा पूर्व से होता है। इन भाषाओं के शब्द भंडार और व्याकरण की तुलना करते हुए, एक मूल काल्पनिक प्रोटो-द्रविड़ भाषा को पुनः निर्मित किया जा सकता है और द्रविड़ भाषाओं के अलग-अलग बोले जाने से पूर्व बोली जानेवाली भाषा की कल्पना की जा सकती है। द्रविड़ भाषाओं के उच्चारण में पृष्ठाभिमुख वक्रण (रिट्रक्लेक्स : जबान को पीछे मोड़कर तालू से लगाकर उच्चारण करना) एक प्रधान विशेषता है, जैसे एल, एन, आर, आर, एच आदि के उच्चारण में जबान पीछे मोड़ना पड़ती है। जबकि भारतीय उपमहाद्वीप के बाहर बोली जानेवाली इंडो-यूरोपियन और आस्ट्रो-एशियाटिक दोनों भाषाओं में इस प्रकार का पृष्ठाभिमुख उच्चारण (रिट्रफ्लेक्शन) नहीं है।

यह आदिम द्रविड़ भाषा है या इसकी उत्तरजीवी भाषा है जहाँ से आस्ट्रो-एशियाटिक और इंडो-आर्यन भाषाओं ने अपने पृष्ठाभिमुखी वक्रण उच्चारण के स्वरों को प्राप्त किया है, इसके लिए यह एक विश्वसनीय धारणा है।

इस निष्कर्ष के अनेक परिणाम हो सकते हैं। द्रविड़ मूल के, पृष्ठाभिमुखी वक्रण उच्चारणवाले (रिट्रफ्लेक्सियन) कुछ शब्द (दो दर्जन से अधिक) ऋग्वेद में मौजूद हैं, जबकि अवेस्ता में ऐसे शब्द नहीं है। चूँकि प्राचीनतम ईरानी ग्रन्थों में जिनका व्याकरण और शब्द भंडार ऋग्वेद से मिलते हैं, इस बात का भली प्रकार अनुमान लगाया जा सकता है कि ऋग्वेद के पाठकर्ताओं ने अपने उच्चारण में सर्वाधिक त्रुटिहीन इंडो-इरानियन रिट्रफ्लेक्सियन शब्दों को प्रवेश कराया और

ऐसा उन्होंने पुरानी स्थानीय भाषा बोलनेवालों के उच्चारण के प्रभावस्वरूप किया। चूँकि ऋग्वेद की स्तुतियों की रचना का क्षेत्र हिन्दूकुश और गंगा के बीच में है, इसलिए यह बिलकुल उपयुक्त प्रतीत होता है कि पंजाब या अपर सिन्धु घाटी की कुछ 'मूल' भाषाएँ उस समय द्रविड़ भाषा परिवार की सदस्य रही हों। ब्राहुई भाषा की भौगोलिक सन्निकटता के कारण इसकी समरूपता विकसित हुई है जिसके बोलनेवाले उत्तरी पूर्वी बलूचिस्तान में हैं जोकि पंजाब से बहुत दूर नहीं है। ब्राहुई भाषा की अतिप्राचीनता के बारे में डेविड मैकाल्पिन की खोज ने ब्राहुई और इलेमाइट के बीच सम्पर्क स्थापित कर इसकी अतिप्राचीनता को स्थापित किया है। हालाँकि इन दोनों भाषाओं के बीच स्थापित किए गए सम्बन्ध विवादित हो सकते हैं। इसी प्रकार आदिकालीन द्रविड़ भाषा और पूर्वी यूरोप और साइबेरिया की भाषा उरालिक के बीच सम्बन्ध स्थापित किए गए हैं और यह भी संकेत किया गया है कि आज के उत्तरी अक्षांश से बहुत दूर अक्षांश में द्रविड़ भाषा-भाषी लोग थे।

हमने नोट 2.1 में देखा है कि सिन्धु लिपि में, 'आधिकारिक' सिन्धु भाषा को द्रविड़ भाषा परिवार से जोड़ने के पर्याप्त संकेत मिलते हैं। यह भी सम्भव है कि सिन्धु घाटी में कृषि पर आधारित सांस्कृतिक एकता ने अन्य भाषाओं की कीमत पर इस अधिकृत सिन्धु भाषा के विस्तार में सहायता प्रदान की हो।

उस समय दक्षिण भारत में भी द्रविड़ भाषा बोली जाती थी, यह सुनिश्चित करना कठिन है। पारपोला ने इस सूत्रीकरण को आगे बढ़ाया है कि ताँबे के प्रयोग के विस्तार और फसलों की खोज में हुई वृद्धि से 2000 बी.सी. के बाद, दक्षिण भारत में मालवा और जोरवी संस्कृति के द्वारा द्रविड़ भाषा-भाषी लोगों द्वारा उत्तर से दक्षिण की ओर पलायन करने के संकेत मिलते हैं। वहाँ पहुँचने के बाद जैसे कृषि, शिल्पकारी और वाणिज्य का विशाल क्षेत्र में विस्तार हुआ, कम संख्यावाली द्रविड़ भाषाओं ने वहाँ की अधिकांश खानाबदोश पशुपालक समूहों की प्राचीन भाषाओं का स्थान ले लिया। हालाँकि यह एक ऐसी मूल कल्पना है जिसे प्रमाणित और खंडित करना दोनों कठिन हैं।

आज इंडो-यूरोपीय भाषाओं में, इंडो-आर्यन या इंडिक भाषा को दक्षिण एशिया की सर्वाधिक जनसंख्या बोलती है। इन इंडो-आर्यन भाषाओं में, हिन्दुस्तानी (हिन्दी और उर्दू की बोलचाल की भाषा, मराठी, गुजराती, बंगाली, पंजाबी, सिन्धी, उड़िया, असमी, सिंहला (श्रीलंका में), नेपाली और अन्य अनेक भाषाएँ आती हैं। दारदिक शाखा, इंडो-आर्यन भाषा के सन्निकट है और भारत के सुदूर उत्तरी क्षेत्र में ऐसी भाषाओं का एक सेट है जिसमें केवल कश्मीरी भाषा प्रमुख साहित्यिक भाषा है। इसके अतिरिक्त ईरानी भाषाओं में पश्तो और बलूची भाषा पाकिस्तान में बोली जाती हैं। उत्तर पश्चिम अफ़ग़ानिस्तान और उत्तर पश्चिमी फ्रन्टियर प्राविंस

(एन.डब्ल्यू.एफ.पी.) में नूरिस्तानी भाषा बोली जाती है जिसमें अनेक आदिम विशेषताएँ हैं। यह न तो इंडो-आर्यन और न ही ईरानी शाखा के अन्तर्गत आती है।

इंडो-आर्यन और ईरानी भाषा परिवार की सर्वाधिक प्राचीन ज्ञात भाषाएँ, ऋग्वैदिक और अवेस्ता इतनी सन्निकट थीं कि भाषाविज्ञानियों ने बड़ी सरलता से इनको प्रोटो-आर्यन (या प्रोटो-इंडो-ईरानी) भाषा के रूप में पुनर्निर्मित कर दिया। ऋग्वैदिक में आर्य और अवेस्ता में ऐर्यन शब्द उच्चकुल में जन्मे या कुलीन या अभिजात का बोध कराता है, जो अक्सर साफ रंग और जातीयता दोनों खूबियों और सीमाओं को स्पष्ट करता है। (प्राचीन भारतीय ग्रन्थ के शब्द 'आर्यावर्त' की तुलना यंग अवेस्ता के 'ऐर्यन-वाइजो' से करें) इसलिए इंडो-यूरोपीय भाषा परिवार की इंडियन या ईरानी शाखा के लिए 'आर्यन' पहचान बिलकुल उपयुक्त है और इसी प्रकार केवल भारतीय शाखा के लिए 'इंडो-आर्यन' नाम भी उचित है। इस प्रकार 'आर्यन' शब्द का प्रयोग कोई नस्ली अर्थबोध नहीं देता; परन्तु इस पदनाम का विस्तार सम्पूर्ण इंडो-यूरोपीय परिवार या इसकी किसी अन्य शाखा तक विस्तारित नहीं करना चाहिए, कम से कम जर्मन तक तो एकदम ही नहीं करना चाहिए, जैसा कि नाजियों ने बिलकुल ही अनुपयुक्त रूप में 'आर्यन' शब्द का किया।

इस बात में कोई शंका नहीं की जा सकती कि भाषाओं के आर्यन या इंडो-ईरानी ग्रुप, इंडो-यूरोपीय भाषा परिवार के हैं, इसे कोई भी सामान्य रूप से प्रयुक्त शब्द पिता (फादर), माता (मदर), पुत्री (डॉटर), भाई (ब्रदर) आदि की समरूपता में देख सकता है। संस्कृत, पुरानी फारसी, ग्रीक, लैटिन और जर्मन भाषाओं में इस प्रकार की समरूपता से आश्चर्यचकित हो, सर विलियम जॉन्स ने 1786 में इनके सम्बन्धों के बारे में अपनी खोज की घोषणा की। धीरे-धीरे इसके बाद के शोधकार्यों ने इस भाषा परिवार में और भी बड़ी संख्या में भाषाओं को जोड़ा और साथ ही साथ क्रमिक परिवर्तन के क्रम को भी स्थापित किया। इस प्रकार अनेक भाषाओं के पुराने आदिम स्वरूप को नए स्वरूप से स्पष्टत: अलग किया जा सकता है। इस प्रकार के प्रयासों से आनुवंशिक 'प्रोटो-इंडो यूरोपियन' भाषा का विशुद्ध अनुमानित शब्द भंडार विकसित किया गया है। यह पुनर्निर्मित शब्द भंडार चिह्नित करता है कि इस आनुवंशिक भाषा को बोलनेवाले पशुपालन करते थे और खेतों की जुताई द्वारा कृषि करते थे, उनको घोड़ों की जानकारी थी (जंगली या पालतू घोड़े, यह निश्चित नहीं है) और उनके पास ताँबा, सोना और चाँदी थी। पुरातत्व की खोजों से यह स्थापित हुआ है कि 3000 बी.सी. से पूर्व, कमोबेश ऐसी ही परिस्थिति यूक्रेन से लेकर पूर्वी कजाकिस्तान के मरुस्थल में थी; और यह पूर्णत: सम्भव है कि इस विशाल क्षेत्र के कुछ भाग में प्रोटो-इंडो-यूरोपियन भाषा वास्तव में बोली जाती थी। इस प्रकार प्रोटो-इंडो यूरोपियन भाषा के स्रोत भारत में होने की कोई सम्भावना नहीं है।

अपनी पैतृक इंडो-यूरोपीय भाषा से विलग हुई भाषाओं के आर्य ग्रुप का निश्चित समय बोघाजको के विशाल अभिलेखागार से प्राप्त हुआ है, जो प्रमुख रूप से एक पुरानी इंडो-यूरोपीय भाषा हित्ताती में है। यहाँ, ऊपरी मेसोपोटामिया (उत्तर पूर्वी सीरिया) में मितान्नी के शासकों (1500-1300 ईसा पूर्व) की भाषा से निकाले गए शब्दों और नामों के आधार पर दस्तावेजों से एक और हुर्रियन भाषा का पता लगा है। (देखें नक्शा 1.1)

1380 बी.सी. की एक सन्धि में मितान्नी शासक ईश्वर से याचना करते हैं, मी-इत-त्र (Mi-it-tra); व-रु-व-ना (u-ru-w-na); इन-द-रा (In-da-ra) और न-स-अत-ति-इन-अन-ना (Na-sa-at-ti-in-an-na) (मित्र, वरुण, इन्द्र, और ऋग्वेद का नक्षत्रों) मितान्नी शासक इस प्रकार के नामकरण करते थे जैसे-तशत्ता (संस्कृत में-दशरथ या तशरथ) और मतीउजा (संस्कृत में मातीवजा)। मितान्नी के एक व्यक्ति किक्कुली ने हित्ताती में घोड़े की ट्रेनिंग पर एक पुस्तक लिखी, इसमें वह वर्तान्ना शब्द का प्रयोग घोड़े को घुमाने या चक्कर लगाने के लिए करता है (संस्कृत में यह शब्द वर्तना है) और इसी प्रकार शब्द एक, त्रया, पंजा, सत्ता क्रमश: एक, तीन, पाँच और सात संख्याओं के लिए है जहाँ इसके समान संस्कृत के शब्दों को भली प्रकार पहचाना जा सकता है।

मितान्नी के उत्तरजीवी शब्दों और ऋग्वेद की भाषा में इतनी समानता है कि इनके बीच समय और दूरी के भारी अन्तराल की कल्पना करना भी कठिन है या मितान्नी भाषा का उसके मूल स्रोत इंडो-आर्यन भाषा बोलनेवालों से विभाजन की भी कल्पना कठिन है। यह अलगाव सम्भवत: 2000 बी.सी. से पहले नहीं हुआ और यह विभाजन पूर्वी ईरान से अधिक दूर नहीं था। चूँकि मितान्नी के शब्द ऋग्वेद के रचयिता के घोड़े और रथ के साथ घनिष्ठ सम्बन्ध रखते हैं, इसलिए इनके पुरावशेष सम्बन्धी रिकॉर्डों में इनके सामान्य (भाषायी) वंशानुक्रम में पालतू घोड़े की उपस्थिति एक आवश्यक संकेत होना चाहिए।

मिट्टी के टूटे बर्तनों पर घोड़े के चित्र, और एन.डब्ल्यू.एफ.पी. के स्वात (1800-1400 बी.सी.) में घालीघई कल्चर IV में प्राप्त घोड़ों की हड्डियाँ, पिराक I बी (1600-1400 ईसा पूर्व) से प्राप्त घोड़ों और घुड़सवारों की लघुमूर्तियाँ (मिट्टी की) और उत्तर पूर्वी बलूचिस्तान में स्थित पिराक III (1300-800 ईसा पूर्व) से प्राप्त घोड़े की हड्डियाँ (देखें ऊपर 3.2) इसलिए निर्णायक महत्त्व की हैं। घोड़ों के पालने के संकेत यूक्रेन, दक्षिणी रूस और कजाकिस्तान में विशाल मरुस्थल के और पहले से प्राप्त होते हैं जहाँ से इसका विस्तार हुआ। उत्तर पूर्व अफ़ग़ानिस्तान में दर्रा-ए-कूर में, जोकि शोरतुघई से बहुत दूर नहीं है घोड़े की हड्डियाँ प्राप्त हुई थीं, ताम्रपाषाण कालीन पशुपालन के सन्दर्भ में इसका काल निर्धारण 2200-1900 बी.सी. किया है। उत्तरी अफ़ग़ानिस्तान के लूटे गए शवस्थल से एक काँसे की मूर्ति

प्राप्त हुई है जो बैक्ट्रिया और मार्जिना के पुरातत्व भवन में स्थापित है (बी.एम.ए.सी.) (1900-1700 ईसा पूर्व)। इस मूर्ति में घोड़े पर एक घुड़सवार बैठा है। इस प्रकार के प्रमाणों का यह अर्थ नहीं है कि ताम्र युग के इस समाज के लोग इंडो-आर्यन भाषा बोलते थे परन्तु वहाँ पर घोड़ों की उपस्थिति निश्चित रूप से इसे स्थापित करने के लिए एक विशेषता थी। इसके अतिरिक्त भारतीय सीमावर्ती भूमि और उत्तरी अफ़ग़ानिस्तान दोनों ऐसा तटीय क्षेत्र बनाते हैं जहाँ से सम्भवत: मितान्नी अन्य इंडो-आर्यन बोलनेवालों से अलग हो गई, प्रागैतिहासिक युग में इससे उच्चस्तरीय सम्भावनाएँ खोज पाना कठिन है।

यदि 1500 वर्ष ईसा पूर्व से पहले पिराक और स्वात में इंडो-आर्यन भाषायी लोग बस गए थे तो जब उन्होंने पंजाब में प्रवेश किया वह समय काफी दूर नहीं था। ऋग्वेद में प्रयुक्त शब्द 'रथ', अवेस्ता के शब्द 'रथी' से काफी मेल खाता है, इस प्रकार यह एक प्रोटो-आर्यन शब्द है। घोड़ों और रथों के साथ इंडो-आर्यन लोग अपने बैल गाड़ी वाले पूरब के शत्रुओं के मुकाबले काफी निर्णायक ढंग से साधनसम्पन्न थे (सिमेट्री-एच की टेराकोटा की लघुमूर्तियों और बाद की सिन्धु सभ्यता से इसे जाँचा-परखा जा सकता है)। ऋग्वेद सुवस्तु (स्वात) नदी के साथ घनिष्ठता प्रदर्शित करता है और वास्तव में यह घनिष्ठता अफ़ग़ानिस्तान के साथ भी है। इसलिए हम यह अनुमान लगा सकते हैं कि पंजाब में इंडो-आर्यन भाषा के विस्तार के साथ (जो ऋग्वेद का हृदय स्थल है) कुछ समय तक पंजाब और सीमावर्ती भूमि में भाषायी एकता कायम रही।

इस प्रकार इंडो-आर्यन बोली के विस्तार ने सीमावर्ती भूमि से कुछ लोगों को सिन्धु के समतल क्षेत्र में अवश्य ही विस्थापित किया होगा। परन्तु इतने बड़े पैमाने पर पलायन सम्भव नहीं है कि वह उस क्षेत्र की विशेषताओं पर अपनी आनुवंशिक छाप छोड़ सकता। सिन्धु सभ्यता की जनसंख्या सम्भवत: चार मिलियन थी (देखें अध्याय 2.1) और अगर हम एक सीमा तक इस सभ्यता की जनहानि को भी मान लें तो भी यह संख्या आधी से अधिक अवश्य रही होगी। इसलिए वहाँ सम्भवत: दो मिलियन लोग, उस समय सिन्धु घाटी के निवासी थे। इस प्रकार सीमावर्ती भूमि से हम इतनी बड़ी संख्या में पलायन की कल्पना नहीं कर सकते। इस सीमावर्ती क्षेत्र का बड़ा भाग पहाड़ी था और इसलिए वहाँ पर निश्चित रूप से आबादी दूर-दूर ही रही होगी। इसके अतिरिक्त, चूँकि इंडो-आर्यन भाषायी लोग इस क्षेत्र में कुछ समय पहले ही बस गए थे, इसलिए वे पड़ोसी सिन्धु के लोगों के साथ पहले से ही घुले-मिले होंगे, ये लोग सम्भवत: सिन्धु के लोगों से जैविक रूप से (कद-काठी में) काफी भिन्न नहीं थे। इस प्रकार एक समयावधि (मान लें 200 वर्ष) में इस प्रकार के सौ-हजार लोगों का आना-जाना भी सिन्धु घाटी की जनसंख्या को 'नस्ली' तौर पर प्रभावित नहीं कर सका।

हम लोगों को 1500–1300 वर्ष ईसा पूर्व के समय के ऐतिहासिक रिकॉर्डों से मितान्नी भाषा के बारे में जो जानकारी मिलती है, उससे सिन्धु घाटी में क्या घटा होगा इसकी एक तस्वीर मिलती है। ऊपरी मेसोपोटामिया में मितान्नी राजधानी के इंडो–आर्यन भाषायी लोगों में शासक, योद्धा, सारथि, घोड़ों को ट्रेनिंग देनेवाले और सम्भवतः पुजारी समाविष्ट थे। यह इंडो–आर्यन देवी–देवताओं की मूर्तियों की निरन्तर उपस्थिति से चिह्नित होता है। इस समय तक राजधानी की जनसंख्या का बड़ा हिस्सा हुर्रियन भाषा का प्रयोग करता था, जोकि इंडो–यूरोपीय परिवार की भी भाषा नहीं थी। मितान्नी शासक तुशरथ (दशरथ?) ने स्वयं मिस्र के बादशाह को 1400 वर्ष ईसा पूर्व में 500 लाइन का एक पत्र हुर्रियन भाषा में लिखा। इस प्रकार द्विभाषायी स्थिति का प्रवेश हुआ। परन्तु हुर्रियन एक लिखित भाषा थी और बहुत गम्भीर भाषा बनकर रह गई और फिर पूर्णतः विलुप्त हो गई। सिन्धु घाटी में, सिन्धु लिपि के विलुप्त होने के बाद (और सम्भवतः अधिकृत रूप से लिखी जानेवाली लिपि) इंडो–आर्यन भाषा की कोई मजबूत प्रतिद्वन्द्वी भाषा नहीं थी। वास्तव में उस समय अनेक छोटी आधार (सबस्ट्रेट) भाषाएँ सम्भावित हैं। हमने देखा है कि उनमें से कुछ द्रविड़ भाषाएँ थीं जिन्हें पृष्ठाभिमुख वक्रण उच्चारण (रिट्राफ्लेक्शन) को देखकर निर्धारित किया जा सकता है और द्रविड़ भाषा के कुछ शब्द ॠग्वेद में हैं।

हालाँकि ऐसी भी भाषाओं का एक सेट है जो न तो द्रविड़ थीं और न ही आस्ट्रो–एशियाटिक, परन्तु इन भाषाओं ने, गैर–इंडो–यूरोपियन शब्दों को प्रारम्भिक संस्कृत और ॠग्वेद को प्रदान किया। सम्भवतः ऐसी भाषाओं के साथ परस्पर क्रिया अफ़ग़ानिस्तान में बहुत पहले, भारत में इंडो–आर्यन भाषायी लोगों के प्रवेश से पहले ही प्रारम्भ हो गई थी और यही क्रिया सम्भवतः इंडो–आर्यन भाषा की अद्वितीय विशेषता जिसे 'प्राकृतवाद' कहते हैं, के लिए पूर्णतः उत्तरदायी हो सकती है। इसने इंडो–आर्यन भाषा की शाब्दिक संरचना को सरल बनाया, लाक्षणिक रूप से संयुक्त स्वरों से इसे मुक्त किया। सामान्य रूप से संयुक्त स्वर के स्थान पर एक स्वर आया, जैसे–पुत्र (सन) के लिए पूत। कुछ प्राकृतवाद न सिर्फ ॠग्वेद में मिलता है बल्कि मितान्नी बोली–भाषा में भी मिलता है। संस्कृत में *अश्व* (घोड़ा–हार्स), मितान्नी में *अस्सू*, और इसी प्रकार संस्कृत में *सप्त* (सात) मितान्नी में *सत्ता* होता है। इस प्रकार के सरलीकरण से इंडो–आर्यन बोली को सामान्य लोगों में विस्तारित होने में सहायता मिली। इससे यह भी सुनिश्चित है कि बाद वाली संस्कृत की ही तरह ॠग्वेद की संस्कृत भी कुछ ही लोगों की भाषा बनकर रह गई। परन्तु छठी शताब्दी ईसा पूर्व तक प्राकृत भाषा को हर क्षेत्र के लोग समझते थे। इसलिए मगध की प्राकृत भाषा में भगवान महावीर और गौतम बुद्ध ने अपने उपदेश दिए। यदि इंडो–आर्यन बोली–भाषा के विस्तार की कल्पना 'सम्भ्रातों के प्रभुत्व' के कारण की जा सकती है, तो

सामान्य जनता ने भी इसके लोकप्रिय रूप प्राकृत को निर्धारित करने में अपनी भूमिका निभाई।

सारिणी 3.2 : कालानुक्रमिक सारिणी, 2000–1500 वर्ष ईसा पूर्व—सिन्धु घाटी और पश्चिमी सीमावर्ती भूमि

ईसा पूर्व (बी.सी.)	
2100–1400	सिबरी-मेंहरगढ़ VIII संस्कृति
2000	शहर-ए-सोखता, नगरोत्तर (पोस्ट-अरबन) संरचना
2000–1500	जुखार संस्कृति
2000–1500	सेमिट्री-एच संस्कृति
2000–1500	शाही टम्प संस्कृति
2000–1000	'लेट हड़प्पन' संस्कृति, सतलज-गंगा क्षेत्र
1900–1600	सिन्धोत्तर (पोस्ट-इंडस) संस्कृति, गुजरात में
1800–1400	स्वात संस्कृति IV
1800–1300	पिराक कांस्य संस्कृति

बी-सिन्धु घाटी से बाहर की संस्कृतियाँ

ईसा पूर्व (बी.सी.)	
3000–1300	बनास संस्कृति
3000–2000	बलाथल
2400–1300	अहार
2800–1500	ओ.सी.पी. संस्कृति
2400–1800	कायथा संस्कृति
2100–1700	दक्षिणी नवपाषाण कालीन, यदा-कदा ताम्र की उपस्थिति के साथ
2000–1400	मालवा संस्कृति, महाराष्ट्र में 1800 बी.सी. से
2000–1700	सवालदा संस्कृति
2000–1300	नैपचिक, नवपाषाणिक स्थल मणिपुर
1800	सेनुवार और चिरांद (बिहार) में ताँबा
1700	भरतपुर और महिषादल (बंगाल) में ताँबा
1500–1300	अपर मेसोपोटामिया में मितान्नी

नोट—3.1 भाषा इतिहास का पुनर्निर्माण

मानव जीवन के जिस काल के बारे में हमारे पास कोई लिखित रिकॉर्ड नहीं है, और पुराविज्ञानियों द्वारा भौतिक पुरावशेषों का अध्ययन ही हमारी सम्पूर्ण सूचना का स्रोत है, इस काल को प्रागैतिहासिक काल के रूप में परिभाषित किया जाता है। सभी व्यावहारिक कामों की दृष्टि से प्रोटोहिस्ट्री (आदिम इतिहास) भी इससे बहुत भिन्न नहीं है, क्योंकि इस काल की प्राप्त लिखित सामग्री को हम पढ़ नहीं सकते (जैसे-सिन्धु लिपि को हम नहीं पढ़ सकते)। लेकिन इसके अतिरिक्त सूचना का एक और सम्भावित स्रोत जीवित बची भाषा है। भाषाएँ लिखित लिपि के रूप में आने के बहुत पहले से ही अस्तित्व में रही हैं। यदि हम यह स्थापित कर सकें कि (व्यक्ति या स्थान के) नाम उसी समय से चले आ रहे हैं और ऐसे शब्दों का क्या अर्थ था (जैसे-हल, झोंपड़ी, माता, पिता, पशु या घोड़ा, देवता या राक्षस आदि), तो हम कम-से-कम टुकड़े-टुकड़े में उन भौतिक स्थितियों, सामाजिक सम्बन्धों और जो लोग इन शब्दों का प्रयोग करते थे, उनके धार्मिक विश्वास को पुनर्निर्मित कर सकते हैं। प्राचीन भाषाएँ जब से लिखी जाने लगीं, तब से उनके शब्द भंडार और वाक्य विन्यास के अध्ययन द्वारा यह सम्भव है।

विस्तृत रूप से जिस अनुशासन के अन्तर्गत यह अध्ययन किया जाता है उसे भाषाविज्ञान (लिंग्विस्टिक्स) कहा जाता है। भाषाविज्ञान की वह शाखा जो विभिन्न भाषाओं के शब्द भंडारों और संरचना की तुलना द्वारा उनके अतीत की पुनर्रचना करने का प्रयास करती है, उसे भाषाशास्त्र (फिललाजी) या तुलनात्मक और ऐतिहासिक भाषाविज्ञान (कम्पेरेटिव एंड हिस्टारिकल लिंग्विस्टिक्स) कहते हैं। भाषाशास्त्र द्वारा विकसित की गई तुलनात्मक पद्धतियों के द्वारा हम देखते हैं कि कौन-कौन सी भाषाएँ आनुवंशिक रूप से दूसरे से सम्बद्ध हैं अर्थात उनकी एक ही पैतृकता है। इस प्रकार की एक ही पैतृकता के बावजूद वे किस प्रकार शब्दों के स्वरूप और वाक्य संरचना में एक-दूसरे से भिन्न दिशाओं में विकसित हुईं। अतिसावधानीपूर्ण तुलना से, भाषाओं के एक वंशवृक्ष को विकसित किया जा सकता है, भाषाओं का एक विशाल परिवार, जिसके उपपरिवार, शाखाएँ और ग्रुप मौजूद हों विकसित किया जा सकता है। इस प्रकार का वृक्ष निर्मित हो जाने के बाद क्रमशः चरणबद्ध रूप में पीछे की ओर जाते हुए सर्वप्रथम एक-एक शाखा में समान शब्द भंडार और व्याकरण की विशेषताओं को चिह्नित करते हुए और फिर समवर्ती भाषाओं में यही चिह्नित करने से समान शब्दों की संख्या घटेगी। अन्ततोगत्वा हम सबसे ऊपर पहुँचते हैं, तो हमारे पास ऐसी पैतृक भाषा जो वास्तव में अस्तित्व में ही नहीं है उसका आंशिक शब्द भंडार मिलेगा।

हमने जिस क्रमागत प्रक्रिया का वर्णन किया है, उसे एक उदाहरण से समझा जा सकता है। इंडो-यूरोपियन भाषा परिवार के 'हार्स' शब्द के लिए वैदिक संस्कृत में 'अश्वः' है और अवेस्ता भाषा में यह 'अस्पा' है। चूँकि अवेस्ता भाषा में एक

परिवर्तन होता है कि वी-(V) के स्थान पर पी-(P) का प्रयोग होता है, इसलिए यह दोनों भाषाएँ जिस पैतृक ग्रुप की भाषाएँ हैं, वह प्रोटो-आर्यन कहलाती है और उसमें हार्स अर्थात् घोड़े के लिए अश्व*-(asva) शब्द अवश्य होना चाहिए। यहाँ पर प्रयुक्त स्टार यह प्रदर्शित करता है कि यह शब्द पुनर्निर्मित है, प्रोटो-आर्यन ग्रन्थों में ऐसा कोई शब्द है ही नहीं। प्रोटो-आर्यन एक साटेम (Satem) भाषा थी अर्थात् ऐसी भाषा थी जिसमें कुछ शब्दों में के-(K) एस-(S) में परिवर्तित होता है। सेनटम (Centum) भाषा में जहाँ पर उक्त प्रक्रिया नहीं थी, हार्स के लिए, टोचेरियन (पश्चिमी चीन) में याकवे (Yakwe), लैटिन भाषा में इक्युस (Equs), पुरानी आइरिस में एक (Ech) और पुरानी इंगलिश भाषा में इवोह (Eoh) कहा जाता है। ऐसे शब्द समान और एक पैतृक भाषा की सन्तानें मानी जाती हैं और इनको सजातीय (कागनेटस) कहा जाता है। इन सबसे हम यह निष्कर्ष निकाल सकते हैं कि सम्पूर्ण इंडो-यूरोपियन परिवार (प्रोटो-इंडो-यूरोपियन) की पैतृक भाषा में 'हार्स' शब्द के लिए सम्भवत: एक शब्द रहा होगा जिसका स्वरूप (h) (ekwos) (एच) इकोज रहा होगा।

शब्दों के इस प्रकार का पुनर्निर्माण शब्दव्युत्पत्ति (एटिमालाजी) के अध्ययन द्वारा किया जाता है। एटिमालाजी साधारणत: एक शब्द का इतिहास है जिसे प्रत्येक भाषा में प्राचीनतम उपस्थिति से इसके स्वरूप (और भाव) की तुलना द्वारा चिह्नित किया जाता है और फिर दूसरी भाषा में उसी स्वरूप का शब्द खोजा जाता है ताकि इसके समान पैतृक स्वरूप तक पहुँचा जा सके। अधिकांश एटिमालाजिकल काम, ऐसे शब्दों को चिह्नित करने से सम्बन्धित था जो एक भाषा में दूसरी भाषा की शाखा या परिवार से आकर शामिल हो गए थे। ऐसे शब्द को लोन वर्ड (लोन शब्द) कहा जाता है। पान के पत्ते के लिए संस्कृत में शब्द 'ताम्बूल:' है और फारसी (परशियन) में ताम्बूल शब्द है परन्तु यह संस्कृत से फारसी में लिया गया लोन वर्ड है। इसलिए प्रोटो-आर्यन भाषा में ताम्बूला शब्द के समान अर्थ वाला कोई भी शब्द नहीं था। एटिमालाजिस्ट को भी संयोगवश मिली समानता के आधार पर शब्द निर्माण से बचना होगा। तमिल जो कि एक द्रविड़ भाषा है, इसमें एक शब्द वोन्नू (onnu) है जो अंग्रेजी के शब्द 'वन (one)' के समान है और उसका अर्थ भी वही है जो वन (एक) का है। परन्तु इस इंगलिश शब्द की जड़ें इंडो-यूरोपियन भाषा में संस्कृत के एक्य (eka) (हिन्दुस्तानी में एक) के साथ हैं जिसकी तमिल शब्द से कोई समानता नहीं है। अन्त में आप को भाव में परिवर्तन के प्रति सजग रहना होगा; शब्द वही हो सकता है, परन्तु इसका अर्थ बिलकुल भिन्न हो सकता है। वैदिक शब्द 'यवा' का अर्थ जौ (बारली) है, परन्तु इंडो-यूरोपियन भाषा में इसके सजातीय रूपवाले शब्द का अर्थ सामान्य 'अनाज' या अनाज की अन्य कोई प्रजाति है। मूल, प्रोटो-इंडो-यूरोपियन शब्द का मतलब भी केवल 'अन्न' ही है।

एक बार सावधानी से एटिमालाजी के विज्ञान का प्रयोग कर भाषा परिवार का वंशवृक्ष निर्मित हो गया, तो फिर हम लोग उसी वंशानुक्रम में विभिन्न परिवर्तनों को स्थित कर सकते हैं। इस प्रकार हमें ज्ञात होता है कि प्रोटो-इंडो-यूरोपियन भाषा से प्रोटोआर्यन का विभाजन, अल्वानियन भाषा के अलग होने के बाद हुआ; इसी प्रकार पुरानी इंडो-आर्यन भाषा, प्रोटो-आर्यन भाषा से पहले विभाजित हुई और पुरानी ईरानी भाषा बाद में अलग हुई, और इसी प्रकार क्रम में विभाजन हुआ। मोटे तौर पर परिवर्तन के विस्तार (भाषायी परिवर्तन) का अनुमान लगाकर, आप एक के बाद एक भाषा विभाजन के बीच के समय की गणना कर सकते हैं। एक पद्धति जिसे ग्लटोक्रोनोलाजी कहते हैं, इसमें 'लेक्सिको-स्टैटिस्टिक्स' विधि का प्रयोग कर उपरोक्त अनुमानों को विशेष परिशुद्धता प्रदान की जा सकती है। इस विधि में कुछ प्राथमिक शब्दों को चुना जाता है और 'शब्द भंडार' के प्रतिस्थापन को प्रत्येक भाषा में शब्दों के सन्दर्भ सहित निर्धारित किया जाता है। तदुपरान्त इस प्रकार के प्रतिस्थापन के समान वंशक्रम के समान भाव का अनुमान कर, यह गणना की जाती है कि अध्ययन की जा रही भाषा अपनी पितृभाषा से कब अलग हुई थी। इस तकनीक को लागू करने से प्रोटो-इंडो-यूरोपियन भाषा का प्रारम्भ 5000 वर्ष ईसा पूर्व से पूर्व नहीं है, और वैदिक संस्कृत और लैटिन भाषा की पैतृक भाषाओं से विलगाव लगभग 3300 वर्ष ईसा पूर्व के पास हुआ। यह तारीखें अतार्किक नहीं हैं, परन्तु यह पद्धति स्वयं अनेक आपत्तियों को निमंत्रण देती है। एक आपत्ति यह है कि शब्द भंडार के प्रतिस्थापन को प्रभावित करनेवाले पहलू इतने विविध हैं कि यह अनुमान नहीं लगाया जा सकता कि हर समय और हर भाषायी परिवर्तन एक ही निश्चित काल में आगे बढ़े होंगे; और इससे ग्लटोक्रोनोलाजी के लिए जिस परिशुद्धता का दावा किया जाता है वही तथ्य प्रश्नों के घेरे में होता है।

अब हम फिललाजिस्ट द्वारा जिन भाषा परिवारों या शाखाओं के पैतृक शब्द भंडारों को स्थापित किया गया है, उनकी तरफ वापस आते हैं। इस प्रकार पुनर्निर्मित शब्द भंडार हमेशा अपूर्ण होते हैं, इसलिए हम काफी विश्वास के साथ यह स्थापित कर सकते हैं कि पुरानी भाषा के पुनर्निर्माण की बात करनेवाले लोग किन बातों से सुपरिचित थे, परन्तु उनके पुनर्निर्मित शब्द भंडार में जिन शब्दों की अनुपस्थिति से कुछ चीजों को नकार दिया गया हम उसका कम आकलन नहीं कर सकते। इसके अतिरिक्त भी कठिनाइयाँ हैं। जिन क्षेत्रों में भाषाएँ बोली जाती हैं उनकी सीमाएँ बदलती रहती हैं और प्रागैतिहासिक काल में जो विशेष भाषाएँ बोली जाती थीं उनके उपलब्ध शब्द भंडार से इनकी सीमाएँ सुनिश्चित करना आसान नहीं है। यहाँ आइसोग्लासेस पर आधारित एक उपकरण कुछ सहायक हो सकता है। एक आइसोग्लास, दो भाषाओं की सीमाओं के बीच एक सीमा रेखा या चिह्न है जो मानचित्र में ही चिह्नित होता है। माना कि एक भाषा की क्षेत्रीय

सीमाओं के अन्दर एक जोन में दोनों व्यंजन आई (I) और आर (r) का समुचित प्रयोग होता है, परन्तु एक विशेष जोन में सभी शब्दों में 'I', 'r' का स्थान ले लेता है और 'r' का प्रयोग वास्तव में बिलकुल नहीं होता। इस प्रकार का प्रयोग अशोककालीन प्राकृत (तीसरी सदी ईसा पूर्व) में होता था, जहाँ 'R' और 'L' तथा एल जोनों को आइसोग्लास से विभाजित किया जा सकता है। इससे हम यह निष्कर्ष निकाल सकते हैं कि अशोककालीन प्राकृत भाषा से पूर्व भी केवल 'L' जोन में बोली जानेवाली भाषा अवश्य रही होगी जिसमें व्यंजन 'r' नहीं था। इस प्रकार की 'मूल' भाषा ज्ञात नहीं है, परन्तु अशोक कालीन शिलालेखों के आधार पर एक आइसोग्लास (सीमा रेखा) खींचकर इसकी सीमा को खोजा जा सकता है। (देखें नक्शा 3.4)

नक्शा 3.4 : अशोककालीन प्राकृत 250 वर्ष ईसा पूर्व, 'एल' आइसोग्लास

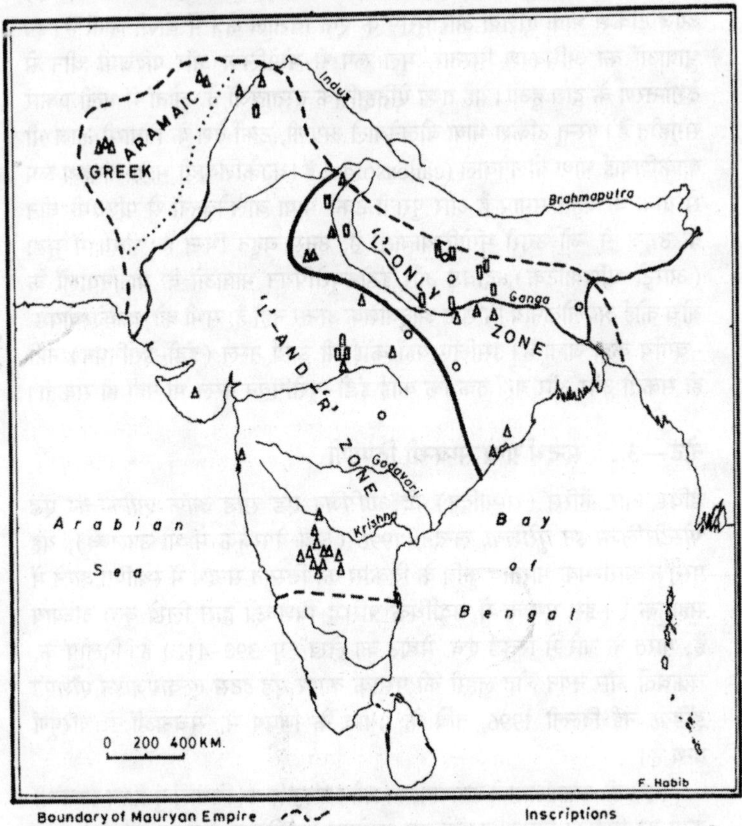

अधिकांश भाषाएँ परिभाषित भौगोलिक क्षेत्रों में बोली जाती हैं, हालाँकि उनका विस्तार मनुष्यों की परस्पर क्रिया के स्तर पर निर्भर होता है। लोग अधिकाधिक मिलना चाहते हैं और ऐसे क्षेत्रों में सगोत्र विवाह करते हैं। इसलिए एक समयावधि में आनुवंशिक और भाषायी सीमाओं के बीच एक व्यापक संवाद का उद्भव होने लगता है। परन्तु इस प्रकार के संवाद भ्रामक हैं। ऐसा कोई आनुवंशिक नियंत्रण नहीं है जिसके द्वारा एक व्यक्ति दूसरे की तुलना में अच्छी भाषा बोलता हो। दूसरे, शब्दों में उच्चारण की विशेषताएँ जन्मकाल से ही संचारित नहीं होतीं, बल्कि एक व्यक्ति घर में और बाहर जो कुछ अपने बाल्यकाल से सुनता है वही वह सीखता है। इस प्रकार किसी आनुवंशिक समूह और भाषायी समूह के बीच सम्बद्धता अनिवार्य नहीं है जिसे लोकप्रिय भाषा में नस्ल (रेस) कहा जाता है।

इसे अनेक उदाहरणों से समझा जा सकता है। टर्किश भाषा परिवार अन्य भाषा परिवारों की तुलना में नया है (1500 वर्ष से अधिक इसकी उम्र नहीं है) आज टर्किश भाषा एशिया और यूरोप के एक विशाल क्षेत्र में बोली जाती है। इन भाषाओं का अधिकांश विस्तार, मूल रूप से मंगोलिया और पश्चिमी चीन से देशान्तरण के द्वारा हुआ। यह तथ्य ऐतिहासिक दस्तावेजों के स्रोतों में भली प्रकार संगृहीत है। परन्तु टर्किश भाषा बोलनेवाले अग्रणी, टर्की देश के निवासी आज भी काकेशियाई भाषा बोलनेवाले (cancasoids) हैं। काकेशियायी भाषा सामान्य रूप से ग्रीक के बहुत समीप है और पुरानी टर्की भाषा बोलनेवालों से पश्चिमी चीन के उग्रूज से, जो उत्तरी मंगोलियावासी हैं, उनसे बहुत भिन्न है। भारत में मुंडा (आस्ट्रो-एशियाटिक), द्रविड़ और इंडो-यूरोपियन भाषाओं के बोलनेवालों के बीच कोई अवलोकनीय विशिष्ट आनुवंशिक अन्तर नहीं है, सभी को 'काकोस्वायड' -वर्गीय कहा जाता है। इसलिए यहाँ कोई भी आर्य नस्ल (इंडो-इरानियन) नहीं हो सकती और और यहाँ तक कि कोई इंडो-यूरोपियन नस्ल भी नहीं हो सकती।

नोट—3.2 : सन्दर्भ ग्रन्थ सम्बन्धी टिप्पणी

डेविड आर. हैरिस (सम्पादित) *दि ओरिजिन एंड स्प्रेड ऑफ एग्रीकल्चर एंड पोस्टोरलिज्म इन यूरेशिया,* लन्दन, 1996 (अब पेपरबैक में भी उपलब्ध), यह पुस्तक आरम्भिक भारतीय कृषि के विकास को विस्तृत सन्दर्भ में स्थापित करने में सहायक है। इस पुस्तक में सर्वाधिक प्रसिद्ध विशेषज्ञों द्वारा लिखे कुछ अध्याय हैं; भारत के बारे में रिचर्ड एच. मेडाउ का लेख (पृ-390-412) है। दिलीप के. चक्रवर्ती और नयन जोत लहरी की पुस्तक *कापर एंड इट्स एल्वायज इन एंशिएंट इंडिया,* नई दिल्ली 1996, ताँबे के प्रयोग के विषय में, सूचनाओं से परिपूर्ण ग्रन्थ है।

एच.डी. संकालिया ने ताम्रपाषाणकालीन संस्कृति पर विशाल पुरातत्व सम्बन्धी कार्य का निर्देशन किया। उन्होंने इस अन्वेषण का विस्तृत विवरण अपनी पुस्तक

प्रीहिस्ट्री एंड प्रोटोहिस्ट्री ऑफ इंडिया एंड पाकिस्तान, दूसरा संस्कण, पूना 1974, डी.पी. अग्रवाल *दि आर्कियोलाजी ऑफ इंडिया,* लन्दन 1982, 14सी-कैलीबरेशन के द्वारा कालानुक्रम के फ्रेमवर्क में किए परिवर्तनों और बाद में किए गए अनेक अन्वेषणों से इस पुस्तक को अनेक पूरक अध्यायों द्वारा समृद्ध किया जाना चाहिए (14 सी की तारीखें आज भी अनुसंशोधित नहीं हैं)। ब्रिग्रेट और रेमंड ऐलचिन की पुस्तक *दि राइज ऑफ सिविलाइजेशन इन इंडिया एंड पाकिस्तान,* कैंब्रिज, नई दिल्ली 1983, और दिलीप के. चक्रवर्ती की पुस्तक, *इंडिया; ऐन आर्कियोलाजिकल हिस्ट्री,* नई दिल्ली 1999 (इस पुस्तक के अन्त में दिए गए सारांशपूर्ण निर्णयों को सावधानी के साथ पढ़ना चाहिए) के.पी. नौटियाल, *प्रोटोहिस्टारिक इंडिया,* 1989 को भी पढ़ा जा सकता है।

गिआरगिओ स्टाकल की पुस्तक, *प्रीहिस्टारिक एंट प्रोटोहिस्टारिक स्वात् पाकिस्तान (सी 3000-1400 बी.सी.),* रोम, 1987, इस पुस्तक में पुरातत्व सम्बन्धी कार्य की विस्तृत रिपोर्ट शामिल है। एच.डी. संकालिया, एस.बी. देव और जेड.डी. अंसारी, की पुस्तक, *इक्सकेवेशंस ऐट अहार (ताम्बावती),* पूना, 1969; एम.के. धवलीकर, एच.डी. संकालिया और जेड.डी. अंसारी की पुस्तक *इक्सकेवेशंस ऐट इनामगाँव,* वाल्यूम, दो भाग में पुणे, 1988; और एस.ए. साली, दाइमाबाद, 1976-79 नई दिल्ली 1986। जगतपति जोशी की पुस्तक *इक्सकेवेशंस ऐट भगवानपुरा,* 1975-76 नई दिल्ली 1993, 'लेट हड़प्पन' और बाद में ग्रे रंग से रँगे हुए बर्तनों की संस्कृति (ग्रे वेयर कल्चर) के बीच निरन्तरता के बारे में विश्वसनीय प्रमाण देने में असफल रहे हैं। और उत्खननकर्ताओं का कालानुक्रम थर्मोलुमिनेसेंस की तारीखों से प्रतिकूल है।

इंडियन आर्कियोलाजी-ए रिव्यू के वार्षिकी अंक, *साउथ एशियन आर्कियोलाजी* के वाल्यूम और *मैन एंड इनवायरनमेंट एंड पुरातत्व* के जनरलों में विभिन्न मूल्यवान रिपोर्ट और विश्लेषणात्मक सामग्री उपलब्ध है।

भाषा परिवर्तन की समस्या और विशेष रूप से इंडो-आर्यन भाषा के आगमन के बारे में सर्वोत्तम पुस्तक जॉर्ज एरडोसी (सम्पादित), *दि इंडो-आर्यन्स ऑफ एंशिएंट साउथ एशिया; लैंग्वेज, मैटीरियल कल्चर एंड इथिनीसिटी,* भारतीय संस्करण, नई दिल्ली 1997 और थामस आर. तरुतमान्न (सम्पादित) *दि आर्यन डिबेट,* नई दिल्ली 2005 भी पढ़ें। छोटी पुस्तक के रूप में, देखें रामशरण शर्मा की, *एडवेंट ऑफ दि आर्यन इन इंडिया,* नई दिल्ली 1999; इंडो-यूरोपियन समस्या पर विस्तृत रूप में लिखे दो प्रमुख ग्रन्थ कालिन रिनफयू का *आर्कियोलाजी एंड लैंग्वेज; दि पजिल ऑफ इंडो-यूरोपियन ओरिजिंस,* लन्दन 1987 और जे.पी. मैलारी की पुस्तक, *इन सर्च ऑफ इंडो-यूरोपियंस,* लन्दन 1989 है। द्रविड़ भाषा के प्रागैतिहास पर एक अधिकृत व्याख्या, भद्रिराजू कृष्णमूर्ति की पुस्तक *दि द्रविड़ियन लैंग्वेज,* कैंब्रिज 2003 (भारतीय संस्करण उपलब्ध) में मौजूद है। विशेष रूप से

इसकी भूमिका (पृ. 1–47) देखें। ऐतिहासिक भाषाविज्ञान के सामान्य ज्ञान कि लिए देखें, थियोडोरा बेनान की पुस्तक *हिस्टारिकल लिंग्विस्टिक्स,* कैंब्रिज 1977/1978; स्टिवेन रोगर फिशर की पुस्तक *ए हिस्ट्री ऑफ लैंग्वेज,* लन्दन 1999 में बोली और भाषा के इतिहास के बारे में हमारे ज्ञान के विस्तार का सर्वेक्षण है।

रेडियो कार्बन तारीखों के लिए (पूर्णत: अंशांकित), ग्रिगोरी एल पाजेल की सूची, *'रेडियो कार्बन डेटस फार साउथ एशियन आर्कियोलाजी'* मिमिओग्राफ्ड, फिलाडेल्फिया और समय–समय पर अपडेट की हुई (1989, 1994) यह सूची अति महत्त्वपूर्ण है।

अनुक्रमणिका

□□□